Sisis
Sehnsuchtsorte

WANDERN AUF DEN SPUREN DER KAISERIN

ANETTE HAUSMANN

Süddeutsche Zeitung Edition

Inhalt

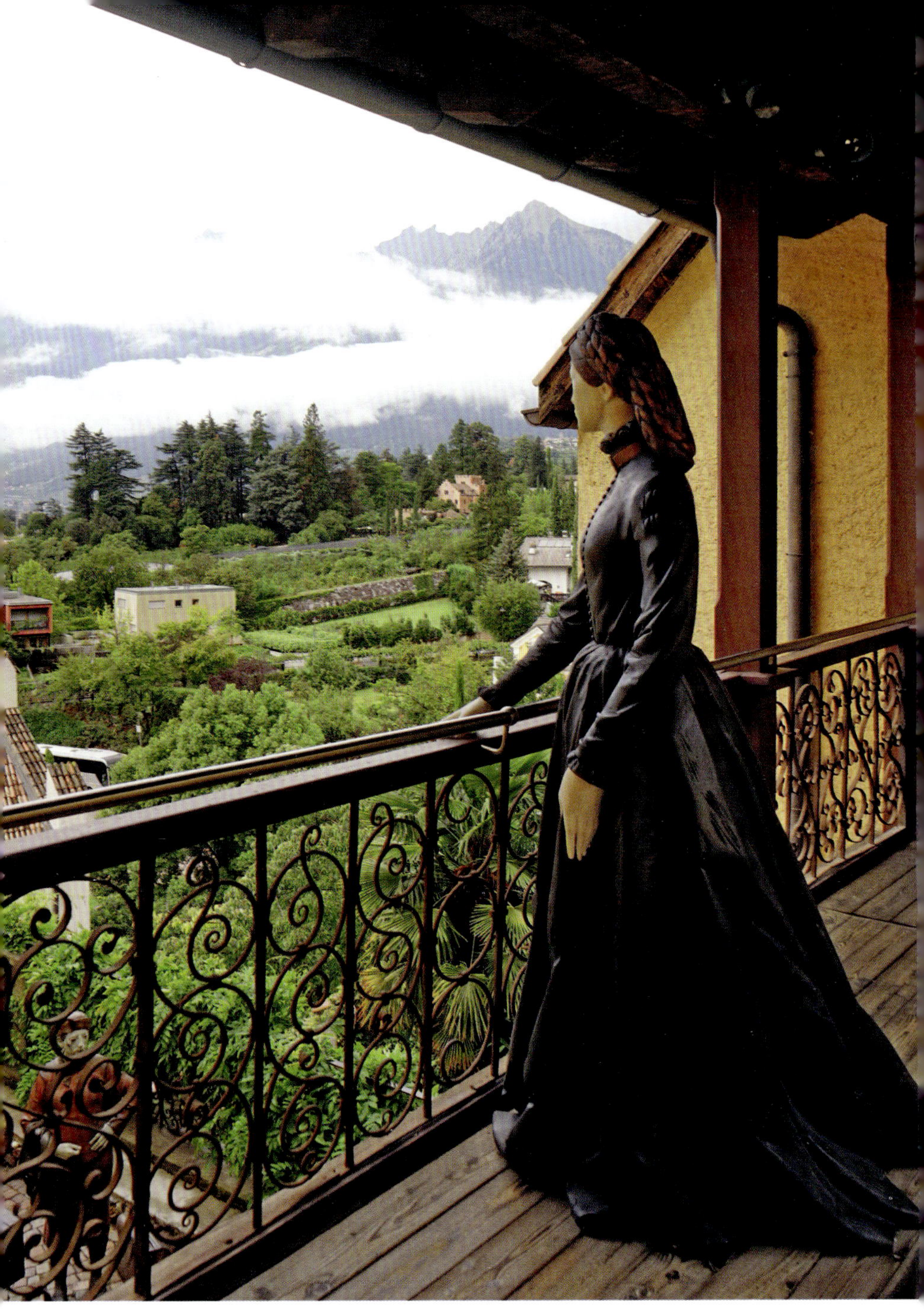

Kaiserin Elisabeth begrüßt die Gäste vom Balkon des Schlosses Trauttmansdorff (Tour 18).

Kaiserliche Spuren

Liebe Leser, ich möchte Sie einladen, mit mir gemeinsam majestätische Sehnsuchtsorte von Kaiserin Elisabeth zu entdecken, Orte, an denen sie sich gern aufhielt und so den höfischen Zwängen entfliehen konnte.

»Ich bin ein Sonntagskind, ein Kind der Sonne, | Die goldnen Strahlen wand sie mir zum Throne, | Mit ihrem Glanze flocht sie meine Krone, | In ihrem Lichte ist es, dass ich wohne.« (Auszug aus »Winterlieder« von Kaiserin Elisabeth, 1887)

Wir werden auf kulturhistorischen Spaziergängen und vielseitigen Wanderungen Natur und Berge genießen und vom Tegernsee über den Starnberger See bis nach München hinein, über die Alpen nach Tirol zum Achensee und bis nach Meran aussichtsreiche Plätze und historisch interessante Orte und Residenzen aufsuchen. Dabei bewegen wir uns immer auf den Spuren Kaiserin Elisabeths und ihrer Familie und werden so auch der Geschichte seiner Majestät König Ludwig II. begegnen. Ähnlich wie ihn umgibt auch Sisi, wie die Kaiserin im Familienkreis genannt wurde, ein geheimnisvoller Mythos der Unsterblichkeit, der unsere Herzen erobert hat.

Die historischen Begebenheiten dieses Buchs stützen sich vor allem auf die Recherche literarischer Werke von Egon Caesar Conte Corti, Brigitte Hamann, Martha Schad, Josef Rohrer und Hannes Etzlstorfer sowie auf Besuche von Ausstellungen und Führungen in der Hofburg in Wien, der Hermesvilla in Lainz, dem Kaiserin Elisabeth Museum in Possenhofen, dem Schloss Trauttmansdorff in Meran, dem Wasserschloss Unterwittelsbach, dem Heimatmuseum in Tegernsee und die Unterlagen aus dem Geheimen Hausarchiv der Wittelsbacher in München. Dieses Buch ist *kein* biografisches, wissenschaftliches oder historisches Werk über das Leben von Kaiserin Elisabeth, auf Quellenangaben wurde daher bewusst verzichtet. Leser sollen hingegen einen kurzen Überblick über das Leben der Kaiserin erhalten und für die Wanderungen, die mit ihrer Geschichte verknüpft sind, begeistert werden. Viel Freude beim Lesen und wunderschöne Wandererlebnisse und Begegnungen!

Mit herzlichen Grüßen
Anette Hausmann

Die Wanderregionen

Den Großteil ihrer Kindheit und Jugend verbrachte Kaiserin Elisabeth in *München* und in der Region rund um den *Starnberger See*. Diese landschaftlich einzigartige Gegend mit ihren wunderschönen Blicken in die Alpen hinein ist heute mehr denn je ein Freizeit- und Ferienparadies – im Sommer lädt der tiefe, klare See zum Baden und zu Wassersportaktivitäten ein. Die Gletscher der Alpen drangen damals vor mehr als 200 000 Jahren bis nach München vor und formten den See (der damals Würmsee hieß). Heute prägen elegante Schlösser und Villen um den See herum das Erscheinungsbild. Ein einzigartiger Alpenblick (bei günstiger Wetterlage bis zur Zugspitze), genussreiche Fahrten mit der Bayerischen Seenschifffahrt und die große Gastlichkeit machen diese Region zu einem exzellenten Ausflugsziel.

Die Landeshauptstadt München ist mit mehr als 1,5 Millionen Einwohnern auch die größte Stadt Bayerns. Nicht weit von den Alpen entfernt, bietet sie einen reichen Kunst- und Kulturgenuss, zu dem u. a. natürlich ihre königliche Geschichte beitrug: Unter König Ludwig I., dem Großvater des bayerischen Königs Ludwig II., entwickelte sich München zur weithin bekannten und bedeutenden Kunststadt. Kaiserin Elisabeth wurde im Herzen von München geboren und verbrachte dort einen Teil ihrer Kindheit. Auch später weilte sie regelmäßig auf Familienbesuch in der bayerischen Metropole.

Das Naturschutzgebiet *Ammergauer Alpen* am oberbayerischen Alpenrand mit seinen wilden Flusslandschaften und artenreichen Bergmischwäldern, klaren Seen und Moorgebieten umfasst den nordöstlichen Teil des *Ammergebirges*. Weltbekannt ist in dieser Region der Passionsspielort *Oberammergau*. Traditionelles Kunsthandwerk, wunderschöne Lüftlmalerei an den Fassaden und eine überregional bekannte Schnitzschule charakterisieren den Ort genauso wie das weltberühmte Passionsspiel: Die Oberammergauer Bürger hatten einst feierlich gelobt, regelmäßig ein solches aufzuführen, wenn sie von der Pest befreit würden – und seit 1634 findet es nun alle zehn Jahre in Oberammergau statt. Seitdem gab es kein Pestopfer mehr.

Das *Tegernseer Tal* könnte man auch als »königliches Tal« bezeichnen. Es erstreckt sich rund um den See mit dem gleichnamigen Ort Tegernsee. Die Region gehört zu den viel besuchten bayerischen Bilderbuchlandschaften.

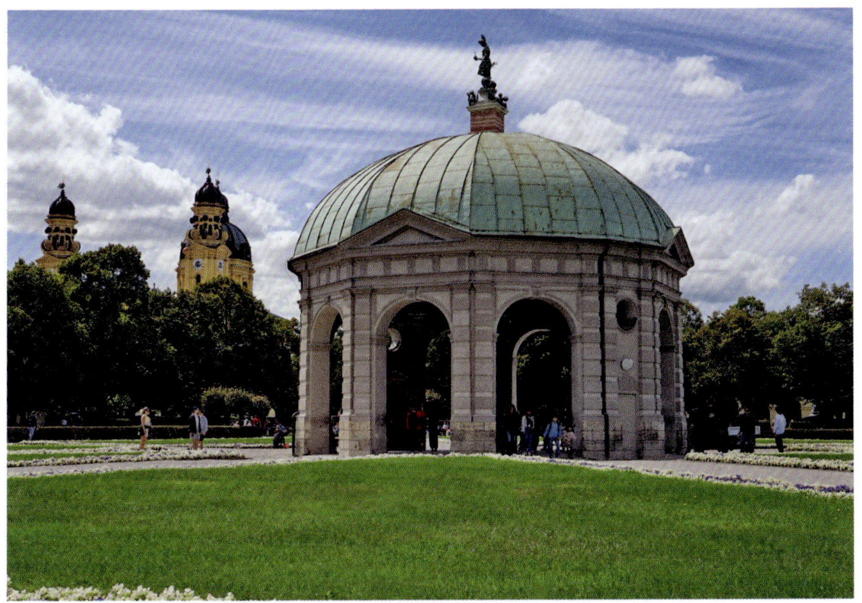

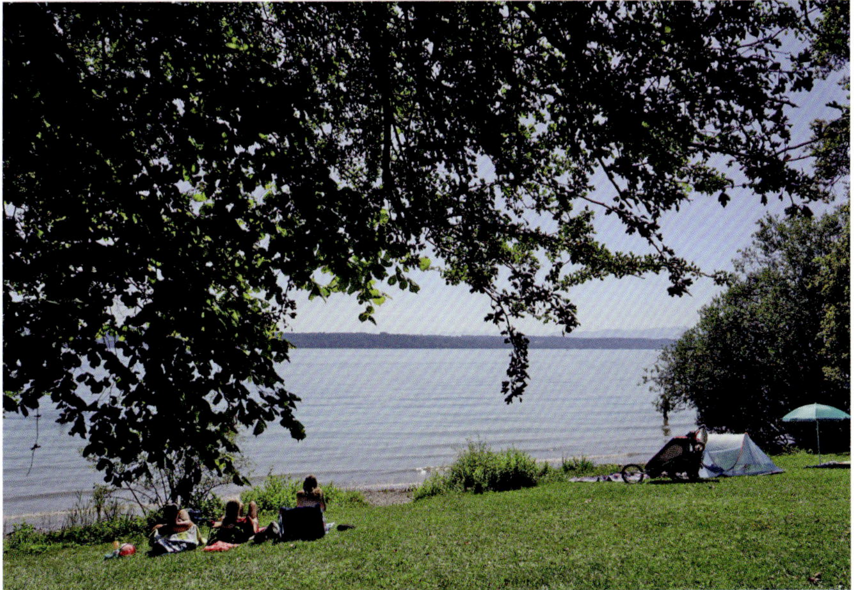

▲ Im sommerlichen Hofgarten mit Blick auf die Theatinerkirche (Touren 9, 10)
▼ Badevergnügen am Starnberger See (Tour 4)

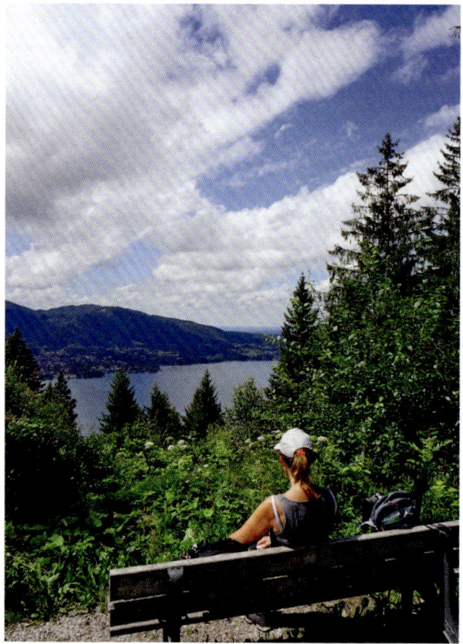

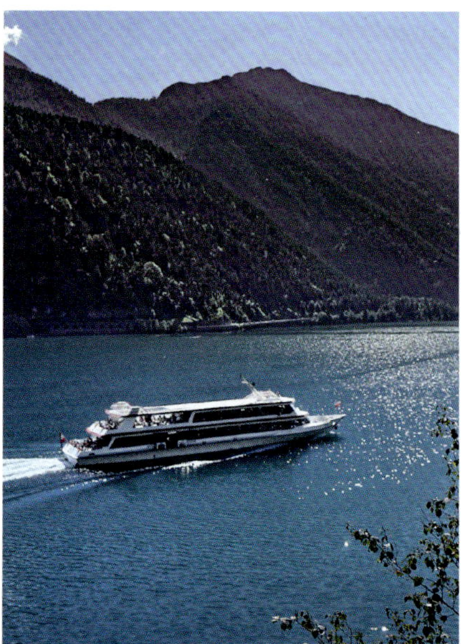

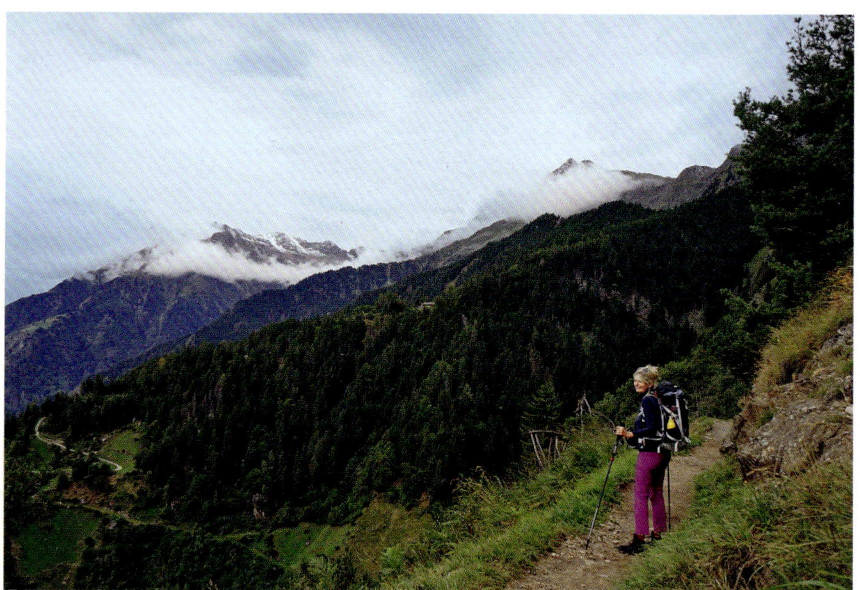

◄ Rastplatz auf dem Weg zum Riederstein mit Ausblick auf den Tegernsee (Tour 15)
► Der Achensee, eingebettet in Rofan- und Karwendelgebirge (Tour 16)
▼ Unterwegs in den Bergwelten rund um Meran (Tour 19)

Ludwig Ganghofer hatte dies einmal so auf den Punkt gebracht: »Wen Gott lieb hat, den lässt er fallen in dieses Land.« Zwischen Isar und Inn gelegen, bietet das leicht hügelige Alpenvorland beliebte Wanderziele – nach Süden hin genießt man dabei die Aussicht auf den Hauptkamm der Alpen, und von den Gipfeln selbst schweift der Blick über die klaren oberbayerischen Seen hinweg bis nach München. Der Ort *Tegernsee* schmückt sich mit einem prächtigen historischen Ortskern und stattlichen Baudenkmälern und ist geprägt von traditionellem Brauchtum, romantischen Biergärten und Zwiebelturm-Kirchspitzen. Am liebsten trinkt man hier das Bier aus der ansässigen Herzoglichen Brauerei. Viele Örtlichkeiten und Gebäude des Tegernseer Tals erinnern auch heute noch an ihre Verbindung zum Wittelsbacher Königshaus. Die Wittelsbacher Besitzungen werden aktuell durch die Herzoginnen Helene und Maria Anna in Bayern verwaltet.

Bayerisch-Schwaben, wie es seit der Zuweisung durch Napoleon Anfang des 19. Jahrhunderts genannt wird, ist die Wiege der Wittelsbacher – seit 1180 regierten sie in dieser Region. Schon lange besaß das Wittelsbacher Adelsgeschlecht Orte in Schwaben über das Erbe des letzten Staufers, der der Sohn einer Wittelsbacherin war. Im Aichacher Ortsteil *Oberwittelsbach* befand sich die erste Burg des Wittelsbacher Adelsgeschlechts.

Die Urlaubsregion *Tirol* mit ihrem größten See, dem *Achensee*, gehört zum Nachbarland Österreich und grenzt im Norden direkt an Bayern. Der durch die sich zurückziehenden Gletscher entstandene Achensee wird eingerahmt von zwei Gebirgszügen, dem *Rofan-* und dem *Karwendelgebirge*. Mit mehr als 130 Metern Tiefe, neun Kilometern Länge und 1,3 Kilometern Breite hat der See eine hervorragende Wasserqualität. Im Sommer ist er dadurch ein beliebter Badeort und bietet für viele Wassersportarten ideale Voraussetzungen. Allerdings erwärmt sich der Gebirgssee auch zur warmen Jahreszeit kaum über 20 °C. Das Gebiet um den Achensee mit seinen Seitentälern bietet vielfältige Möglichkeiten, die schöne Natur zu genießen und aussichtsreiche Plätze zu entdecken.

Schon Johann Wolfgang von Goethe war bei seiner Alpendurchquerung von den Eindrücken dieser Region überwältigt: Die grandiose Bergwelt *Südtirols* mit ihren über 3000 Meter hohen Gipfeln fasziniert bis heute. Die Dolomiten wurden geologisch vor über 200 Jahren entdeckt, und Teile davon gehören heute zum UNESCO-Weltkulturerbe. Die historischen Städte und das milde

Klima auf der sonnenverwöhnten Alpensüdseite bringen jährlich Tausende von Touristen in die nördlichste Provinz Italiens. In der kontrastreichen Landschaft des *Vinschgaus* liegt *Meran*: Eingerahmt von den weißen Gipfeln des Ortlermassivs und der Ötztaler Alpen und verwöhnt vom milden Klima war Meran bereits im 19. Jahrhundert ein beliebter Ausflugs- und Kurort, und auch Kaiserin Elisabeth verbrachte dort längere Kuraufenthalte.

Um diese wunderbaren Regionen und ihre historischen Bezüge zu Kaiserin Elisabeth intensiver erkunden zu können, wurden für das vorliegende Buch leichte Spaziergänge und mittelschwere Touren für trittsichere und geübte Bergwandernde mit aller Sorgfalt recherchiert und werden im Folgenden beschrieben. Für ein ungetrübtes Wandererlebnis gilt es allerdings, ein paar wichtige Punkte zu beachten:

Längere und steilere Wanderpassagen setzen Ausdauer und Kondition sowie eine gute Ausrüstung voraus. Pro Stunde sollten Sie mit ca. 300–350 Höhenmetern im Anstieg rechnen. Legen Sie bitte ausreichend Pausen ein, damit das Wandern ein Genuss wird und bleibt.

Das Alpenvorland ist als Zeckengebiet ausgewiesen, darum insbesondere beim Verweilen auf den Wiesen und im Wald auf ausreichend Zeckenschutz achten!

Die Betriebs- und Öffnungszeiten für Bergbahnen, Restaurants, Schifffahrten und Übernachtungsmöglichkeiten können sich schnell ändern, was eine vorherige Überprüfung notwendig macht. Unbedingt rechtzeitig sollte man auch die Wetterbedingungen im Blick haben, um im Gebirge nicht von einem Gewitter überrascht zu werden.

Sollte doch einmal Hilfe nötig sein, nutzt man das *Alpine Notsignal:* Innerhalb einer Minute wird sechsmal in regelmäßigen Abständen – mit einer Minute Unterbrechung – ein hör- oder sichtbares Zeichen gegeben, z. B. mit Trillerpfeife oder dem Blinken mit einer Taschen- oder Stirnlampe.

Empfehlung für eine Packliste:

- Rucksack mit Regenhülle
- Regenjacke, Schirm
- eingelaufene Trekking-/Bergschuhe
- Trekkingstöcke, ggf. Grödeln (für Wintertouren bzw. bei Schnee und Eis)
- ausreichend Trinkvorrat

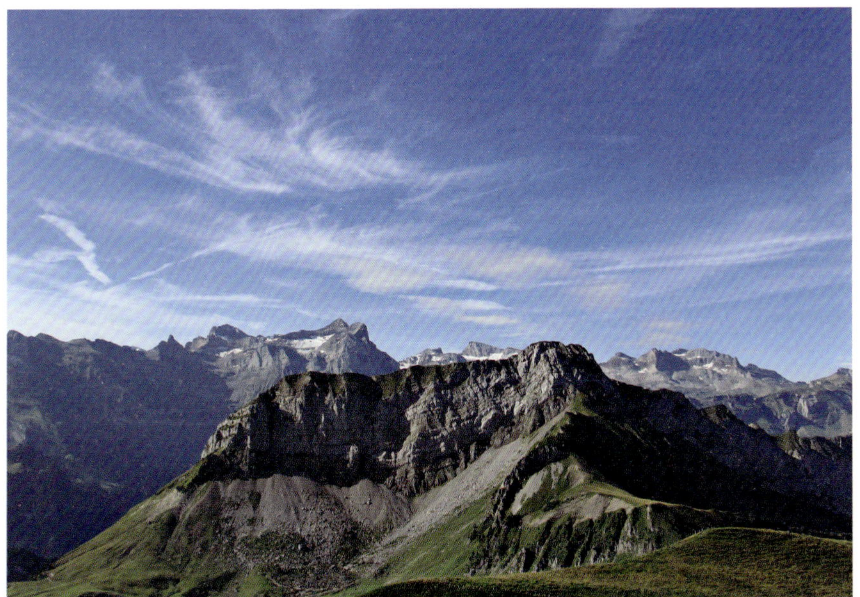

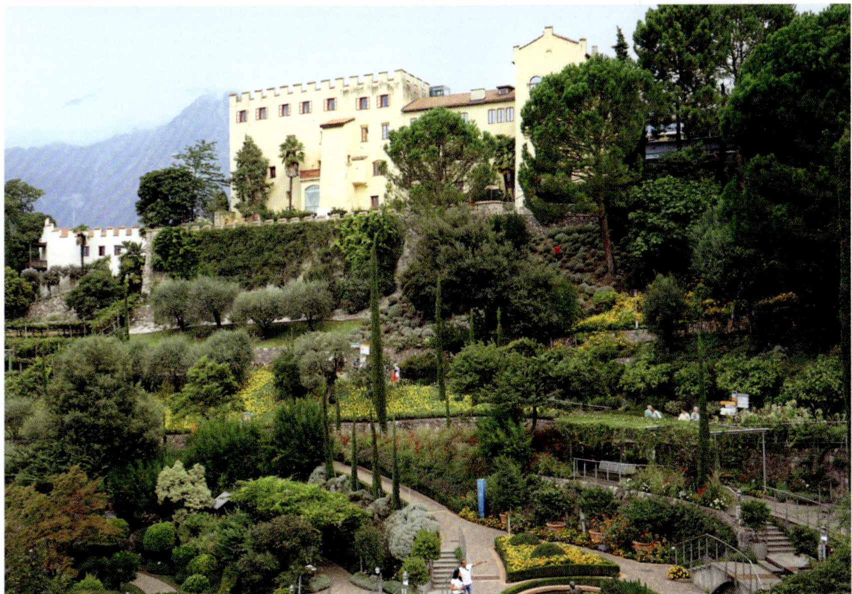

▲ Weitblick und Einsamkeit in den Bergen genoss auch die Kaiserin (Tour 19).
▼ Die Trauttmansdorffer Gärten mit Blick auf das gleichnamige Schloss (Tour 18)

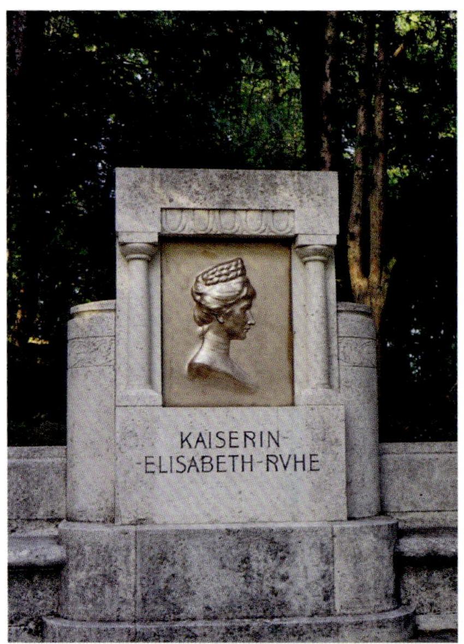

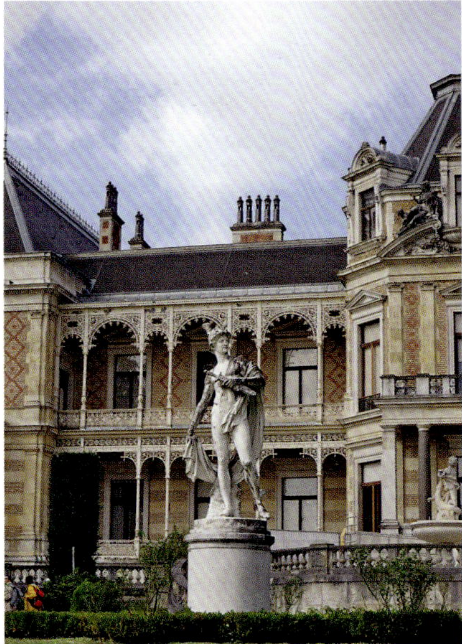

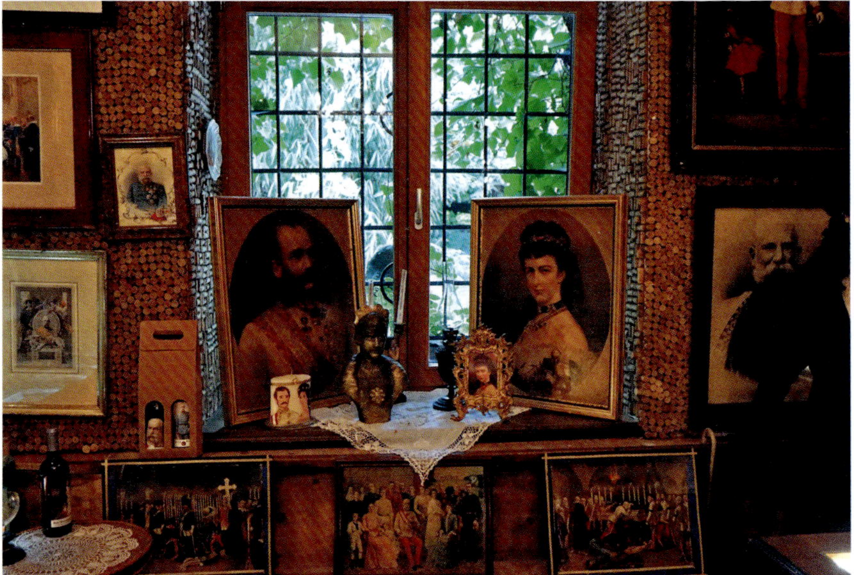

◀ Viele Denkmale erinnern an die Kaiserin, wie hier auf dem Kahlenberg bei Wien.
▶ Die Hermesvilla im Lainzer Tiergarten bei Wien – ein Geschenk von Kaiser Franz an seine Frau
▼ Zu Besuch im K.u.K. Museum in Bad Egart bei Onkel Taa (S. 184)

- Kleidung zum Wechseln und etwas Warmes zum Anziehen, in Plastiktüten verpackt (Regenschutz)
- Sonnenschutzcreme, Sonnenbrille
- Kopfbedeckung (Mütze, Sonnenhut)
- ggf. Badesachen
- Blasenpflaster, Reiseapotheke, kleines Verbandsset
- Handy und Ladegerät, ggf. Kamera
- Insektenschutz
- Brotzeit

Am Wegrand wird man immer wieder auf Kirchen und Kapellen treffen – hat man ein paar Streichhölzer und Teelichter im Rucksack, kann man immer eine Kerze anzünden, um im besonderen Andenken und mit Dankbarkeit den Augenblick zu würdigen.

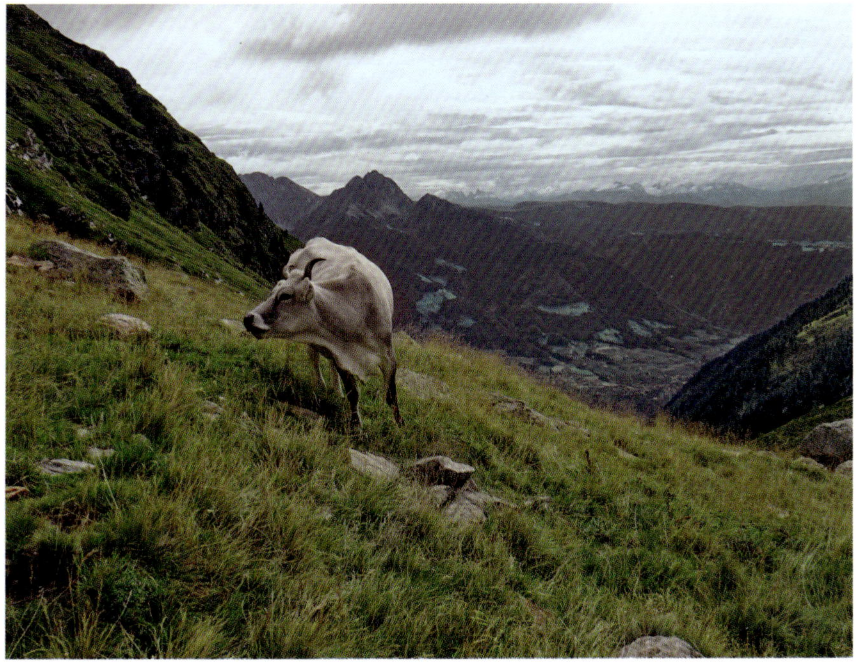

Oberhalb der Bockerhütte bei Meran hat man einen wunderbaren Blick in die Dolomiten (Tour 19).

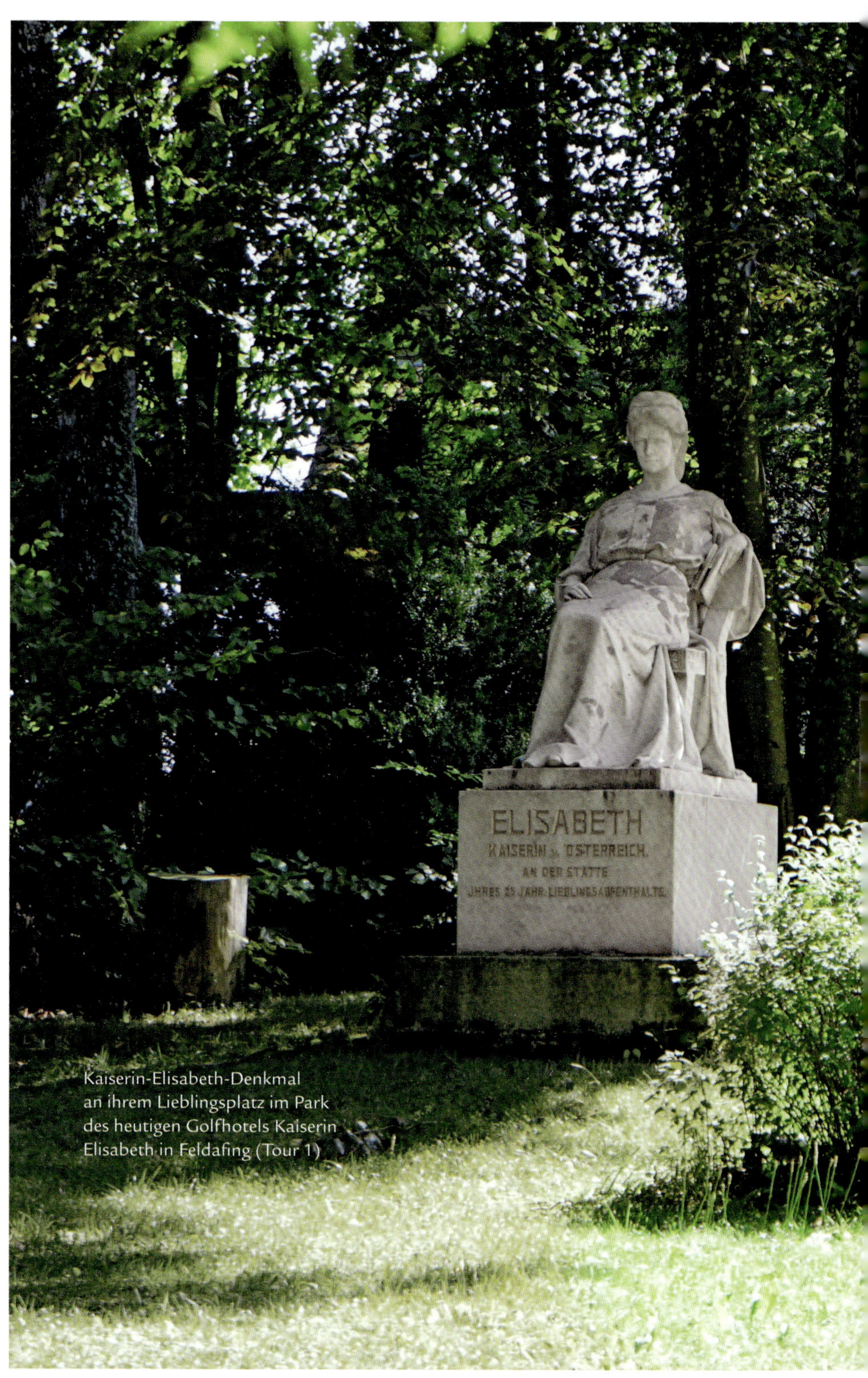

Kaiserin-Elisabeth-Denkmal an ihrem Lieblingsplatz im Park des heutigen Golfhotels Kaiserin Elisabeth in Feldafing (Tour 1)

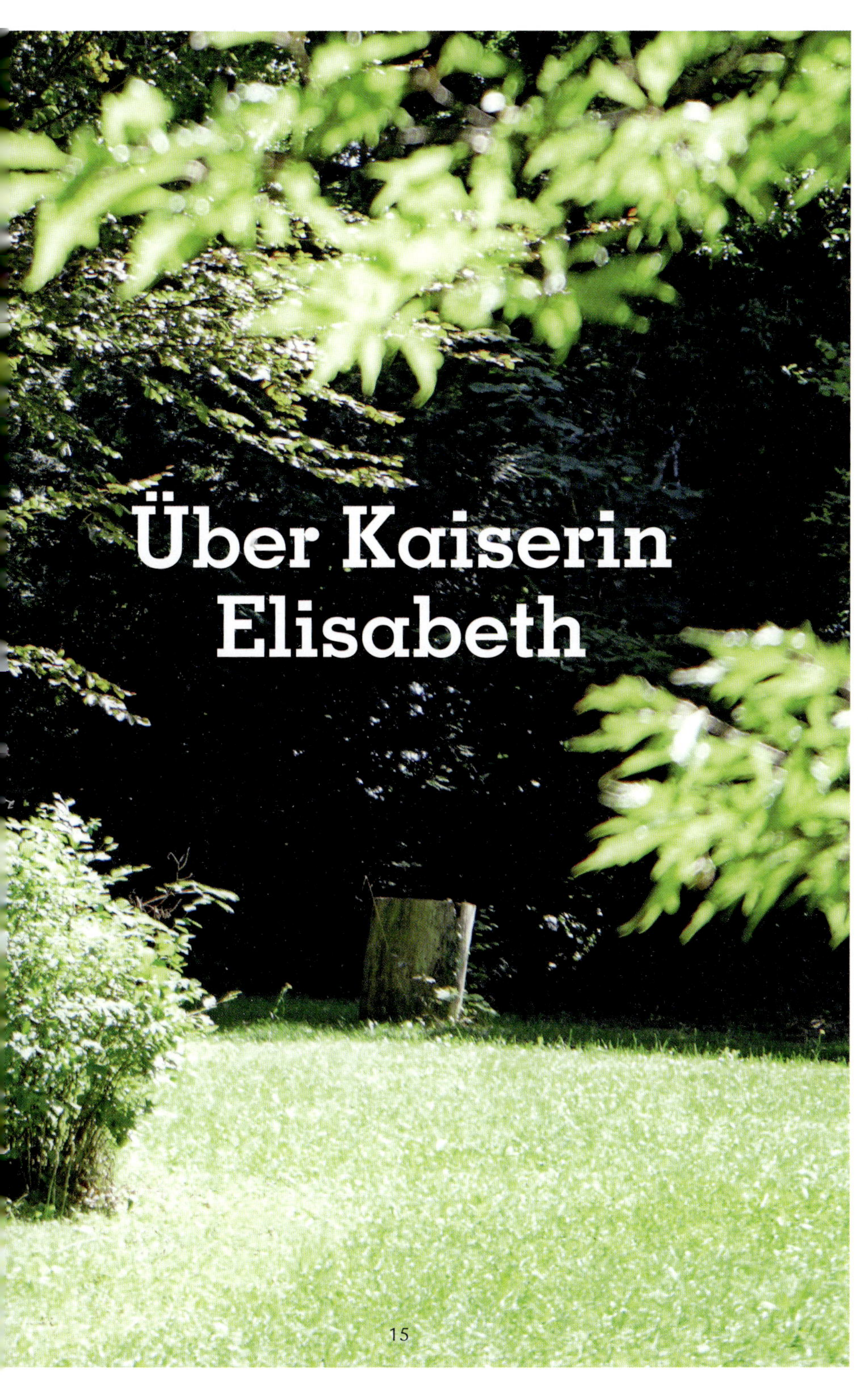

Über Kaiserin Elisabeth

Sisi – Schönheits königin und Kaiserin der Herzen

Zahlreiche Legenden und Mythen ranken sich um das Leben der geheimnisvollen Kaiserin, dem Sonntagskind mit einem Glückszahn, dem Münchner Kindl, der Weihnachtsprinzessin. Nahezu in der ganzen Welt kennt man Sisi, die viel gereiste Kaiserin. Doch was hat es damit auf sich, wer war diese schöne Herrscherin wirklich?

Geburt in München

Die kleine Prinzessin wurde am Weihnachtsabend im Jahr 1837 im Herzog-Max-Palais in München geboren. Als besonderes Glückssymbol deutete man damals den kleinen Zahn, den Elisabeth schon bei der Geburt im Mund hatte. Als Taufpatin und Namensgeberin fungierte Königin Elisabeth von Preußen, eine Schwester von Sisis Mutter. Im Familienkreis nannte man die spätere Kaiserin Elisabeth zeitlebens meist Sisi. Bayern wurde zu dieser Zeit von Ludwig I. regiert, dem Großvater des Königs Ludwig II. und Onkel von Elisabeth. Sisis Mutter Ludovika (Luise genannt) war Tochter des bayerischen Königs Maximilian I. Josef und gehörte der königlichen Linie der Wittelsbacher an. Sie war eine Herzogin *von* Bayern und wurde mit ihrem Vetter Max, Herzog *in* Bayern, verheiratet. Er entstammte einer herzoglichen Nebenlinie der Wittelsbacher und hatte somit keine eigentliche Funktion oder Pflichten im Königshaus, weshalb er sich voll und ganz seinen Liebhabereien widmen konnte. Er soll viel gereist sein, sogar bis zu den Pyramiden nach Kairo, zudem schrieb er Verse und Lieder und spielte mit Leidenschaft Zither, was ihm wohl den Spitznamen »Zithermaxl« einbrachte. Er war ein Lebemann und ein guter Reiter, er liebte edle Pferde. Vieles davon vererbte er wohl seiner Tochter Sisi (bis auf das Talent für die Zither). Die Ehe der Eltern war keine so glückliche, denn Herzog Max zeigte wohl nur wenig Familiensinn, und Sisi hatte noch einige »Stiefgeschwister« aus den Liebschaften ihres Vaters. Aufgrund ihrer

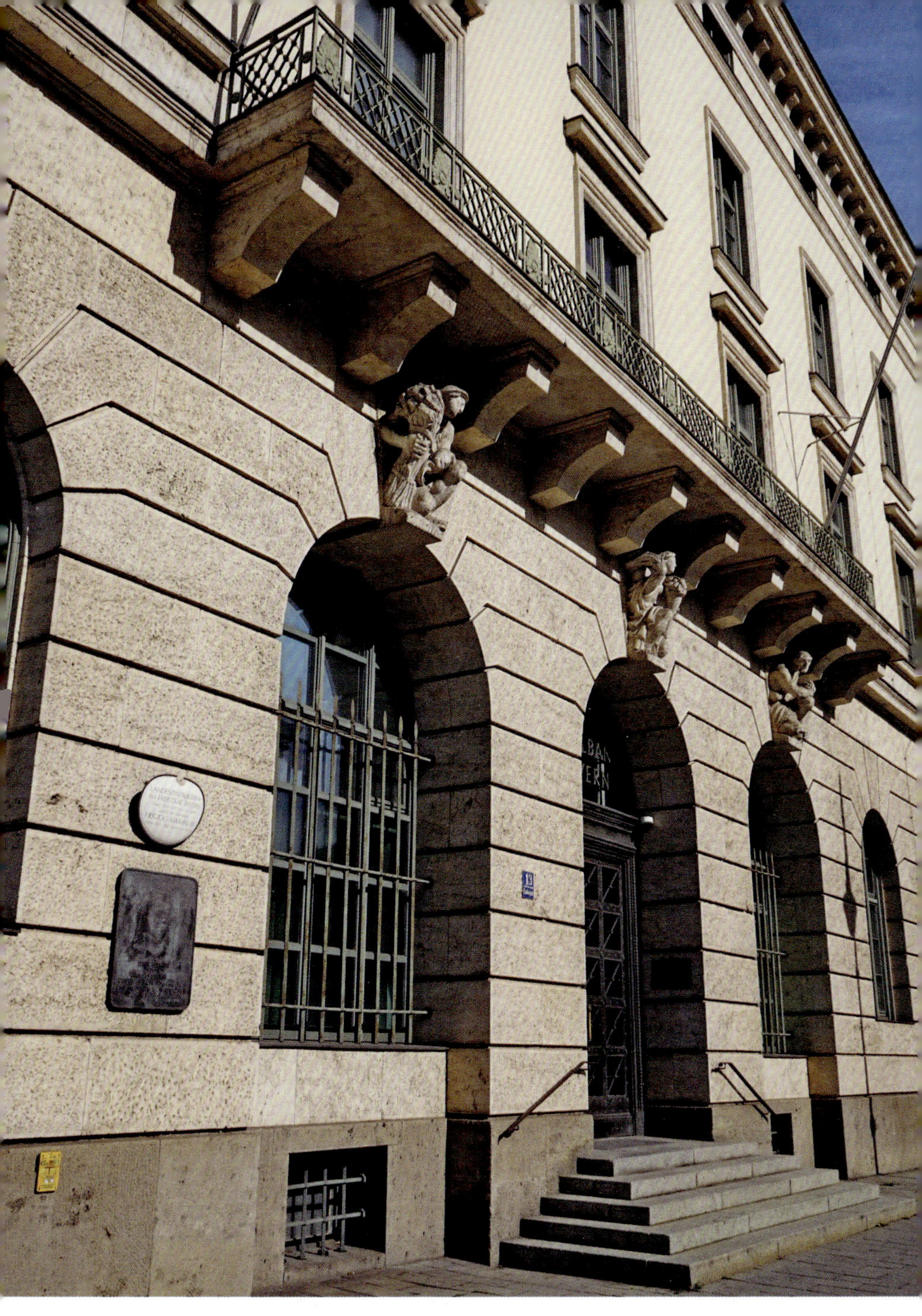

Das Geburtshaus der Kaiserin in der Münchner Ludwigstraße (Tour 9)

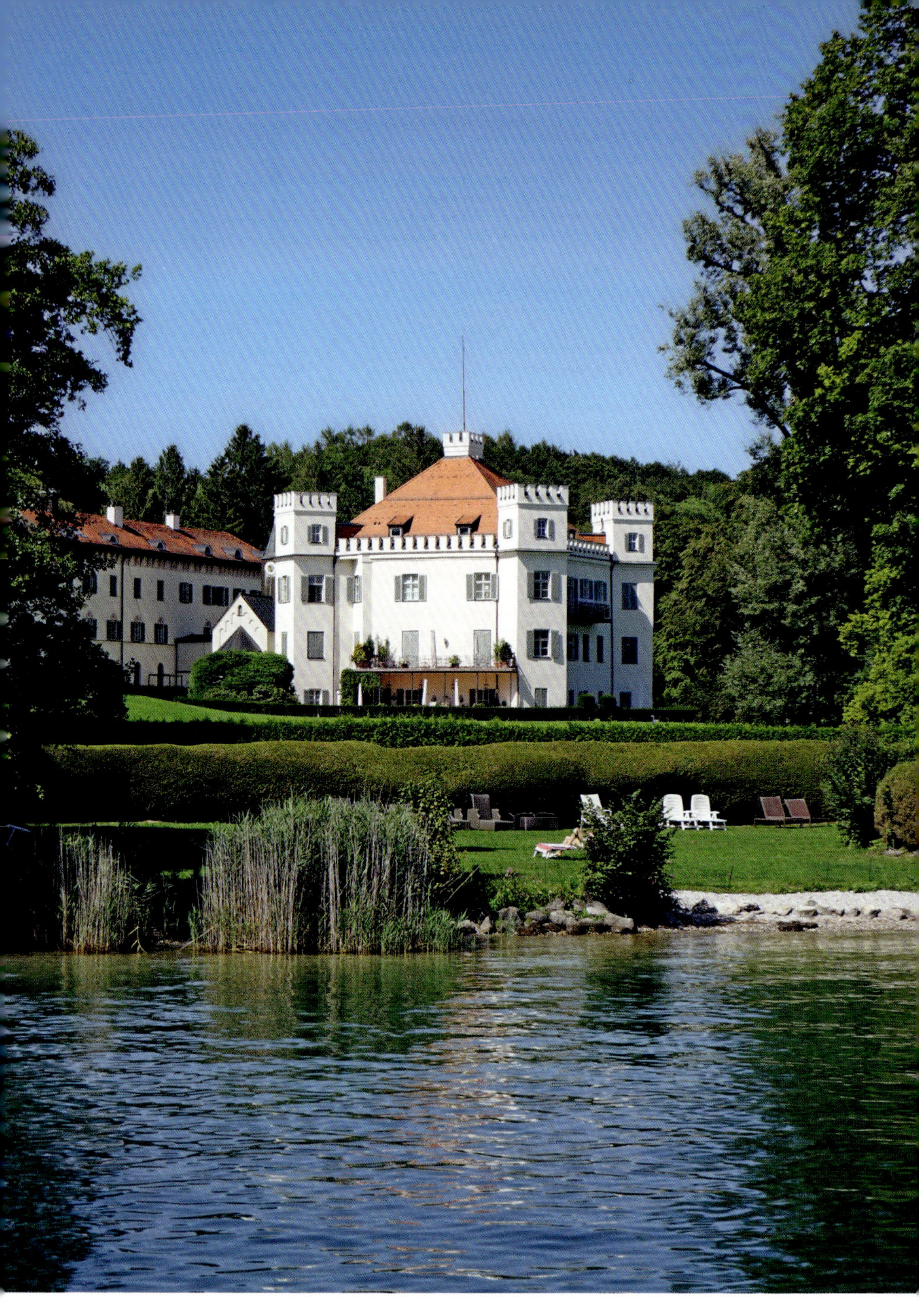

Schloss Possenhofen am Starnberger See (Tour 1)

adeligen Herkunft und ohne die Verpflichtungen einer Herrscherfamilie konnte Sisis Familie ein Leben in Wohlstand und ohne höfische Etikette genießen. Sisi war das zweitälteste Kind von insgesamt neun Geschwistern, zu denen sie auch später noch eine gute Verbindung pflegte. Besonders innig war das Verhältnis zu Helene (Nene genannt), ihrer älteren Schwester, die als eigentliche Braut des österreichischen Kaisers vorgesehen war. Auch ihrem jüngeren Bruder Karl Theodor (Gackel), der später als berühmter Augenarzt in die Geschichte einging, fühlte sie sich eng verbunden.

Kindheit und Jugendjahre

Herzog Max erwarb 1834 Schloss Possenhofen am Starnberger See als Sommersitz für die Familie, wo die Kinder eine unbeschwerte Kindheit genießen konnten. Zudem verbrachten sie immer wieder einige Zeit im Jagdschloss von Sisis Vater in Unterwittelsbach. Max erzog seine Kinder naturverbunden und freiheitsliebend, ohne höfische Zwänge. Eine große Freude bereitete er seinen Kindern durch Zirkusvorstellungen im Hippodrom, das er an sein Palais in München anbauen ließ. Die Kinder wurden von Erziehern und Hauspersonal betreut und erhielten u. a. französischen Sprachunterricht. Da die Familie auch eine englischsprachige Hausangestellte hatte, erlernten sie auch diese Sprache, wobei sich bei Sisi ein großes Sprachtalent zeigte – später kamen noch Ungarisch, Alt- und Neugriechisch hinzu. Auch Musikunterricht gehörte zum Pflichtprogramm, doch fürs Klavierspielen konnte sich Sisi nur wenig erwärmen. Jedoch schätzte die spätere Kaiserin die Musik Richard Wagners und besuchte seine Opernaufführungen und die Wagner-Festspiele in Bayreuth. Überhaupt kann man sagen, dass das Lernen wohl nicht unbedingt zu ihren Lieblingsbeschäftigungen gehörte. Sie verehrte Heinrich Heine, weshalb sie sehr gern selbst Gedichte schrieb (was ihr hinter ihrem Rücken aber oft Spott einbrachte).

Für die kleine Sisi war vor allem Possenhofen am Starnberger See ein Paradies. Dort versorgte sie einige Tiere wie Hühner, Kaninchen und Katzen, und sogar ein Reh war zeitweise in ihrer Obhut. Später umgab sie sich mit großen Hunden und Pferden. Als Kind zeichnete sie gern die Alpenkette und Naturmotive, die sie vom Starnberger See aus bewundern konnte. Schon als Kind ständig in Bewegung, war Sisi gern draußen in der Natur unterwegs, und ihre Mutter unternahm mit den Kindern vor allem in den Sommerferien kleine Ausflüge ins Alpenvorland und nach Tirol.

Im Juni 1848 kam es in Innsbruck zu einem ersten Treffen zwischen Franz Josef und Elisabeth. Die Schwestern Ludovika und Sophie (Sisis spätere Schwiegermutter) trafen sich mit ihren Kindern im Juni 1848 in Innsbruck. So begegneten sich der 18-jährige Franz Josef und die 11-jährige Elisabeth zum ersten Mal. Franz interessierte sich damals noch nicht für seine kleine Cousine, doch der jüngere Bruder Karl Ludwig, damals 15 Jahre alt, fand Gefallen an Sisi, und so unterhielten die beiden in der folgenden Zeit einen Briefwechsel.

Als Franz Josef mit 18 Jahren am 2. Dezember 1848 den Thron bestieg, war er durch die Erziehung seiner Mutter gut darauf vorbereitet - diese zog auch in seinen ersten Regierungsjahren die politischen Fäden und beeinflusste seine Entscheidungen. Man lästerte damals, sie sei der »Mann in der kaiserlichen Familie«.

Liebe auf den ersten Blick und Verlobung

Als Franz Josef 23 Jahre alt wurde, schmiedete seine Mutter Pläne, ihn zu verheiraten. Um die Allianz zwischen dem Kaiserreich Österreich und Deutschland zu stärken, sah der Plan vor, den jungen Kaiser mit einem Mitglied der bayerischen Verwandtschaft zu verheiraten. Die Wahl fiel auf Helene, die ältere Schwester von Sisi. So bereiteten die beiden Mütter für August 1853 in Ischl ein Treffen vor - jedoch: Bei diesem Treffen entzückte Sisi den Kaiser so sehr, dass er sich auf der Stelle in sie verliebte und wenig später um ihre Hand anhielt - wie traurig für Nene, die als älteste Tochter eigentlich als Braut vorgesehen war.

Es war wohl die unbefangene, kindliche Art der erst 15-jährigen Sisi, die des Kaisers Herz so zum Glühen brachte. Er überschüttete seine zukünftige Gemahlin mit Geschenken, z. B. mit einem ganz besonderen Weihnachtsgeschenk: einem Papagei. Sisi fühlte sich sicher zunächst überfordert, und die Auswirkungen des Heiratsantrags auf ihr weiteres Leben konnte sie noch nicht erahnen. Ganz naiv soll sie damals ihrer Gouvernante mitgeteilt haben, dass sie den Kaiser schon lieb hätte, wenn er nur kein Kaiser wäre!

Die Vorbereitungen für die kaiserliche Hochzeit liefen auf Hochtouren, ein Ehevertrag wurde aufgesetzt. Da Sisi und Franz als Cousin und Cousine in einem engen verwandtschaftlichen Verhältnis standen, musste die

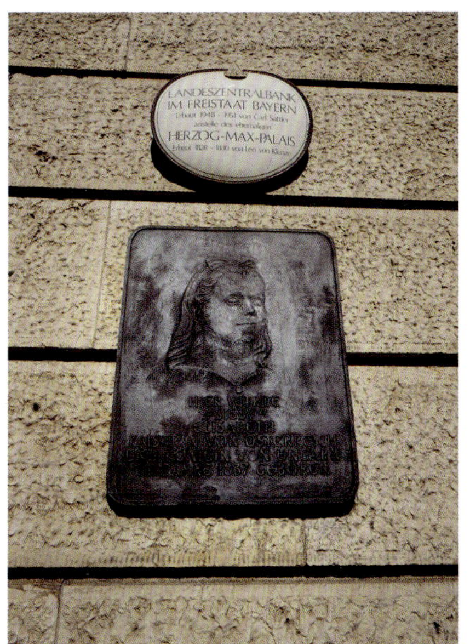

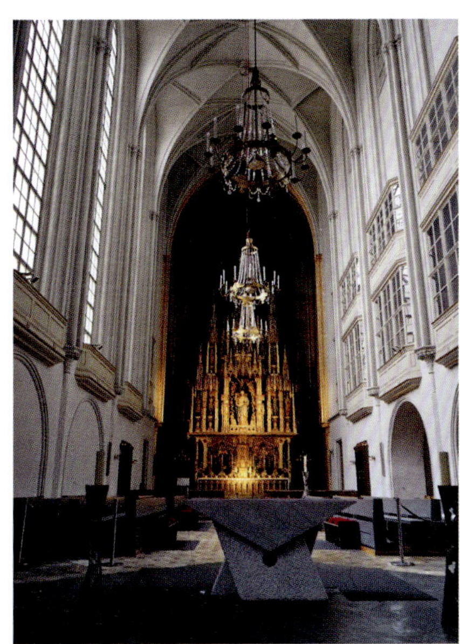

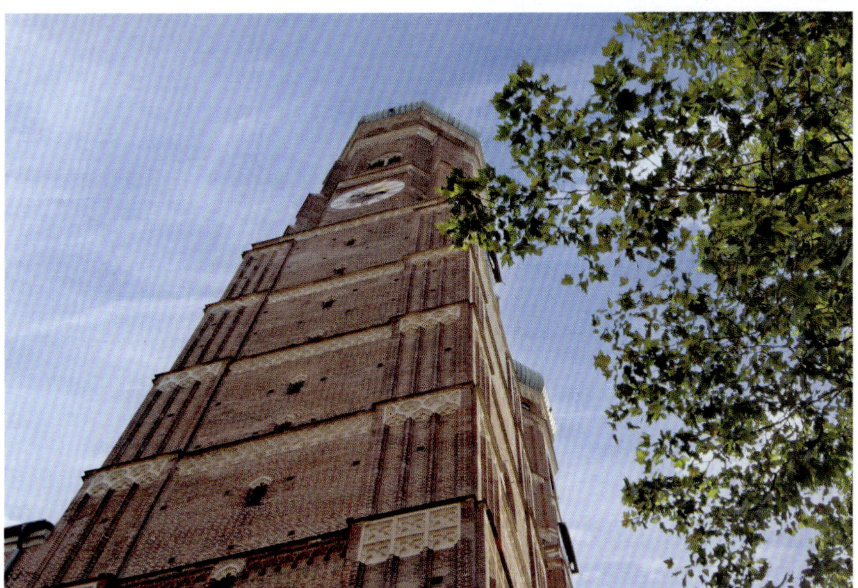

◀ Gedenkstein am Geburtshaus der Kaiserin in der Münchner Ludwigstraße (Tour 9)
▶ Die Kirche St. Ludwig in der gleichnamigen Straße (Tour 9)
▼ Münchner Wahrzeichen: die Frauenkirche (Dom zu Unserer Lieben Frau, Tour 10)

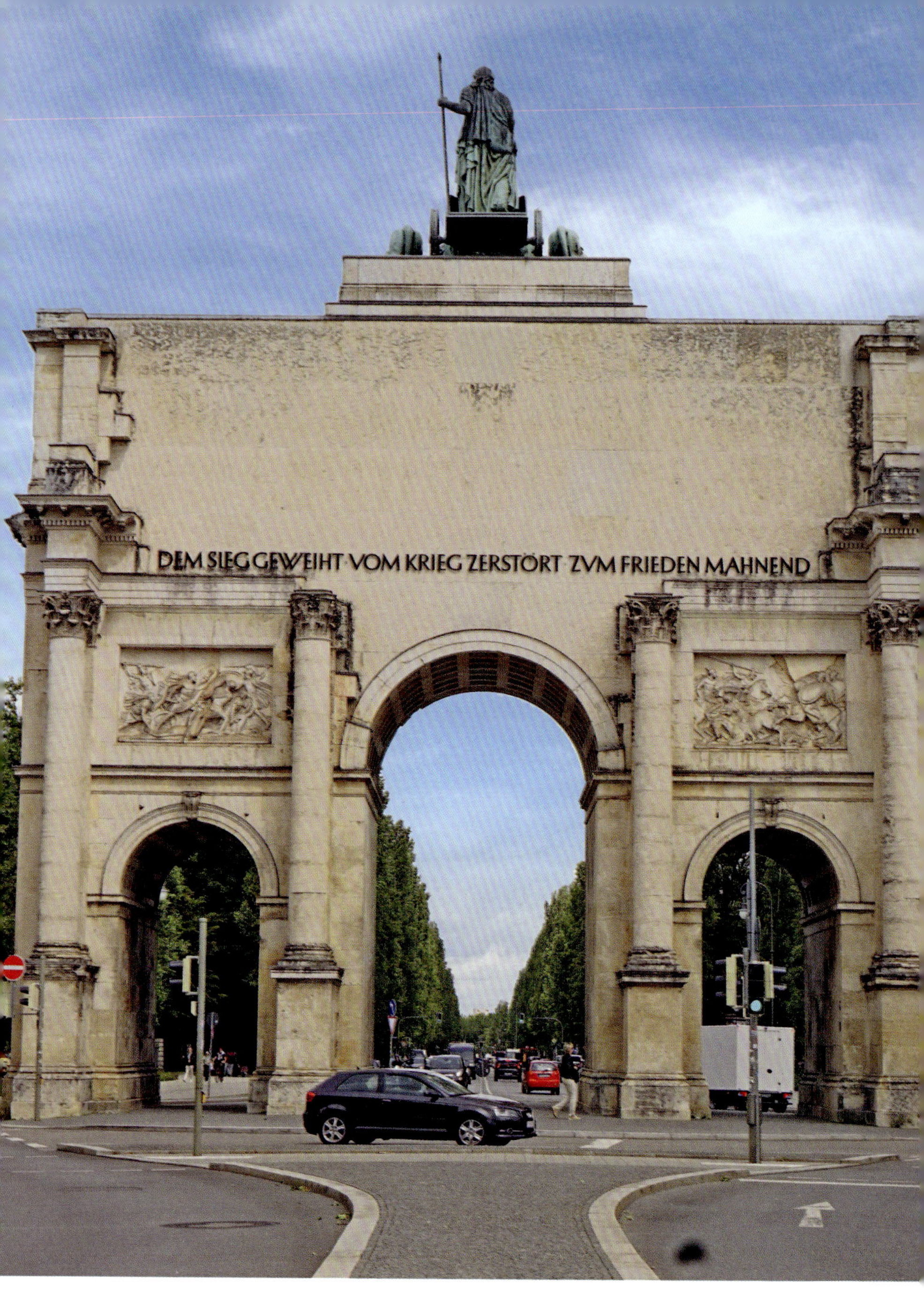

Das Siegestor – durch diesen Triumphbogen verließ Sisi, begleitet von traurigen Fans, einst München (Tour 9).

Zustimmung des Papstes zur Vermählung eingeholt werden, und auch der König von Bayern musste per Urkunde erklären, dass »keinerlei Ehehindernis« für Sisi bestehe. Der Hochzeitstermin wurde auf den 24. April 1854 festgelegt, die Feierlichkeiten sollten in der Augustinerkirche in Wien stattfinden. Nun hieß es für Sisi Abschied nehmen von ihrer geliebten bayerischen Heimat, vom Starnberger See und den Bergen und vor allem von ihrem geliebten »Possi«. Das nachfolgende Gedicht aus der Feder von Elisabeth bringt zum Ausdruck, wie sie sich beim Abschied gefühlt haben muss:

»Lebet wohl, ihr stillen Räume,
Lebe wohl, du altes Schloß.
Und ihr ersten Liebesträume,
Ruht so sanft in Seesschoß.
Lebet wohl, ihr kahlen Bäume,
Und ihr Sträucher, klein und groß.
Treibt ihr wieder frische Keime,
Bin ich weit von diesem Schloß.«

Am Tag der Abreise aus München, am 20. April 1854, erschien auch ihr Vetter Ludwig II. mit seinem Vater im Max-Palais, um sich von Sisi zu verabschieden. Viele Tausend Menschen säumten die Ludwigstraße in München und geleiteten den Reisezug der zukünftigen Kaiserin durch das Siegestor.

Elisabeth heiratete in eine der größten Dynastien Europas ein: in das Adelsgeschlecht der Habsburger. Das bedeutete auch, dass sie sich exakt an das spanische Hofzeremoniell zu halten hatte. Nun gab es kein Zurück mehr, und die junge Sisi musste ihren neuen »Job« antreten als Kaiserin von Österreich und spätere Königin von Ungarn sowie Königin der Lombardei und Venedigs, von Dalmatien, Kroatien, Slawonien, Galizien usw. Damals war das Kaiserreich Österreich mit über 40 Millionen Einwohnern nach Russland der größte europäische Staat.

Am Abend des 24. Aprils 1854 schritten der junge Kaiser von Österreich und seine Braut in der Augustinerkirche zum Altar. Sisi trug dabei ein reich mit Gold und Silber besticktes und mit Myrten geschmücktes Schleppenkleid (Myrte gilt als Symbol für Jungfräulichkeit, Lebenskraft und viele gesunde Kinder), der Brautstrauß bestand aus einem herrlichen Bouquet weißer Rosen. Das Brautdiadem war ein Geschenk ihrer Tante und Schwiegermutter Erzherzogin Sophie.

Leben am Wiener Hof

Das spanische Hofzeremoniell umfasste ein umfangreiches Regelwerk für das Leben am Wiener Hof, dem sich Elisabeth unterordnen musste. Für alles gab es ein langes Protokoll mit Verhaltensregeln. Allein für die Eheschließung waren es über 100 Seiten: Neben der Kleiderordnung waren dort u. a. die Reihenfolge des Einzugs in die Kirche, die Sitzordnungen in der Kirche und an der kaiserlichen Hochzeitstafel, der Hochzeitszug nach der Trauung und über allem ein exakter Zeitplan festgelegt. Auch der Zugang zu den Gemächern der kaiserlichen Familie war geregelt, und sogar das Prozedere der Hochzeitsnacht stand im Protokoll.

Der Tradition entsprechend, wurde das Tun des Kaisers nie in Frage gestellt, er hatte immer Recht und musste zu allen Unternehmungen erst gefragt werden. Mit all dem musste sich die junge Sisi vertraut machen – und sie bemühte sich. Die Oberhofmeisterin und die Hofdamen, die ihre zukünftige Schwiegermutter für sie ausgesucht hatte und die jeden Schritt der jungen Kaiserin überwachten, waren ihr fremd. Sisi durfte nicht ohne Begleitung unterwegs sein, was für die ihre Freiheit liebende und naturverbundene 16-Jährige wohl sehr schwer gewesen sein muss – wie einsam muss sie sich gefühlt haben und wie sehr von Heimweh geplagt!

Nach der Trauung musste das frisch vermählte Kaiserpaar eine Flut von Festen und Feierlichkeiten über sich ergehen lassen. Sisi gab ihr Bestes, stand jedoch oft in der Kritik ihrer Schwiegermutter, Tante Sophie. Noch während der Flitterwochen dichtet die junge Kaiserin heimlich:

»Ich bin erwacht in einem Kerker,
Und Fesseln sind an meiner Hand.
Und meine Sehnsucht immer stärker –
Und Freiheit! Du, mir abgewandt.«

Familien- und Eheleben

Im März 1855 kam das erste Kind des Kaiserpaars zur Welt: ein Mädchen, das nach der Schwiegermutter und Taufpatin Sophie benannt wird. Sofort nach der Geburt wurde das Baby in die sogenannte Kindskammer gebracht, die sich nahe den Gemächern der Schwiegermutter befand. Diese übernahm nun die

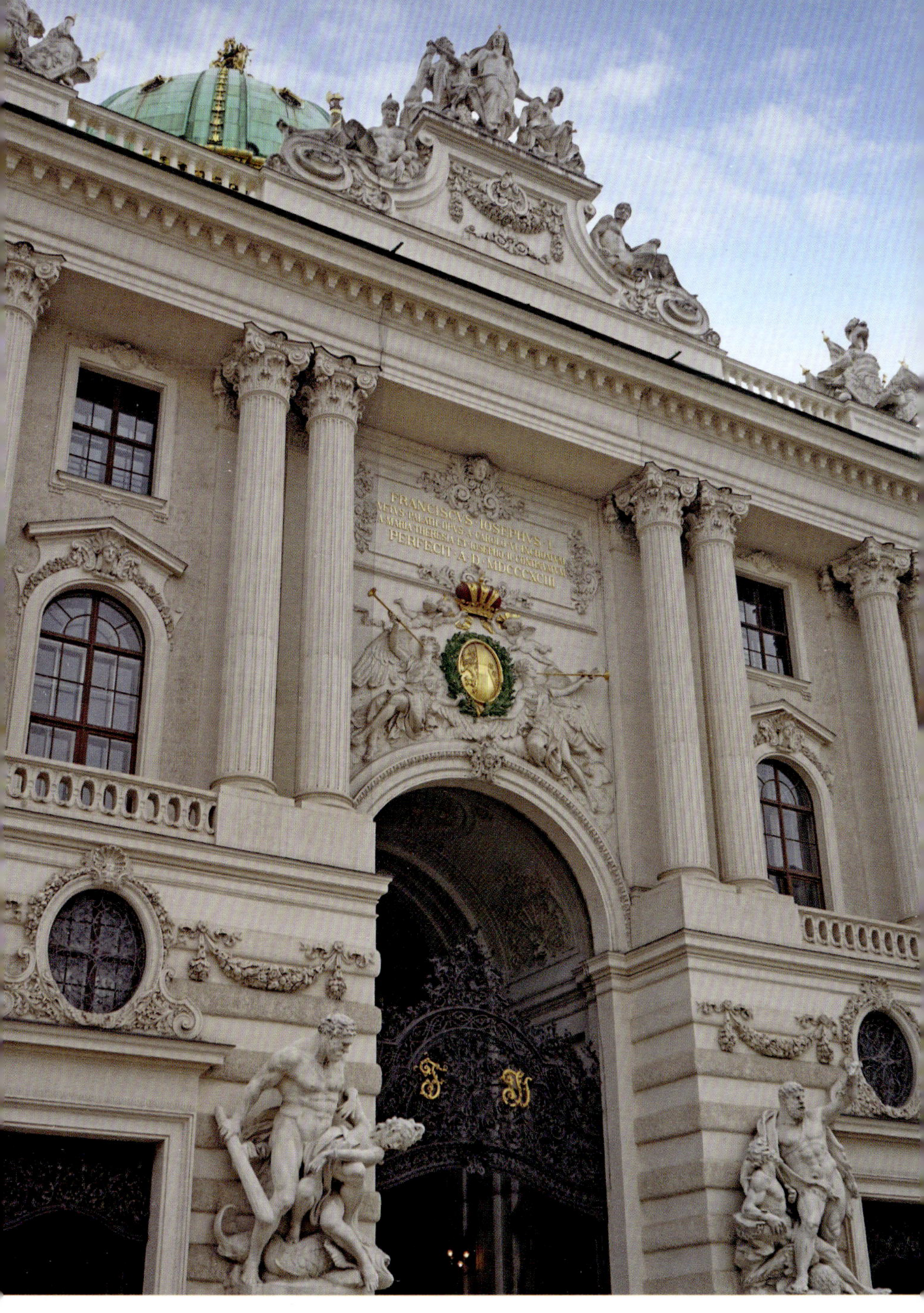

Eines der Eingangstore der Hofburg in Wien – Residenz der Habsburger

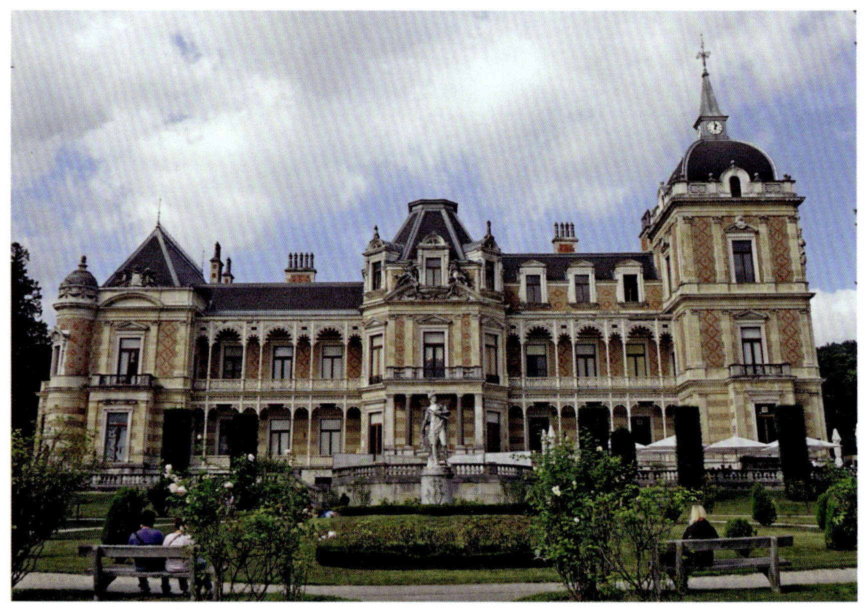

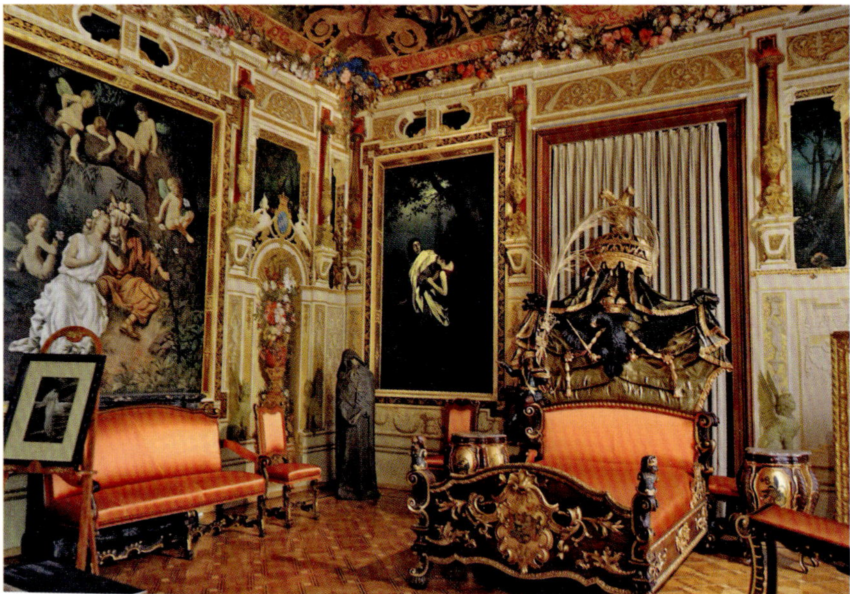

▲ Das Kaisergeschenk an seine Frau – die Hermesvilla im Lainzer Tiergarten bei Wien
▼ Wie ein Sommernachtstraum: Sisis Schlafzimmer in der Hermesvilla

Erziehung ihrer Enkelin und traf auch alle Anordnungen für Betreuung und Umgang. Das traf die junge Mutter Sisi sehr, jedoch konnte sie sich dessen nicht erwehren.

Im Juni 1856 kam das zweite Kind zur Welt, und wieder war es nicht der ersehnte Thronfolger. Auch Gisela kam sofort unter die Fittiche der Kaisermutter. Mit allen Mitteln kämpfte Sisi darum, ihre Kinder wieder in ihrer Nähe zu haben. Ihr Ehemann, der Kaiser, war ihr dabei keine große Hilfe – sehr mit seinen Regierungsgeschäften und Verpflichtungen beschäftigt, hatte er kaum Zeit für seine schöne junge Frau, vermied zudem den Konflikt mit seiner Mutter und beugte sich ihren Anordnungen.

Auf einigen seiner Reisen durfte ihn Sisi aber auch begleiten, so z. B. im September 1856, als sie von Heiligenblut einen Ausflug zum heutigen Großglocknerhaus machten und den Gipfel des Großglockners bewunderten. Es folgten Reisen nach Mailand, Triest und Venedig, wo das Kaiserpaar seinen Regierungspflichten nachkam. Bei einer Reise nach Ungarn im Frühjahr 1857 waren auch die beiden Töchter mit dabei. Die kleine Sophie erkrankte jedoch sehr schwer und verstarb. Die untröstliche Kaiserin Elisabeth zog sich daraufhin völlig in sich zurück – da ihre Schwiegermutter ihr sehr von dieser Reise abgeraten, Sisi sich dem jedoch widersetzt und ihre Kinder trotzdem mitgenommen hatte, plagten sie schwere Schuldgefühle, und ihre psychischen und körperlichen Zustände wurden immer besorgniserregender. Doch bereits Ende 1857 wurde Sisi erneut schwanger, und im August 1858 kam nach schwerer Geburt das dritte Kind, der ersehnte Kronprinz Rudolf, zur Welt. Auch diesen nahm Schwiegermutter Sophie wieder in ihre Obhut, und der Kaiser übergab seinen Sohn quasi vom ersten Tag an einer strengen militärischen Erziehung. Elisabeth konnte dies nicht verhindern, spürte aber, wie sehr ihr Sohn darunter litt.

Sisis Gesundheitszustand verschlechterte sich weiterhin – drei Geburten in vier Jahren, der Tod ihrer Tochter Sophie, die Kriegswirren, die ungeliebte höfische Etikette und die ständigen Auseinandersetzungen mit der Schwiegermutter setzten ihrer Gesundheit massiv zu. Die Ärzte bescheinigten ihr eine beginnende Lungenerkrankung, die eine Reise nach Madeira vor dem Kaiser rechtfertigte. Für die Überfahrt stellte die englische Queen Viktoria ihre Jacht zur Verfügung. Elisabeth verbrachte den Winter 1860/61 auf Madeira und trat dann ihre nächste weite Reise an: Sie zog sich nach Korfu zurück. Von

Gisela und Rudolf war sie über die langen Reisezeiten hinweg getrennt, und die Kinder standen damit unter dem Einfluss ihrer Großmutter Sophie, wobei sich der kleine Rudolf (wie in diesen herrschaftlichen Kreisen üblich) einem harten militärischen Drill während seiner Ausbildung unterziehen musste. Es dauerte Jahre, bis Elisabeth beim Kaiser durchsetzen konnte, selber Einfluss auf die Erziehung von Rudolf und Tochter Gisela nehmen zu dürfen. Durch ihre zahlreichen Reisen verbrachte Elisabeth zwar nur wenig Zeit mit ihren Kindern, schrieb ihnen jedoch viele Briefe.

Mit dem Bau der Hermesvilla im Lainzer Tierpark bei Wien versuchte der Kaiser seine Frau mehr an Wien zu binden, und hatte die Hoffnung, dass sie durch das ruhige Anwesen ein wenig sesshafter werden würde. Die 1886 fertiggestellte Villa sollte Sisi ungestörte Aufenthalte in der Nähe der Stadt ermöglichen. Höhepunkt dabei: das heute noch gut erhaltene Schlafzimmer (kann beim Besuch der Villa besichtigt werden) – neben dem barocken Bett, das einst Maria Theresia gehört haben soll, sind besonders die Wandmalereien mit Szenen aus Sisis Lieblingsstück »Ein Sommernachtstraum« von William Shakespeare beeindruckend. Natürlich verfügte die Villa auch über ein spezielles Turnzimmer für die sportbegeisterte Kaiserin, und im Hoftrakt neben der Villa waren in den Reitställen die kaiserlichen Pferde untergebracht.

1868 kam Elisabeths viertes Kind Marie Valérie in Ungarn zur Welt. Anders als bei ihren anderen Kindern übernahm sie bei dieser uneingeschränkt die Erziehung und Betreuung – das, was sie bei den beiden älteren Kindern versäumt hatte, kam nun voll und ganz der jüngsten Tochter zugute.

Ein weiterer Schicksalsschlag ereilte die kaiserliche Familie im Januar 1889: Ihr Sohn und Thronfolger Rudolf kam unter mysteriösen Umständen ums Leben – wahrscheinlich beging er gemeinsam mit seiner Geliebten Mary Vetsera in Mayerling Selbstmord. Von diesem schweren Verlust erholte sich Sisi nicht mehr, sie zog sich vollkommen zurück und trug fast ausschließlich schwarze Kleidung. Ein schwarzer Schleier verhüllte zudem ihr marmorweißes, tieftrauriges Gesicht. Weitere Todesfälle in ihrer Familie verstärkten ihre Melancholie: Ihre Eltern und drei ihrer geliebten Geschwister (Helene, Max und Sophie) verstarben ebenfalls innerhalb kurzer Zeit. Noch mehr – vor allem vor sich selbst – fliehend, reiste sie unentwegt umher. Die Liebe zu ihrem Mann war über die Jahre hinweg und wahrscheinlich auch wegen seiner außerehelichen Liebschaften zwar etwas verblasst, doch verband beide immer

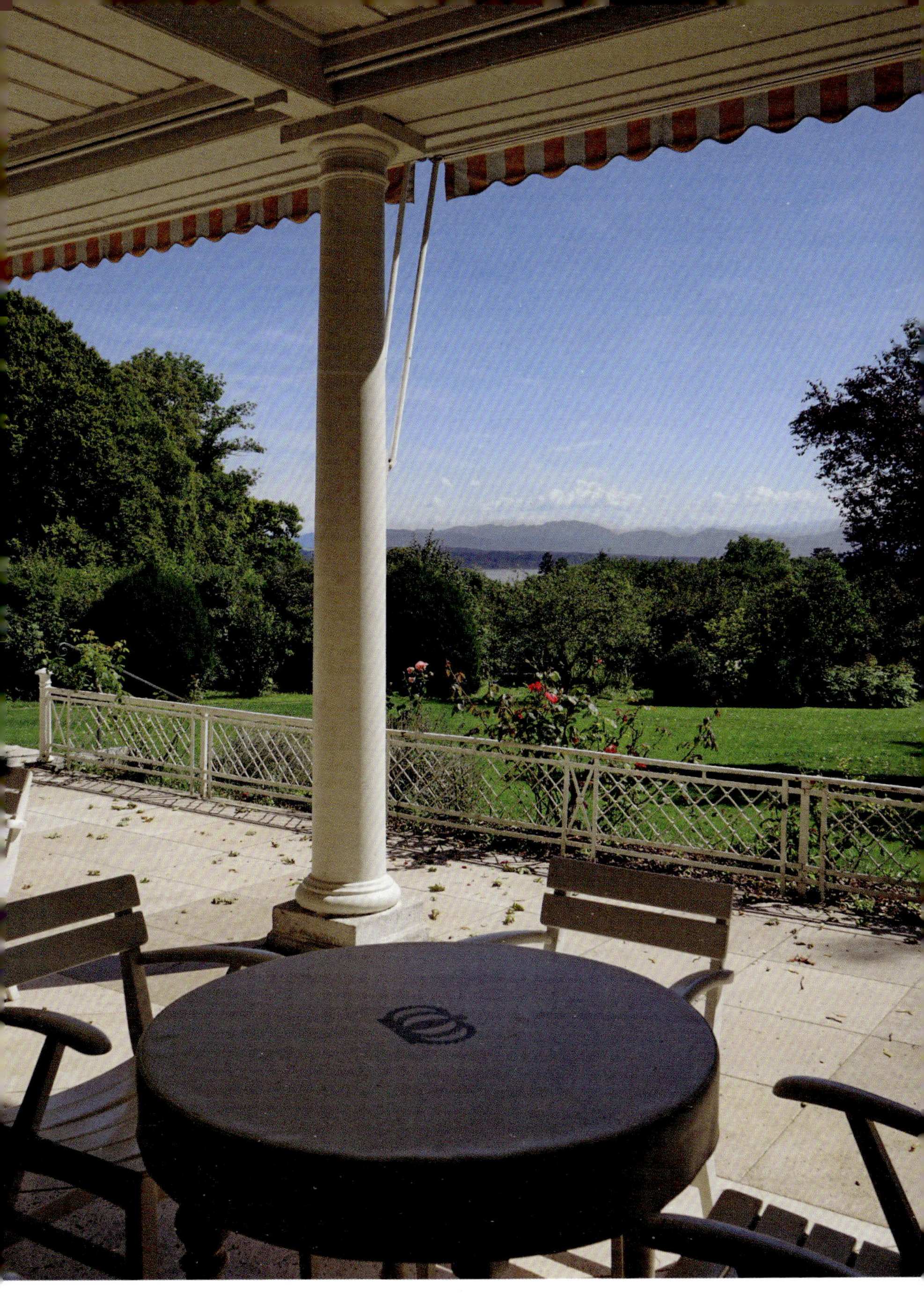

Oft saß die Kaiserin beim Tee auf der Terrasse des Hotels Strauch (heute Hotel Kaiserin Elisabeth) in Feldafing (S. 52).

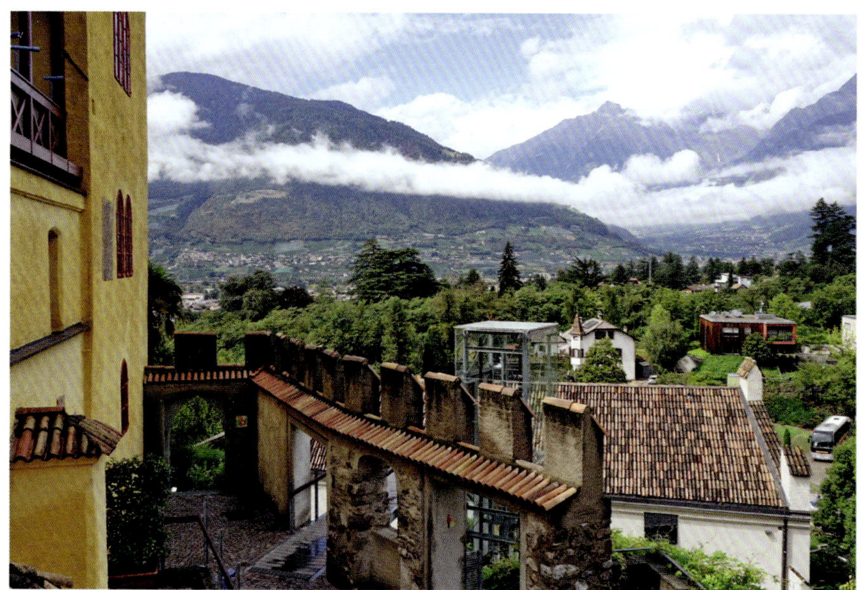

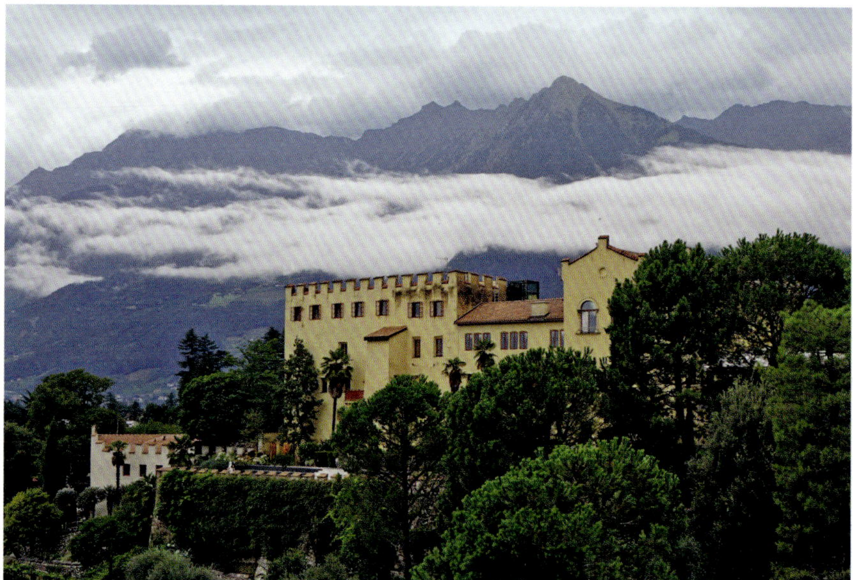

▲ Die Kaiserin genoss den Ausblick über das Etschtal während ihrer Aufenthalte im Schloss Trauttmansdorff (Tour 18).

▼ Blick über Schloss Trauttmansdorff bis in die Meraner Bergwelt zum Mutkopf (Tour 18)

noch eine tiefe Zuneigung. Elisabeth wusste, wie sehr der Kaiser unter ihrer Abwesenheit litt, gleichzeitig benötigte sie aber für ihre Vorhaben und Reisen seine Unterstützung und Zustimmung. Taktisch klug fädelte sie deshalb die Bekanntschaft mit der Schauspielerin Katharina Schratt ein, die sie als ihre Freundin bei Hofe einführte, um der Gerüchteküche über eine neue Liebschaft des Kaisers Einhalt zu gebieten. Daraus entwickelte sich eine Freundschaft des Kaisers mit der Schauspielerin, die fast 30 Jahre lang währte. Man könnte meinen, dass Sisi nun beruhigter unterwegs hätte sein können, wohl wissend, dass ihr Mann eine Art Seelengefährtin an seiner Seite hatte.

Die Kaiserin auf Reisen

Franz Josef war über die Reisen seiner Frau allerdings immer noch wenig erfreut. Da aber gesundheitliche Beschwerden der Kaiserin als Begründung für ihre Reisen genannt wurden, konnte er keine Einwände dagegen erheben, denn er liebte seine Frau und erfüllte ihr nahezu jeden Wunsch. Es scheint, als hätte ein wahrer Fluchtreflex Elisabeth angetrieben, denn auf die eine Reise folgte sogleich die nächste. Dabei handelte es sich nicht nur um repräsentative Reisen, bei denen Elisabeth ihren Pflichten als Kaiserin nachkam, sondern sie war oft privat unterwegs, wie z. B. bei Kuren, Studienreisen und Familienbesuchen.

Verreiste die Kaiserin, umgab sie ein Hofstaat von ca. 100 Personen. Dazu gehörten einige ihrer Hofdamen, ihre Kammerzofen und selbstverständlich ihre Friseuse, Lakaien und Ärzte, aber auch Küchenpersonal, Stallmeister und Stallburschen für ihre Pferde, die Leibwache und ein Telegraphenmeister, damit Sisi immer erreichbar war. Ihr Meissener Porzellan und ihre Kleidung wurden natürlich auch mitgeführt. Zum Transport verwendete man große Reisekoffer, die heute noch in der Ausstellung im Schloss Trauttmansdorff zu bewundern sind. Oft waren auch Ziegen mit auf Reisen, die frische Milch für Sisis ausgefallene Ernährung lieferten. So schrieb Kaiserin Elisabeth 1890:

> *»Durch die ganze Welt will ich ziehen, Ahasver (Anm.: wandernder Jude aus der christlichen Mythologie) soll ein Stubenhocker gegen mich sein. Ich will zu Schiff die Meere durchkreuzen, ein weiblicher ›Fliegender Holländer‹, bis ich einmal versunken und verschwunden sein werde.«*

Ihre gesundheitliche Verfassung veranlasste Elisabeth zu zahlreichen Kuraufenthalten, u. a. auf Madeira, in Bad Kissingen, Karlsbad, Bad Nauheim und Meran. Auch besuchte sie häufig ihre bayerische Familie und verweilte in München, am Starnberger und am Tegernsee. Einer ihrer Lieblingsorte war das Schloss Gödöllö in Ungarn, das Krönungsgeschenk der Ungarn an ihre Königin. Reit- und Jagdaufenthalte gab es in England und Irland. Gerne war Sisi auf Korfu, wo sie sich ihren Palast Achilleion errichten ließ. Sie liebte vor allem Schiffsreisen und besonders die stürmische See – vielleicht war das der Grund für die Tätowierung eines Ankers auf ihrer Schulter? Auch in den Schweizer Bergen war sie oft unterwegs, beispielsweise in Zürich, Luzern und am Genfer See, was sich als schicksalshaft erweisen sollte.

Schönheitsrituale und Gesundheitsmanagement

Elisabeth war 1,72 Meter groß und hielt ihr Gewicht zeitlebens bei 46–50 Kilogramm. Ihre Taille soll einen Umfang von weniger als 50 Zentimetern gehabt haben – was wohl zusammen mit der Deformation ihrer Rippen auf die zur damaligen Zeit in herrschaftlichen Kreisen übliche Korsettschnürung (und das seit frühester Jugend!) zurückzuführen war. Die Kaiserin soll sich Hungerkuren unterzogen und Gewaltmärsche unternommen haben. Es lag ihr viel daran, zeitlebens schlank zu bleiben. Einerseits wird von Orangen- und Milchdiäten und von einer besonderen Kraftbrühe aus gepresstem Rindfleisch mit Kräutern berichtet, andererseits bescheinigte man der Kaiserin aber auch einen guten Appetit, worauf die Rezepte aus dem originalen Sisi-Rezeptbuch von 1886 des ehemaligen Hotels Strauch in Feldafing schließen lassen. Eine besondere Vorliebe hatte sie wohl für Veilcheneis und -konfekt sowie für Süß- und Mehlspeisen, die von den Hofkonditoreien Sacher und Demel in Wien hergestellt und geliefert wurden.

Für ihre Schönheitspflege gab es viele Rezepte sowie feste Rituale, denen Sisi viel Zeit widmete. Besondere Aufmerksamkeit schenkte sie dabei ihrem dichten, knielangen kastanienbraunen Haar, zu dessen Pflege sie die Theaterfriseurin Fanny Angerer (später verheiratete Feifalik) kommen ließ. Diese kreierte Sisis komplizierte Hochsteckfrisuren – das Haarritual dauerte mitunter bis zu drei Stunden täglich. Die beim Bürsten der Haarpracht ausgegangenen Haare ließ sich Sisi in einer Silberschüssel zeigen, was regelmäßig zu Tobsuchtsanfällen der Kaiserin geführt haben soll. Fanny ließ sich daher einen Trick einfallen: Die ausgegangenen Haare verschwanden unter ihrem Rock, an dem sie eine

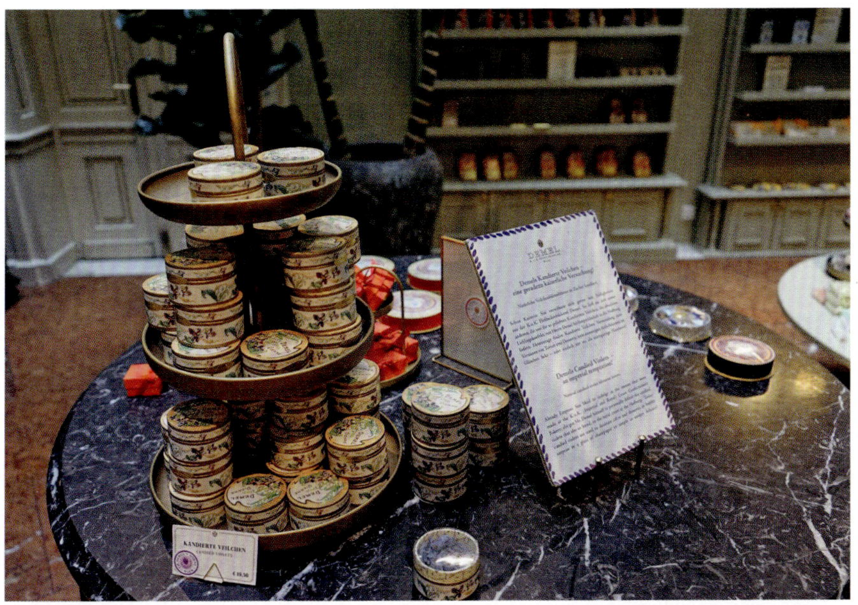

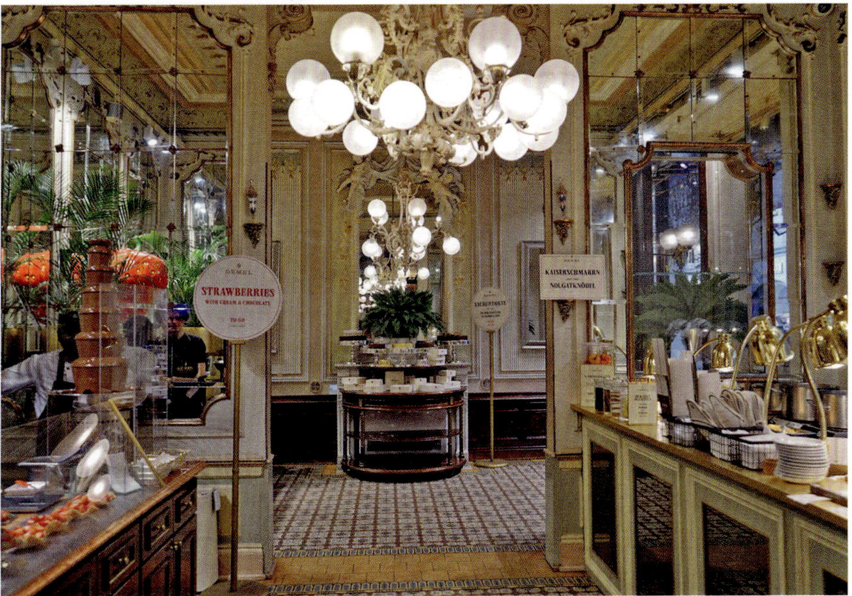

▲ Kaiserliche Versuchung: Sisi-Veilchenkonfekt
▼ Beim Hoflieferanten Demel in Wien

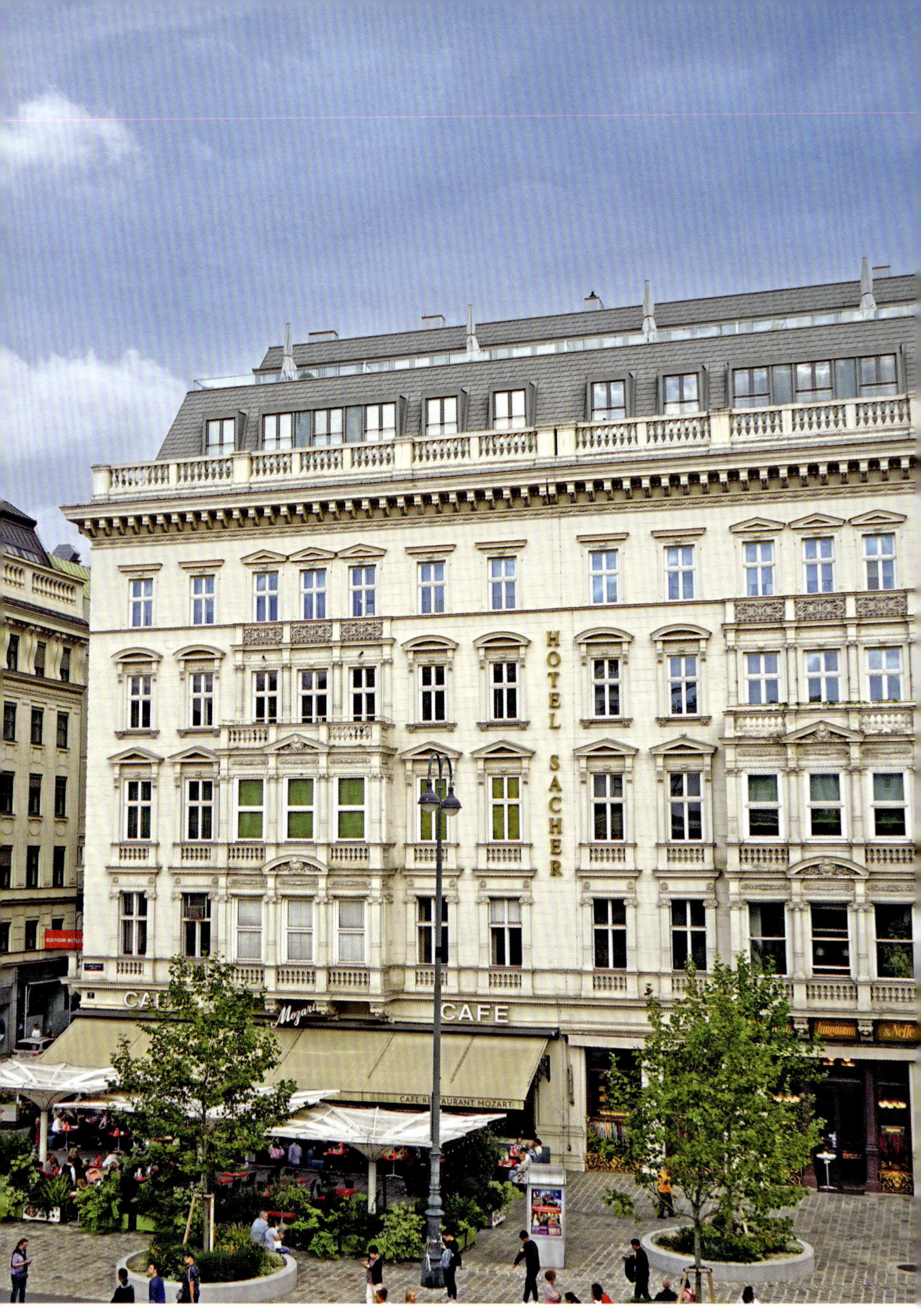

Das berühmte Hotel Sacher in Wien

Art Klebestreifen befestigt hatte. Das Waschen der Haarpracht nahm einen ganzen Tag in Anspruch und wurde nur alle drei Wochen durchgeführt. Es gab bestimmte Haarpflege-Rezepte aus Eiern, Cognac und Franzbranntwein zum Spülen. Die Haare wurden zum Trocknen auf Stellagen ausgelegt und luftgetrocknet – einen Föhn gab es ja damals noch nicht. Die Zeit während der Haarpflege nutzte die Kaiserin zum Lesen und um Sprachen zu erlernen. Sisi lehnte Schminke ab und legte viel Wert auf Natürlichkeit; zur Gesichtspflege verwendete sie »Geheimrezepte«, wie z. B. eine Erdbeermaske.

In allen Residenzen wurden für sie Turnzimmer eingerichtet. Ringe, Matten, Sprossenwände, Barren, Hanteln und Sprungseile zählten zum Equipment für die körperliche Ertüchtigung. Neben dem Reiten gehörten auch Fechten und Schwimmen zu ihren Lieblingssportarten und später lange Spaziergänge und Wanderungen bei Wind und Wetter, die in Gewaltmärsche ausarteten: Ohne sich zu schonen und ohne Pausen einzulegen, soll die Kaiserin beispielsweise die ca. 30 Kilometer von Feldafing nach München gewandert sein, auch ohne Rücksicht auf ihre Begleitungen, die meist mit dem Tempo der Kaiserin nicht mithalten konnten.

Sisis exzessiver Lebenswandel, ihre Diäten, ihre extreme körperliche Betätigung und ihr Bewegungsdrang konnten nicht über ihre großen gesundheitlichen Probleme hinwegtäuschen. Die Kaiserin soll gelegentlich geraucht und auch gern Bier getrunken haben. Sie litt schon als junge Frau an Lungenerkrankungen, Blutarmut und Nervenschwäche, später plagten sie rheumatische Beschwerden, Herzschwäche und Ischias-Probleme. Vor allem durch den Verlust ihrer Kinder war sie von Melancholie bzw. depressiven Stimmungsschwankungen betroffen und wurde mit Kokain behandelt. Immer wieder unternahm sie deswegen längere Kuraufenthalte und besuchte ärztliche Experten. Zeitlebens litt sie unter ihren unschönen Zähnen. Sisis zukünftige Schwiegermutter erteilte ihr in Vorbereitung auf die kaiserliche Hochzeit den Auftrag, ihre Zähne besser zu pflegen, damit sie nicht mehr so gelb wären. Auch in Meran besuchte Sisi einen Zahnarzt, dessen horrende Rechnung schließlich mit 3000 Gulden zu Buche schlug.

Sisi wird ein ausgeprägter Sinn für alles Schöne nachgesagt – sie umgab sich gern mit attraktiven Menschen und legte ein Schönheitsalbum an: Wohl von der Schönheitsgalerie ihres Onkels Ludwig I. inspiriert, ließ sie sich aus ganz Europa Fotos hübscher Frauen schicken.

Elisabeth und Ludwig II.

Sisi war die Cousine des Vaters von Ludwig II. und Ludwig ihr Vetter zweiten Grades (Großcousin). So sprach sie immer von ihrem »Vetter«, und auch in ihren Briefen an Ludwig begrüßte sie ihn mit »Lieber Vetter« und verabschiedete sich mit »deine Cousine Sisi bzw. Elisabeth«. Als Sisi Kaiserin wurde, war der damalige Kronprinz Ludwig acht Jahre alt. Erst als Ludwig 1864 bayerischer König wurde, begann sich der Kontakt zu intensivieren. Die Roseninsel war dabei einer ihrer Zufluchtsorte, und Ludwig besuchte die Kaiserin, wenn sie in Possenhofen oder Feldafing weilte.

Die beiden Herrscher sahen sich als Seelenverwandte und hatten viele Interessen und Vorlieben gemein: Beide liebten die Einsamkeit und hassten die höfischen Zwänge, und beide waren gegen Kriege. Sie flüchteten sich in die Natur und in die Berge bzw. waren gern auf Reisen. Beide galten als sehr belesen – sie liebten die klassische Literatur, waren kunstaffin und hörten gern Wagner-Opern. Zudem liebten die beiden Pferde und waren exzellente Reiter. Zwischen ihnen bestand eine herzliche, aufrichtige Freundschaft, und sie schrieben sich Gedichte unter den Pseudonymen »Möve« und »Adler«.

Die Verlobung Ludwigs II. mit Sisis jüngerer Schwester Sophie 1867 war für ihn wohl eher schwärmerisch und seine Zuneigung ihr gegenüber geschwisterlich. Als Ludwig die Verlobung kurze Zeit später platzen ließ, war Sisi verständlicherweise nicht begeistert, sondern regelrecht verärgert über diese Schmach für ihre jüngere Schwester, verzieh ihm dies jedoch im Lauf der Zeit.

Am Tag des mysteriösen Ablebens von Ludwig II. hielt sich Elisabeth im Hotel Strauch in Feldafing auf (was u. a. anhand des damaligen Menübuchs ersichtlich ist). Sein Tod stürzte Elisabeth in tiefe Trauer, hatte sie doch damit einen vertrauten Menschen verloren, mit dem sie ihre Ansichten teilen konnte und von dem sie sich verstanden fühlte. Als letzten Gruß schickte Sisi ihrem Vetter ein Sträußchen aus Jasminblüten (seinen Lieblingsblumen), mit dem er begraben wurde. Ihm zu Ehren ließ sie in der Dorfkirche in Feldafing einen Gedenkgottesdienst abhalten. Später besuchte sie seine Gruft in der Michaeliskirche in München und legte einen Kranz nieder. Die unterschiedlichen Ansichten zum Tod des Königs brachten ihr Differenzen mit ihrer bayerischen Verwandtschaft ein, mit der sie mit einem Klagelied abrechnete, in dem sie Ludwig II. wieder einem Adler gleichstellte:

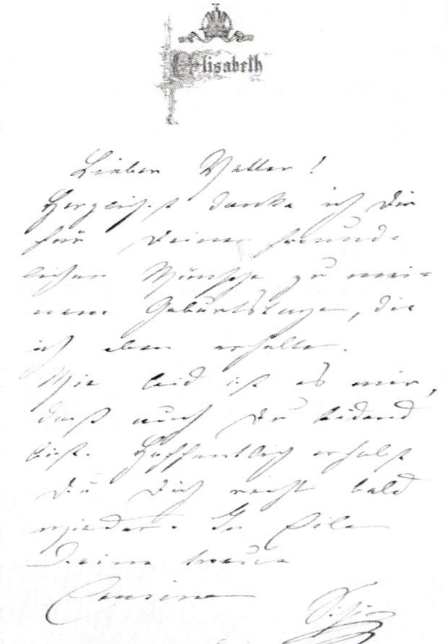

Lieber Vetter,
herzlichst danke ich dir für deine freundlichen Wünsche zu meinem Geburtstage, die ich eben erhalte. Wie leid ist es mir, dass auch du leidend bist. Hoffentlich erholst du dich recht bald wieder. In Liebe,
Deine treue Cousine
Sisi

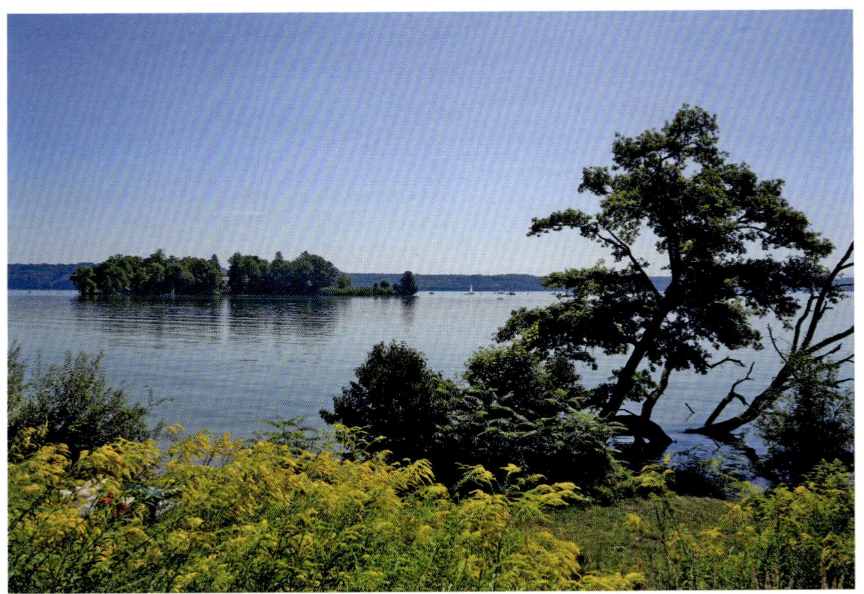

◀ Sisi-Brief vom 24.12. an Ludwig II. – sie bedankt sich für die Geburtstagswünsche. Wunderschön ist ihre ikonische Unterschrift.

▶ Der handschriftliche Brief von Sisi an Ludwig II. in Druckschrift

▼ Blick über den Starnberger See zur Roseninsel (Tour 2)

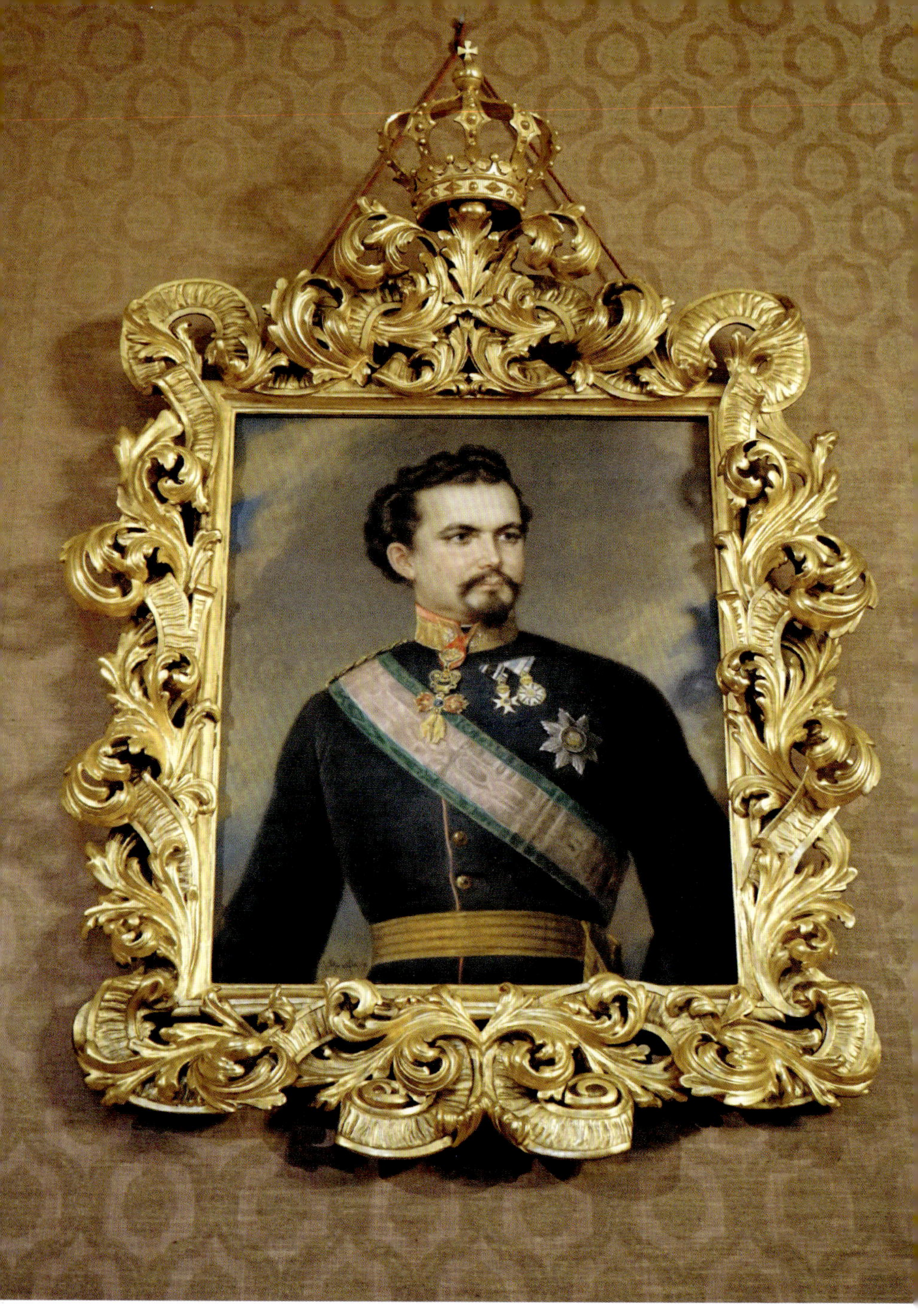

Ein Porträt König Ludwigs II. findet man auch in der Hermesvilla bei Wien.

»Sie stürzten ihren König, vom hohen Schwanenstein,
Sie drängten ihren König
In den See hinein ...«

Sisi und die Männer

Die Kaiserin war eine schöne Frau und genoss zeitlebens die ihr zuteilwerdende Bewunderung. Kein Wunder also, dass ihr zahlreiche Liebschaften und Romanzen nachgesagt werden. Besonders hartnäckig hält sich das Gerücht über ein Liebesverhältnis zu Graf Andrássy. Elisabeth, sonst wenig am politischen Geschehen beteiligt, verfolgte alle Entwicklungen Ungarns mit großem Interesse. Sie hatte sich mit großer Hingabe und Ausdauer dem Studium der ungarischen Sprache gewidmet und war in der Lage, ungarische Delegationen in perfektem Ungarisch zu empfangen.

1866 standen sich der ehemalige Revolutionär und spätere ungarische Ministerpräsident Gyula Graf Andrássy und die Kaiserin erstmals gegenüber; seitdem verband sie eine lebenslange innige Freundschaft. Andrássy genoss sicherlich eine Sonderstellung bei der Kaiserin, die einmal über ihre Beziehung zu ihm Folgendes geäußert haben soll:

»Ja, das war eine teure Freundschaft, und sie war nicht durch Liebe vergiftet.«

Eine innige Verbindung unterhielt Elisabeth auch zu dem englischen Pferdesportler William George (Bay) Middleton, mit dem sie viel Zeit verbrachte – was das Gerücht um eine Affäre der beiden befeuerte.

Zudem war wohl das Verhältnis zu einem ihrer Griechischlehrer, Vorleser und Reisebegleiter sehr intensiv – Konstantin Christomanos verehrte die Kaiserin zutiefst. Und auch Alexander Freiherr von Warsberg gehörte zu den engen Vertrauten der Kaiserin; er wurde mit der Planung und Bauleitung des Palastes Achilleion auf Korfu betraut und begleitete Elisabeth auf Reisen in den Orient.

Tod am Genfer See

Ein Ausspruch Elisabeths sollte sich auf ihrer letzten Reise bewahrheiten:

»Ich wünschte, meine Seele könnte durch eine ganz kleine Öffnung in meinem Herzen in den Himmel entgleiten ...«

Im September 1898 besuchte die Kaiserin anonym als »Gräfin von Hohenembs« die Baronin Rothschild am Genfer See, und obwohl sie unter einem Pseudonym reiste, hatten die Genfer Zeitungen von ihrem Aufenthalt dort berichtet. Was folgte, war tragisch: Auf dem Weg vom Hotel zur Schiffsanlegestelle wurde sie von dem Anarchisten Luigi Lucheni durch einen tiefen Stich mit einer scharfkantigen Feile mitten ins Herz getötet. Die Grabstelle Kaiserin Elisabeths befindet sich in der Kapuzinergruft in Wien – zusammen mit Kaiser Franz Josef und ihrem Sohn Rudolf ist Sisi dort beigesetzt.

Es ist bekannt, dass die Kaiserin den »Zukunftsseelen« einen besonderen Nachlass vermachte: Versiegelte Kassetten, die erst 60 Jahre nach ihrem Ableben geöffnet werden sollten, befanden sich in der Obhut weniger Vertrauenspersonen. Eine davon gehörte zum Nachlass ihres Bruders Karl Theodor – sie enthielt Sisis Gedichte aus den 1880er-Jahren, in denen sie auch die Hauptfiguren aus ihrem Lieblingsstück, dem »Sommernachtstraum« von Shakespeare, zu Wort kommen lässt: Ihrem Mann, Kaiser Franz Josef, gab sie z. B. die Figur des Oberon, sie selbst identifizierte sich mit der Feenkönigin Titania:

»Nicht soll Titania unter Menschen gehen
In dieser Welt, wo niemand sie versteht,
Wo hunderttausend Gaffer sie umstehen,
Neugierig flüsternd: Seht die Närrin, seht! ...«

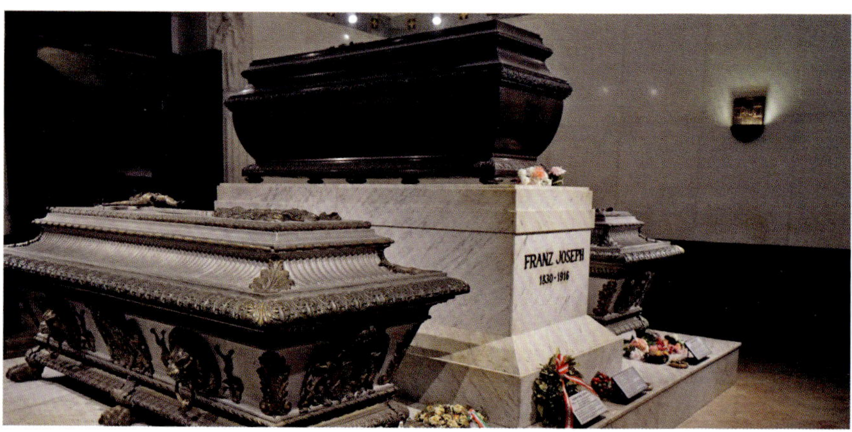

Als Familie wiedervereint: Die Grabstelle Kaiserin Elisabeths, ihres Mannes und ihres Sohns befindet sich in der Kapuzinergruft in Wien.

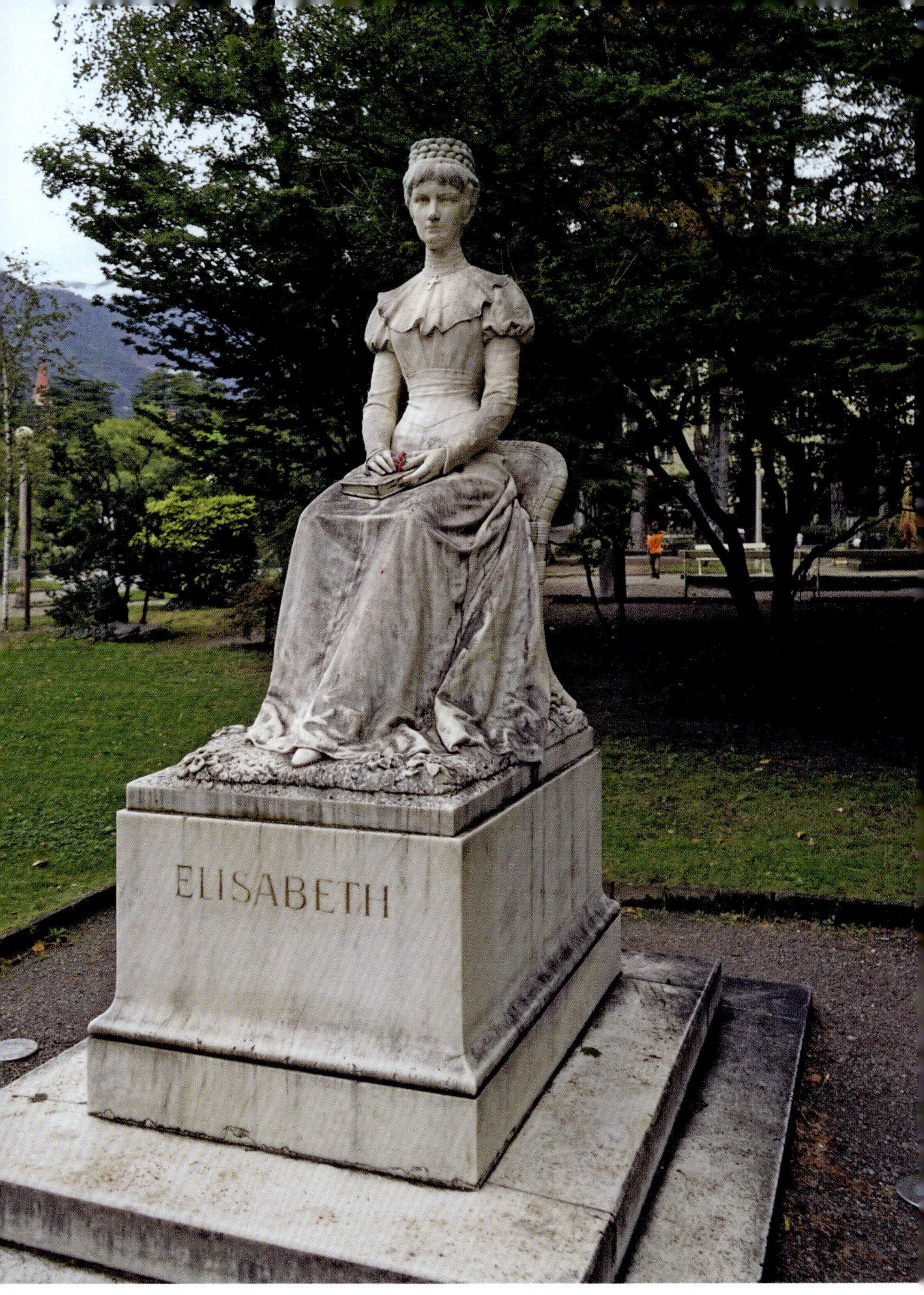

Das Kaiserin-Elisabeth-Denkmal im gleichnamigen Park am Eingang zur Sommerpromenade in Meran (Tour 18)

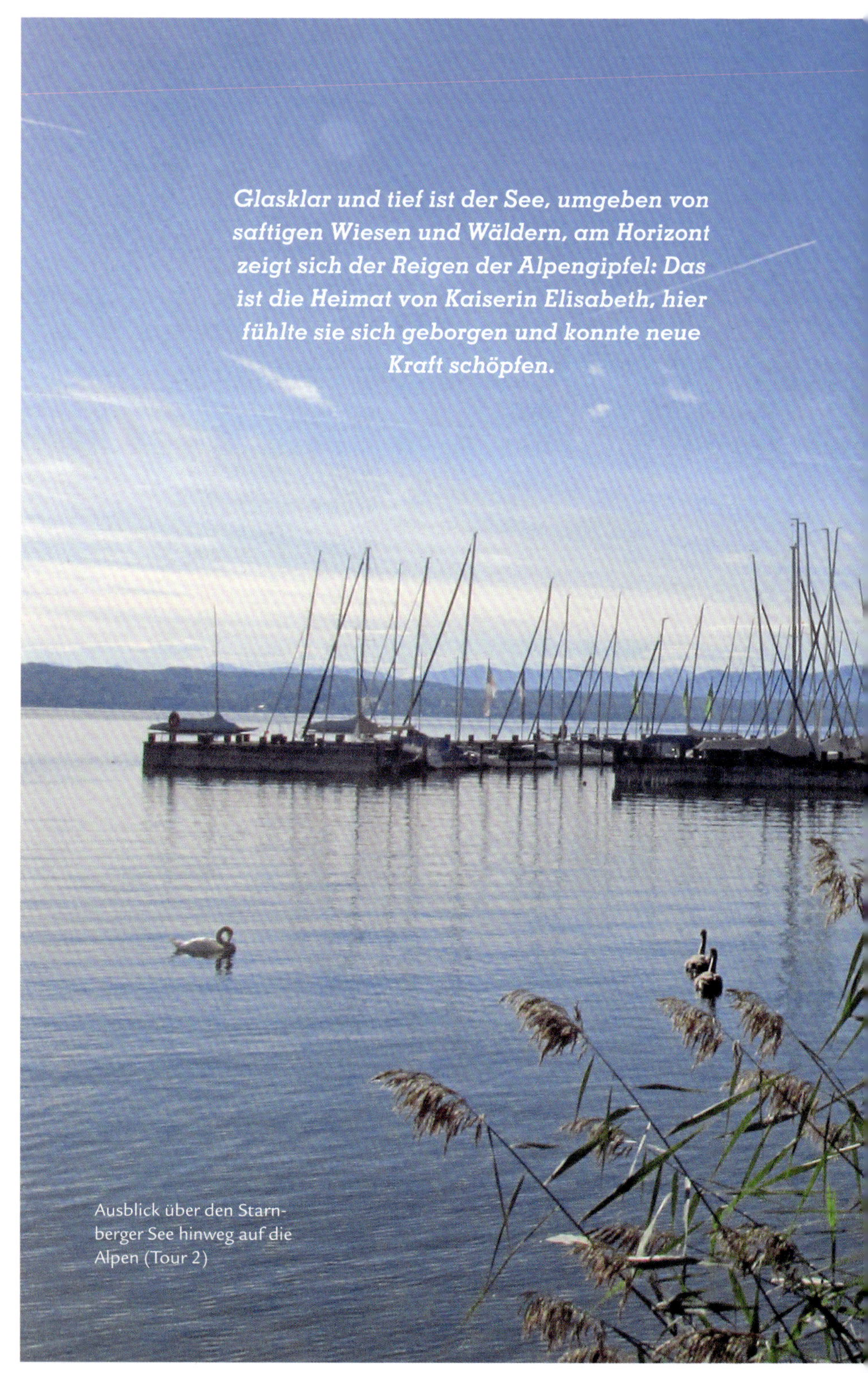

Glasklar und tief ist der See, umgeben von saftigen Wiesen und Wäldern, am Horizont zeigt sich der Reigen der Alpengipfel: Das ist die Heimat von Kaiserin Elisabeth, hier fühlte sie sich geborgen und konnte neue Kraft schöpfen.

Ausblick über den Starnberger See hinweg auf die Alpen (Tour 2)

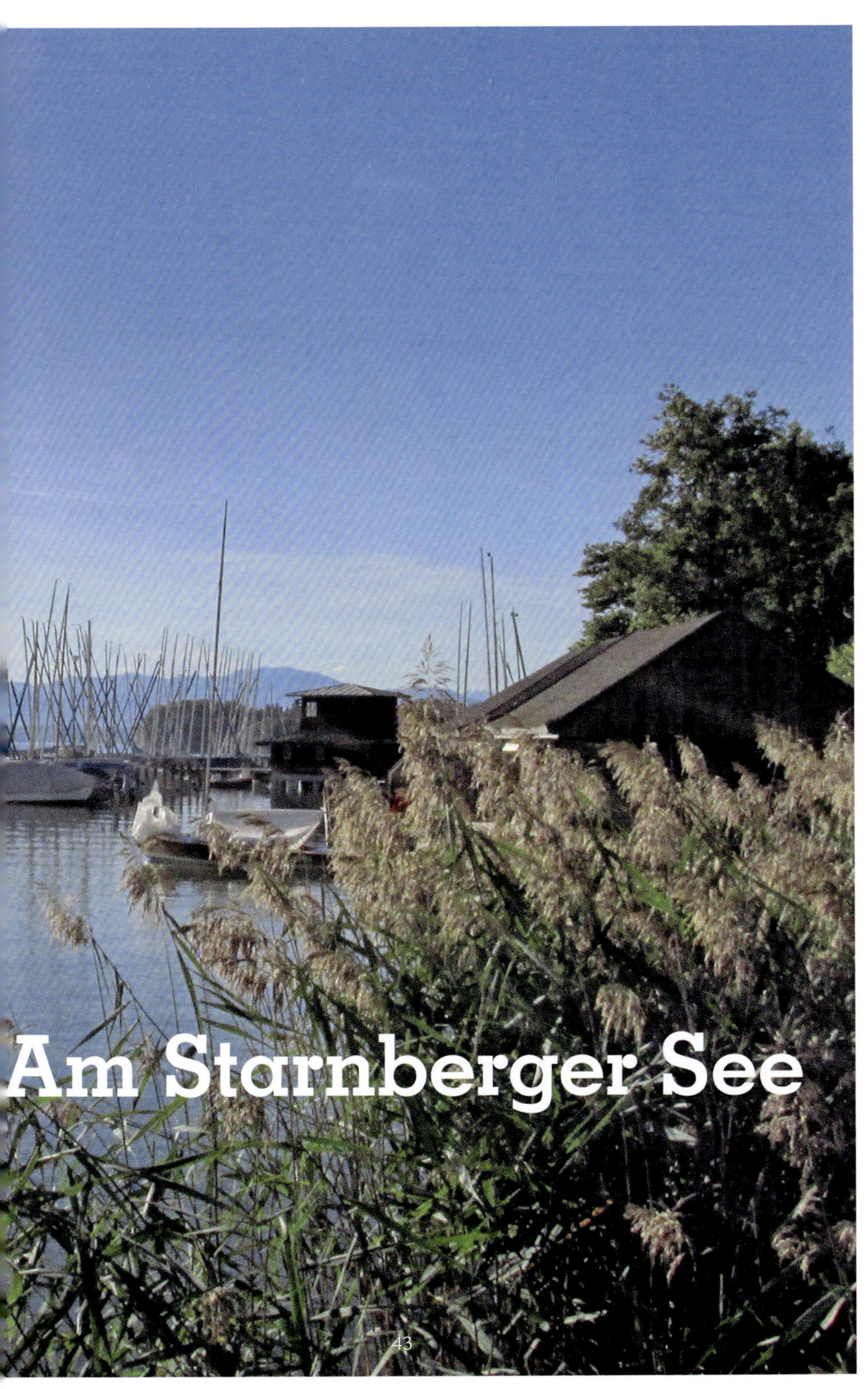

Am Starnberger See

1

Kaiserin Elisabeth Museum und Elisabethweg

ERINNERUNGSSTÜCKE UND LIEBLINGSPLÄTZE AM STARNBERGER SEE

Der Spaziergang führt über den Elisabethweg zu Orten, die Sisi in ihrer Kindheit gern besuchte: zum hinter Hecken versteckten weißen Schloss, zu urwüchsigen Bäumen und liebevoll angelegten Parks und immer mit Blick auf die Roseninsel. Ein einzigartiges Museum hält dazu die Erinnerungen an die Kaiserin wach.

Die Eisenbahnstrecke wurde 1865 von Starnberg über Tutzing bis nach Penzberg verlängert, mit Halt in Possenhofen. Ab diesem Zeitpunkt entfiel für Sisi und ihre Familie die mühevolle Anreise mit der Kutsche aus dem rund 35 Kilometer entfernten München. Der historische **Bahnhof Possenhofen**, heute die S-Bahn-Station, stimmt uns wunderbar auf die kaiserliche Wanderung ein. Maximilian II., der Vater von König Ludwig II., ließ ihn einst als Bahnstation für den Adel errichten. Beim Bau sollen die Ziegel seines geplanten, jedoch nur in den Grundmauern realisierten Maximilianeums am westlichen Ufer vor der Roseninsel, im Lenné-Park, verwendet worden sein (das Maximilianeum selbst ließ er dann in München errichten). Die Grundmauern am Starnberger See wurden später auf Veranlassung König Ludwigs II. abgerissen und die Steine für die baugleichen Bahnhöfe in Possenhofen und in Feldafing verwendet.

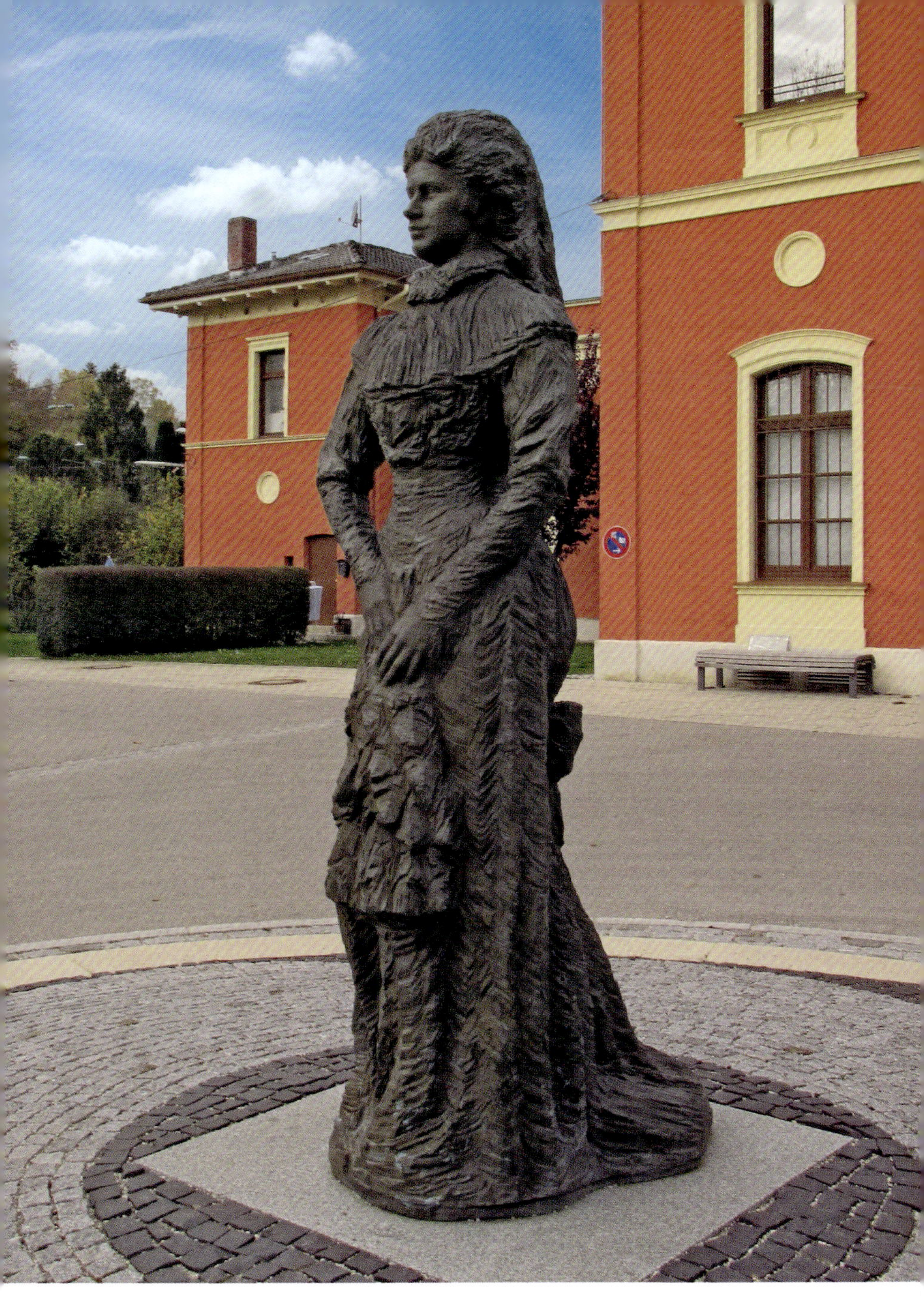

Die Bronzestatue von Kaiserin Elisabeth stimmt bereits auf den Besuch des Museums in Possenhofen ein.

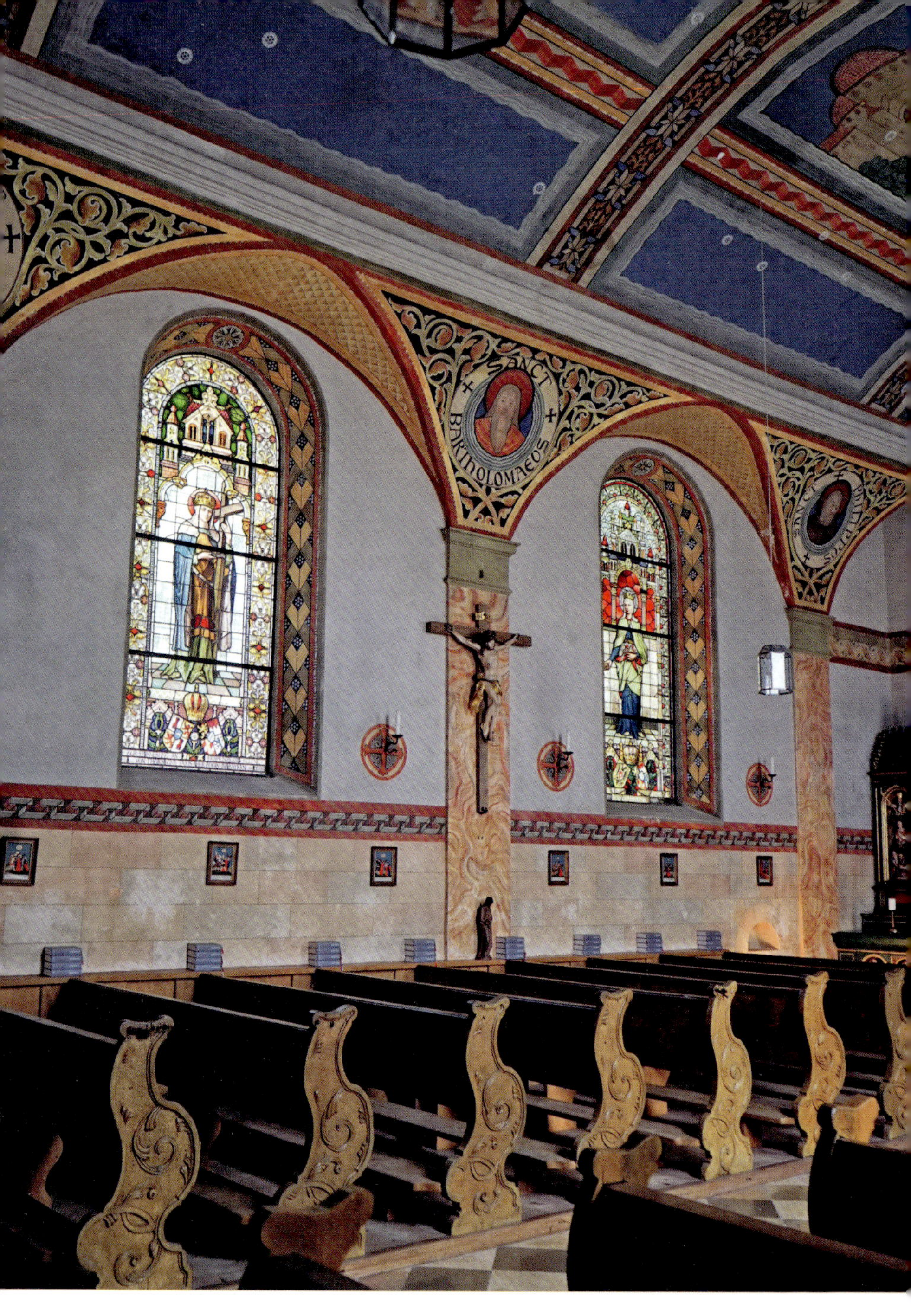

Kaiser Franz stiftete für seine Gattin ein Fenster in der Pfarrkirche St. Peter und Paul in Feldafing.

Vor dem historischen Bahnhof kann man eine wunderschöne **Bronzestatue der Kaiserin** bewundern. Direkt dahinter ist im Bahnhofsgebäude das 1998 gegründete **Kaiserin Elisabeth Museum** untergebracht. Auch der prunkvoll dekorierte ehemalige Königssalon, der königliche Warteraum Ludwigs II., kann im Rahmen des Museumsbesuchs bestaunt werden. Die Sammlung über Kaiserin Elisabeth verteilt sich auf vier Räume und präsentiert authentische Erinnerungsstücke, wie beispielsweise Sisis Gebetsbuch, ihr Tanzbüchlein, nachgeschneiderte Kleidermodelle und Schmuckstücke. Umfangreiche Bilddokumentationen zeigen Ausschnitte aus Sisis Leben und geben Einblicke in ihre Aufenthalte am Starnberger See und in das Leben des Kaiserpaars. Neben dieser Sammlung über Kaiserin Elisabeth gibt es auch einen Ausstellungsteil zum Andenken an König Ludwig II. Die ehrenamtlichen Museumsführerinnen machen zudem mit ihrem umfangreichen Wissen den Museumsbesuch zu einem einzigartigen Erlebnis.

Nach dem Museumsbesuch wollen wir nun auf Sisis Spuren wandeln und uns auf den ihr zur Ehren eingerichteten **Elisabethweg** begeben. Der kulturhistorische Spaziergang (Rundwanderung) soll uns zu Sisis Sehnsuchtsorten führen, die sie so liebte und oft besuchte. Die Tour startet direkt mit dem Fußweg am Bahndamm neben dem historischen Bahnhofsgebäude. Die ersten Meter verlaufen parallel entlang der Gleise bis zum Abzweig Feichtetstraße, wo wir links abbiegen und der Straße abwärts in Richtung Possenhofen und Starnberger See folgen.

Nach der Überquerung der Hauptstraße (St 2063) führt die Karl-Theodor-Straße zur **Fischerkapelle** aus dem 17. Jahrhundert. Die Marienkapelle stand ursprünglich an der Schlosszufahrt und wurde 1841 wegen des geplanten Straßenbaus für das Maximilianeum an den heutigen Standort versetzt. Schon weithin sichtbar ist hier die weiße **Schlossanlage Possenhofen** mit ihren markanten vier Türmen, die wir nach ca. 300 Metern erreichen. Sisis Vater Max in Bayern hatte das Anwesen 1834 als Sommerwohnsitz für seine sich vergrößernde Familie erworben und umgestalten lassen. Das Schloss, von der Familie liebevoll »Possi« genannt, befindet sich inmitten eines zauberhaften Parks mit herrlichen Rosengärten, der bis zum Seeufer reicht. An schönen Tagen kann man bei klarer Sicht von hier über den See bis zu den Bergen des Wettersteingebirges mit der Zugspitze schauen. Sisi erlebte an diesem Ort zusammen mit ihren Geschwistern eine relativ unbeschwerte Kindheit und kam auch später als Kaiserin sehr gern an den Starnberger See zurück, um dem höfischen Leben in Wien zu entfliehen und sich zu entspannen. Leider liegt die Schlossanlage heute hinter großen Bäumen ziemlich versteckt und ist auch nur von außen zu bewundern, da sie sich in Privatbesitz befindet. Den besten Blick auf das Schloss hat man vom See aus.

Wir halten uns rechts und gehen am Seeufer entlang durch den **Schlosspark Paradies**. Der *König-Ludwig-Weg* führt uns nun vom Dampfersteg und dem **Jachthafen Possenhofen** bis zum **Strandbad Feldafing** und weiter am See entlang zur kleinen **Bootsanlagestelle**, dem Glockensteg, wo man mit einer Glocke nach dem Fährmann läuten kann, um auf die Roseninsel (s. Tour 2) überzusetzen.

Auf dem Elisabethweg spazieren wir nun durch den 1853 angelegten Lenné-Landschaftspark (teilweise über den Golfplatz) in Richtung Tutzinger Straße bis zum **Hotel Kaiserin Elisabeth** (ehemals Hotel Strauch, s. Extratour) in **Feldafing**. Hier logierte die Kaiserin über viele Jahre hinweg während ihrer Sommeraufenthalte. Im Garten findet sich ein Elisabeth-Denkmal. Am Hotel biegen wir rechts in die Bahnhofstraße und gelangen zum Kirchplatz und zur katholischen **Pfarrkirche St. Peter und Paul** aus dem 14. Jahrhundert. Auf der Nordseite der Kirche sind zwei Fenster noch im Original erhalten: Eines wurde von Kaiser Franz Josef I. von Österreich zum Andenken an seine Gattin Elisabeth gestiftet, das andere von Fürst Albert von Thurn und Taxis zum Andenken an seine Frau Helene (Elisabeths Schwester). Auch das Innere der alten Kirche lohnt eine Besichtigung.

Vom Kirchenweg biegen wir rechts wieder in die Bahnhofstraße ab und gehen geradeaus weiter bis zur Johann-Biersack-Straße. Diese wird überquert, dann folgen wir der Beschilderung des Pöckinger Fußwegs, der uns zur **Wolfsschlucht** bringt. Ein idyllischer Wanderweg führt durch den tiefen Einschnitt, den der Starzenbach hier von Feldafing bis Possenhofen hinterlassen hat. Schautafeln eines Wald- und Naturlehrpfads informieren über Entstehung und Geologie, Flora und Fauna der Schlucht. Nach etwa 1,5 Kilometern treffen wir wieder auf die Feichtetstraße, der wir aufwärts zurück zum Ausgangspunkt am **Bahnhof Possenhofen** folgen.

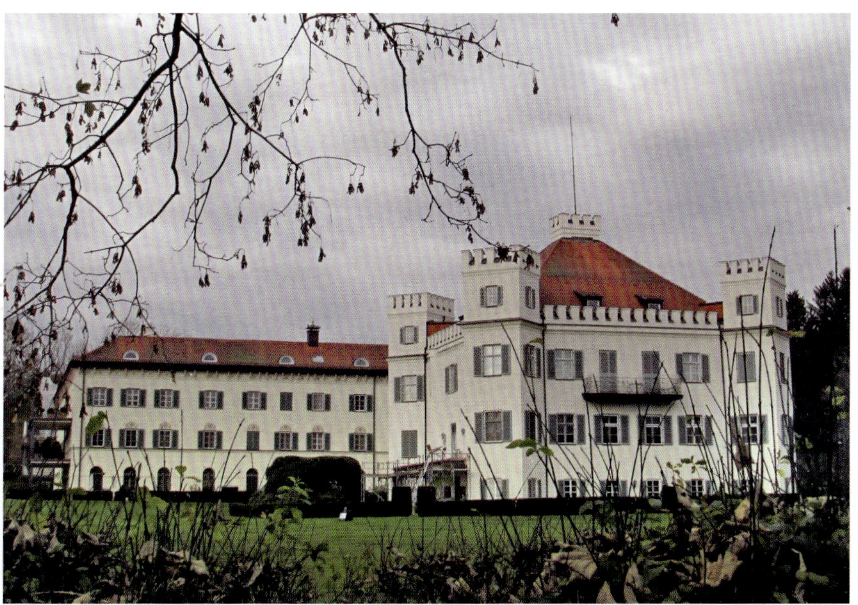

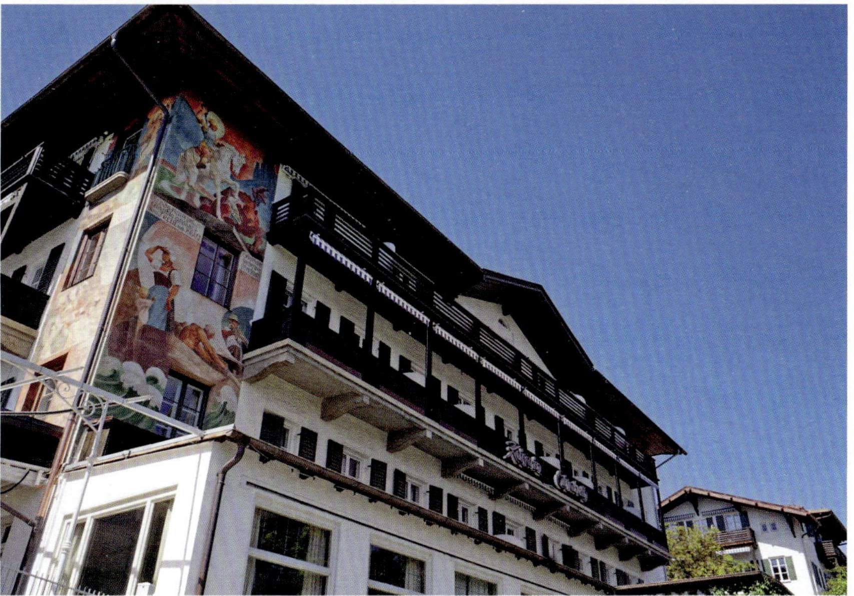

▲ Sisis Kindheitsschloss »Possi« befindet sich heute in Privatbesitz.
▼ Kaiserliche Sommerresidenz: das Hotel Kaiserin Elisabeth (ehemals Hotel Strauch)

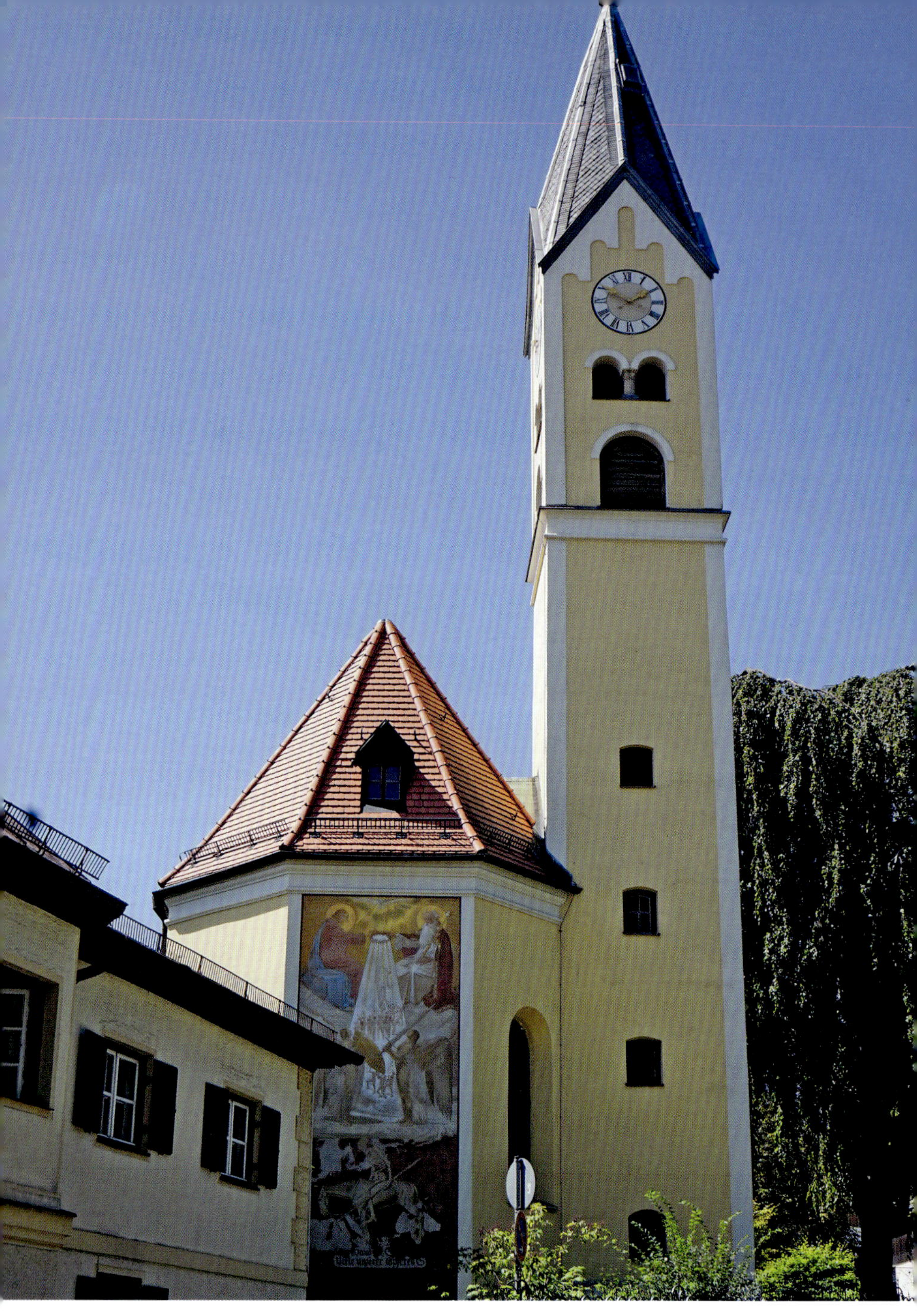

Die Pfarrkirche St. Peter und Paul in Feldafing stammt aus dem 14. Jahrhundert.

Auf einen Blick

AUSGANGS-/ENDPUNKT

S-Bahnhof Possenhofen
GPS: N47° 57.705' E11° 18.398'

ANFAHRT

Bus & Bahn: Vom Hauptbahnhof München mit der S6 Richtung Tutzing bis Possenhofen
Auto: A 95 bis Ausfahrt Starnberg, weiter auf der St 2063 am Ufer des Starnberger Sees entlang Richtung Feldafing bzw. Tutzing, in Possenhofen rechts in die Straße Schlossberg und zum S-Bahnhof Possenhofen (dort Parkmöglichkeiten)

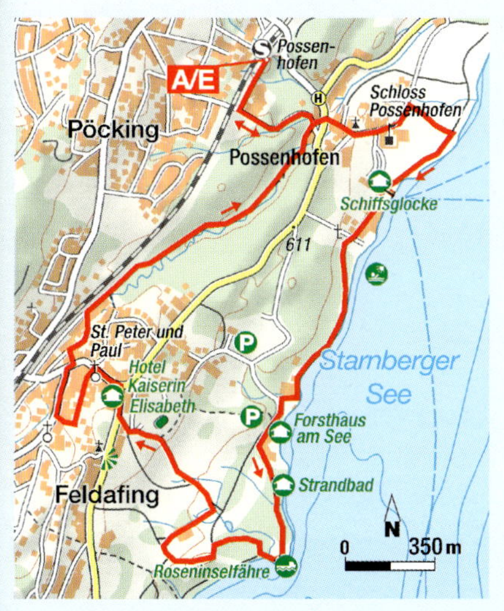

GEHZEIT UND SCHWIERIGKEIT

Der landschaftlich reizvolle Rundweg, für den man ca. 3 Std. einplanen sollte, ist insgesamt rund 8 km lang. Der Spaziergang verläuft auf Straßen und Waldwegen ohne nennenswerte Höhendifferenzen und Schwierigkeiten. Bei Nässe ist allerdings in der Wolfsschlucht etwas Vorsicht geboten. Schöne Plätze mit Aussicht auf See und Alpen laden unterwegs zum Verweilen ein. Im Sommer Badesachen nicht vergessen!

EINKEHR

In Pöcking-Possenhofen: Gasthaus Zum Fischmeister (gasthaus-schauer.com) und Restaurant Schiffsglocke

ÖFFNUNGSZEITEN

Kaiserin Elisabeth Museum: Mai–Okt. Fr/Sa/So und an Feiertagen 12–18 Uhr, Mo–Do geschlossen;
Sondergruppentermine nach Voranmeldung ganzjährig möglich (kaiserin-elisabeth-museum-ev.de)

INFORMATION

starnbergammersee.de

Außerdem sehenswert

Hotel Kaiserin Elisabeth (ehem. Hotel Strauch)

Zweifelsohne war dieses Hotel einst ein Sehnsuchtsort Elisabeths. Ab 1870 verbrachte sie hier im Hotel ihre Sommer: 24-mal blieb sie jeweils drei bis vier Wochen im Juni und Juli unter dem Dach der Familie Strauch. Neben mindestens 15 ihrer Pferde wurde sie dabei auch von einem ca. 50-köpfigen Hofstaat begleitet. Heute kann man ihr ehemaliges Zimmer Nr. 15, die »Sisi-Suite«, für einen Aufenthalt buchen – die Originalmöbel sind noch vorhanden und wurden liebevoll restauriert. Auf ihrem Schreibtisch steht noch immer das Foto ihres Vetters König Ludwig II., der seine Seelenverwandte Sisi oft besuchte, wenn sie in Feldafing weilte und er sich auf Schloss Berg aufhielt. Von dort fuhr er auf die Roseninsel und schaute um Mitternacht auch noch im Hotel Strauch vorbei, um die Kaiserin zu begrüßen.

Sehr gern besuchte Sisi das »Strauchsche Damenbad« (heute Strandbad Feldafing), welches dann für alle anderen Gäste gesperrt wurde. Von Feldafing aus ging sie oft zum Kalvarienberg (Tour 7), unternahm viele Wanderungen und Ausritte und besuchte ihre Familie in den Schlössern Possenhofen und Garatshausen (Tour 8).

Am 13. Juni 1886, an dem Tag, an dem seine Majestät Ludwig II. auf tragische und mysteriöse Weise ums Leben kam, hielt sich Elisabeth in Feldafing im Hotel Strauch auf, was auch durch ein Menübuch belegt ist, in dem die Rezepte der Speisefolgen für die Kaiserin während ihrer Aufenthalte im Hotel notiert wurden. Die Menüs, bestehend aus guter ländlicher Kost, hatte die Kaiserin mit dem Küchenchef zuvor abgestimmt; dazu trank die Kaiserin gern einen Krug bayerisches Bier. Am 13. Juni 1886 stand u. a. Hirnconsommé (Rinderkraftbrühe) auf dem Plan. Das Original-Menü-Büchlein ist noch heute im Besitz des Hotel-Familienbetriebs von Erika Borchard und ihrem Neffen Tino von Gleichenstein.

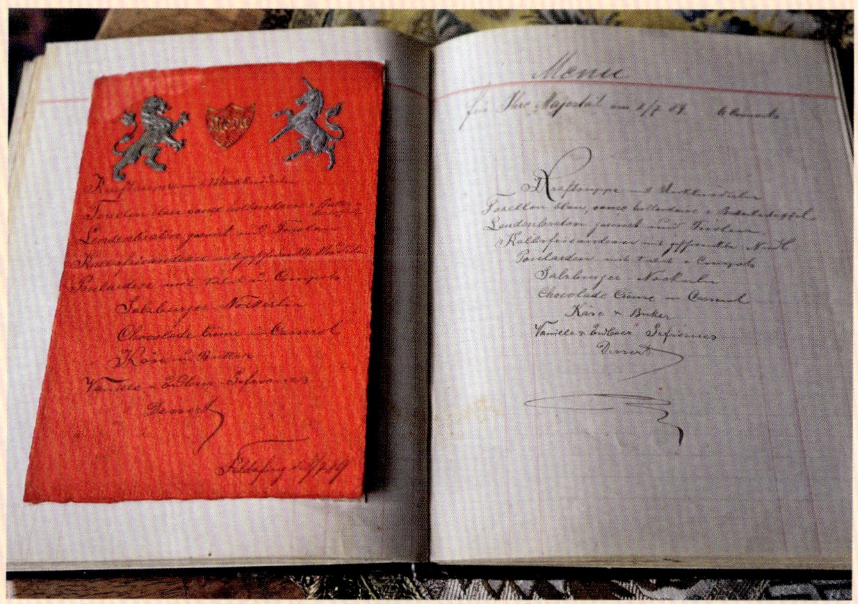

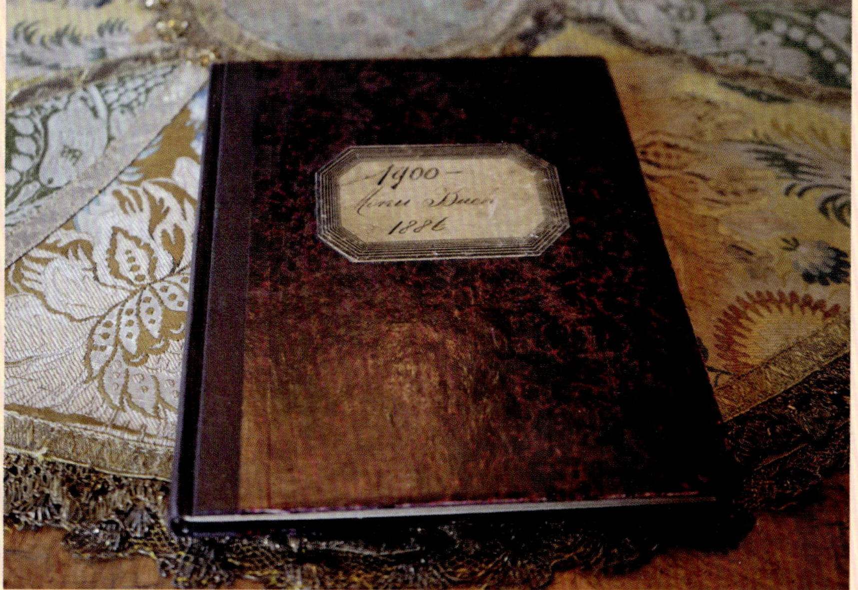

▲ Kaiserliches Menü vom 13. Juni 1886, dem Todestag Ludwigs II.
▼ Original-Menü-Büchlein aus dem Hotel Strauch

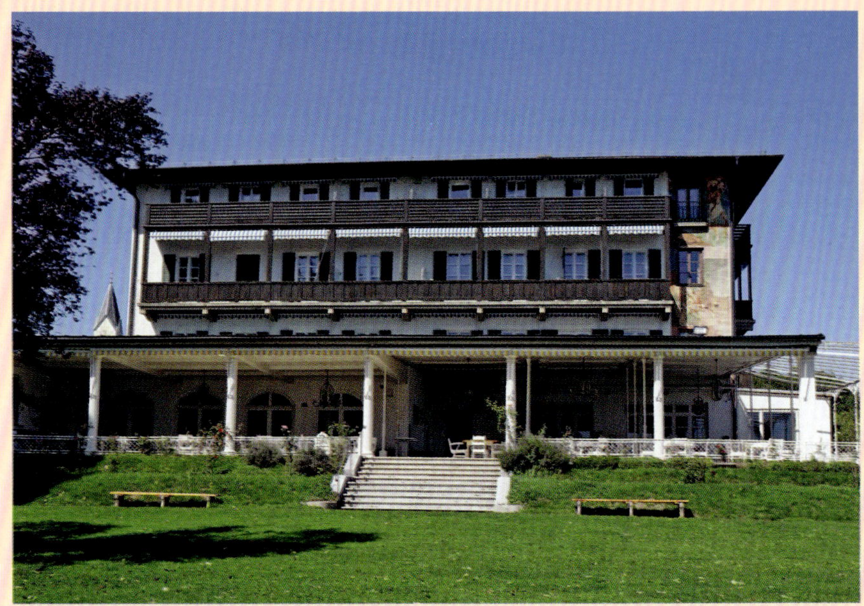

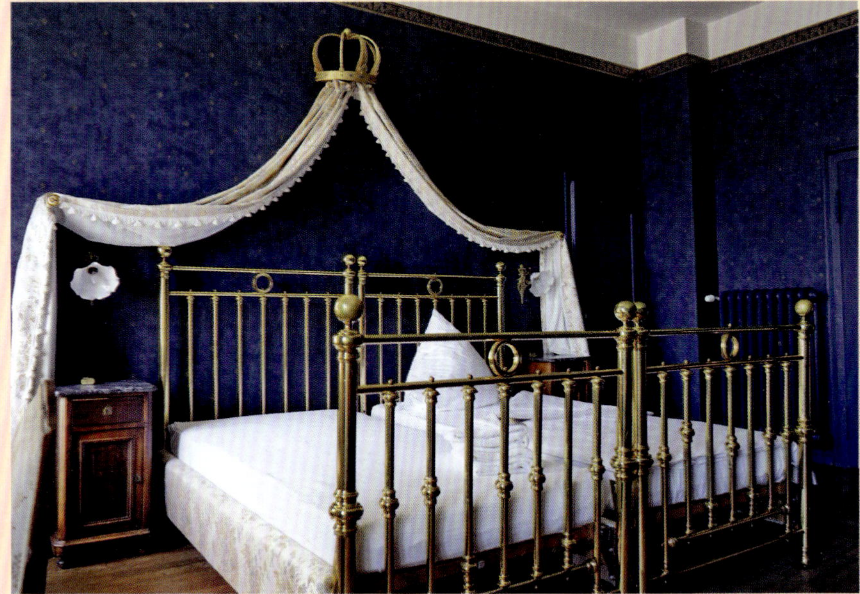

▲ So blickte Sisi von ihrem Lieblingsplatz aus auf das damalige Hotel Strauch.
▼ Sisi-Suite im Hotel Kaiserin Elisabeth (vormals Hotel Strauch) in Feldafing

Im Hotel Strauch hatte die Kaiserin auch einen Turnraum. Dafür ließ sie sich 1882 im ersten Stock ein Zimmer einrichten und den Boden mit Matratzen auslegen. Im damals dem Hotel gegenüberliegenden Pfarrhaus nahm sie Unterricht im Florettfechten, und im Pfarrgarten war im Schutz der üppigen Vegetation eine Hängematte für sie befestigt, wo sie ungestört und ungesehen entspannen und ruhen konnte.

Den standesgemäßen Ansprüchen der Kaiserin entsprechend, wurde das Hotel um ein Nebenhaus und um Ställe erweitert. Die Stallungen sind noch im Original erhalten (heute als Fitnessraum eingerichtet). Zum Hotel gehört ein schöner Park mit altem Baumbestand. An ihrem Lieblingsplatz im Park steht seit 1926 ein Marmordenkmal, das die Kaiserin sitzend und lebensgroß darstellt.

Es soll Elisabeth jedes Mal sehr traurig gestimmt haben, wenn sie ihren Sehnsuchtsort, ihre Heimat, wieder verlassen musste. Dies brachte sie auch in einem Gedicht zum Ausdruck (Auszug):

»Leb wohl mein schöner Heimatsee, du meiner Kindheit Wiege, begrenzt von stolzer Bergeshöh', im Schoß der Alpenzüge. ... Leb wohl mein See! In deinen Schoß werf ich die Heimat heute und ziehe rast- und heimatlos aufs Neue in die Weite!«

Den damaligen Hotelbesitzern war die Kaiserin zeitlebens sehr verbunden. Sie ließ ihnen Schmuckstücke zukommen, und Herr Strauch erhielt gar einen kaiserlichen Orden.

Das Hotel Strauch wurde 1900 mit Genehmigung des Hofmarschallamts in Wien in Hotel Kaiserin Elisabeth umbenannt. Momentan hat das Hotel wegen Renovierungsarbeiten geschlossen, eine Eröffnung ist für 2027 geplant.

INFORMATION Hotel Kaiserin Elisabeth, Tutzinger Str. 2, 82340 Feldafing, Tel. 08157/93090, kaiserin-elisabeth.de

2

Die Roseninsel im Starnberger See

SISIS UND LUDWIGS SEHNSUCHTSORT MIT GEHEIMEM POSTFACH

Die einzige Insel im Starnberger See ist ein geometrisch angelegtes Rosenparadies und war einst ein Sehnsuchtsort der Kaiserin. Die rund 2,6 Hektar große Roseninsel gehört seit 2011 zum Weltkulturerbe der UNESCO und zieht besonders zur Rosenblüte viele Besucher in ihren Bann.

König Maximilian II., der Vater von Ludwig II., hatte die Insel 1850 erworben. Mit ihren einzigartigen Blicken über den Starnberger See und auf die Alpenkette sollte sie ihm als Rückzugsort dienen. Einst schrieb der Dichter Lorenz Westenrieder (1748–1829) über die Roseninsel:

> *»... groß genug wäre die Insel, um darin irgendeinen Kummer zu begraben, auch groß genug, zwei Herzen aufzunehmen, die jetzt in der süßesten und glücklichsten Schwärmerei ihrer Seelen nichts bedürfen als sich selbst und nichts wünschen als Gebüsche, ihr Glück vor den Augen des Neids zu verbergen.«*

Mit der Gestaltung des Parks wurde der Potsdamer Gartendirektor Peter Joseph Lenné beauftragt, der auch die Anlagen von Sanssouci konzipiert hatte. Hunderte von Hochstamm- und Buschrosenstöcke ließ er geometrisch anordnen und von Fliederbüschen einsäumen. Ihr Duft ist in der Blütezeit besonders betörend und gab der Insel Wörth (althochdeutsch für Insel) ihren späteren Namen. König Ludwig II. erwarb nach dem Tod seines Vaters die Insel in seinen Privatbesitz.

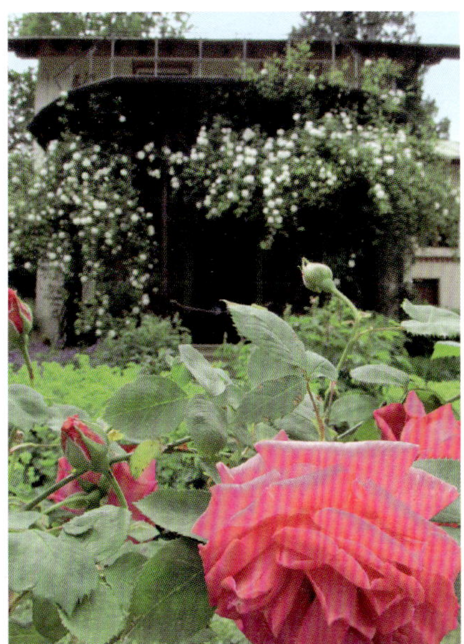

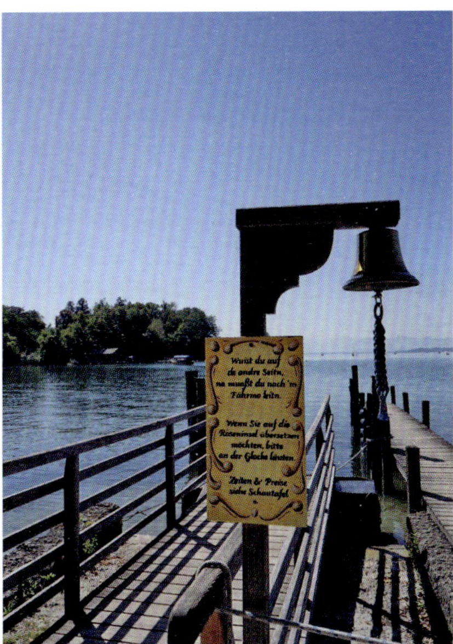

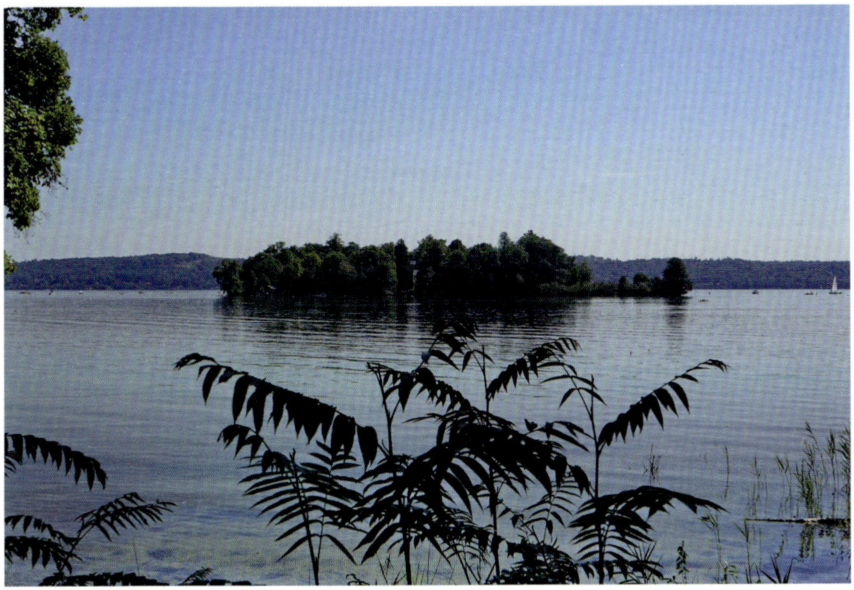

◀ Der Frühsommer zur Rosenblüte ist die beste Zeit für einen Besuch auf der Roseninsel.
▶ Wer zur Roseninsel übersetzen möchte, muss nach dem Fährmann läuten.
▼ Blick vom Ufer des Starnberger Sees auf die Roseninsel

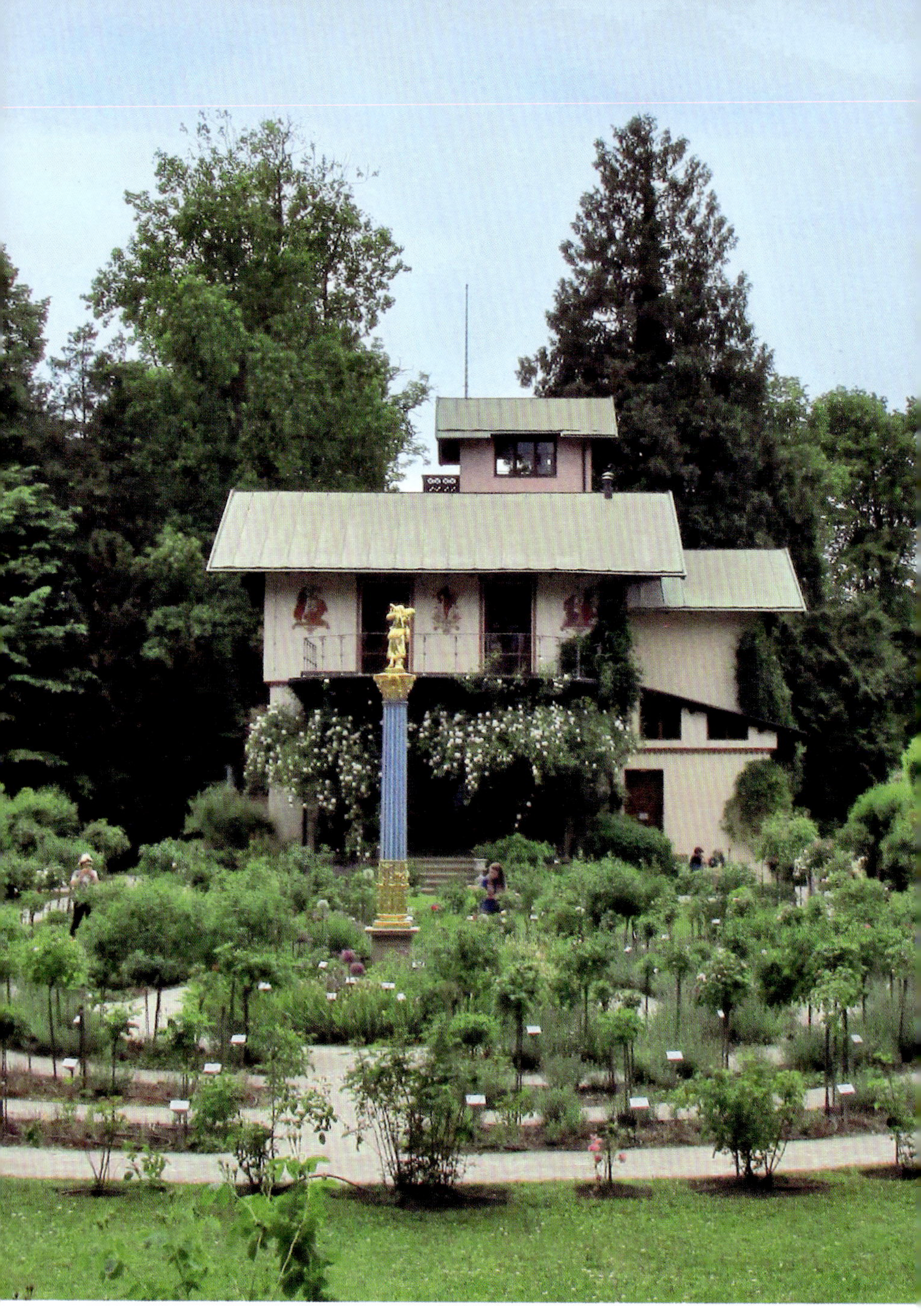

Von der Ostseite des Rosenrondells hat man den schönsten Blick auf die Sommervilla.

Auch Kaiserin Elisabeth kannte die Roseninsel seit ihren Kindertagen, da sie die Sommer im nahe gelegenen Familienschloss Possenhofen verbracht hatte. Mit ihrem Großcousin Ludwig II. verband Sisi zeitlebens eine sehr innige Freundschaft. So schrieb er seiner »Möve« Verse, und sie antwortete ihrem »Adler«.

Im Juni 1885 unternahm die Kaiserin mit ihren beiden Töchtern Marie Valérie und Gisela einen Ausflug zur Roseninsel. Sisi soll dort ein kleines Gedicht an Ludwig II. verfasst haben:

»Adler, dort hoch auf den Bergen,
Dir schickt die Möve der See einen Gruß
von schäumenden Wogen hinauf zum ewigen Schnee.«

Ihr »Adler« Ludwig II. verfasste im September 1885 eine »Antwort von den Alpen«. Wie einfach und schnell wäre die Kommunikation zwischen den beiden möglich gewesen, wenn es damals schon WhatsApp gegeben hätte ...

Auch im Mai 1873 sollen Sisi und Ludwig II. in bequemen Stühlen im Rosenrondell gesessen und den herrlichen Sommertag zusammen genossen haben. Genau wie Ludwig liebte auch die Kaiserin Rosen. Und beide teilten die Leidenschaft für das Mystische. Einer Legende nach soll in stürmischen Nächten ein Reiter ohne Kopf auf einem weißen Pferd am Seeufer gesehen worden sein. Er soll an der Roseninsel vorbei galoppiert und wie aus dem Nichts wieder verschwunden sein. Wer dieser Reiter wohl gewesen sein mag, und wurde er auch von Sisi und Ludwig gesichtet?

Bereits im 19. Jahrhundert (noch zu Zeiten König Maximilians II.) wurden bei Ausgrabungen auf der Insel prähistorische Funde gemacht. 1984 entdeckte man aus der Luft in der Nähe der Roseninsel Reste von Pfahlbauten; der Fundort lag etwa fünf Meter unter dem heutigen Wasserspiegel. Die Nachforschungen ergaben, dass es hier bereits vor über 5000 Jahren Besiedlungen gab. Auch wurde ein sogenannter Einbaum aus Eiche von über 13 Metern Länge gefunden, den die Siedler damals als Fortbewegungsmittel auf dem Wasser verwendeten. Das Gebiet im See ist mittlerweile eine Schutzzone und gehört heute zum UNESCO-Weltkulturerbe.

Nach dem Tod des bayerischen Königs Ludwig II. geriet die Insel ein wenig in Vergessenheit und ging schließlich in das Eigentum des Wittelsbacher Ausgleichsfonds über. Der Freistaat Bayern erwarb die Insel 1970 und ließ sie umfangreich wiederaufbauen. Die Sommervilla (Casino) und der Rosengarten wurden weitgehend originalgetreu restauriert. Seit 2003 ist die Insel für Besucher wieder zugänglich.

Wir starten die Tour am Parkplatz der Seestraße im Ortsteil **Niederpöcking** und verlassen diesen in südlicher Richtung zum See hin. Über einen schmalen Waldweg erreichen wir nach ca. 300 Metern über ein paar Stufen den Seeuferweg und halten uns rechts (an der Schranke vorbei). Nun sind wir am **Strandbad Feldafing** angekommen; hier befand sich früher das Strauchsche Damenbad, in dem Sisi gern zu Gast war. Der Seeuferweg führt – nomen est omen – am See entlang und bietet immer wieder großartige Ausblicke auf den Starnberger See. Wir folgen dem Weg immer weiter geradeaus bis zum **Glockensteg** der Roseninsel im **Park Feldafing**. Das Eiland ist ca. 170 Meter von Ufer entfernt und nur mit einem romantischen Fährboot zu erreichen – mit der großen Glocke am Steg läutet man den Fährmann für die Überfahrt herbei.

Auf der **Roseninsel** ankommen, schlendern wir gemütlich auf den schön angelegten Wegen durch den Park. Auf dem Platz der ehemaligen Inselkirche befindet sich heute das **Gärtnerhaus mit dem Museumsshop**. Die **Sommervilla (Casino)** ist nur im Rahmen einer Führung zu besichtigen. Von der durch hohe Bäume geschützten und etwas versteckten Holzbank auf der **Ostseite des Rosenrondells** hat man den schönsten Blick auf den Rosengarten und die Sommervilla. Bei der Neupflanzung der Rosen wird im Übrigen darauf geachtet, dass nur alte Rosensorten in den Farbschattierungen Rot bis Rosa verwendet werden. Im Zentrum des **Rosengartens** befindet sich die etwa fünf Meter hohe, aus blau-weißen Glasstäben bestehende **Säule**, die eine vergoldete Figur, das **»Mädchen mit Papagei«** trägt – auch Sisi liebte Papageien. Die Säule war einst ein Geschenk des preußischen Königs Friedrich Wilhelm IV. an Königin Marie von Preußen und Maximilian II.

Für die Rückkehr zum Ausgangspunkt in **Niederpöcking** wählen wir denselben Weg, auf dem wir gekommen sind.

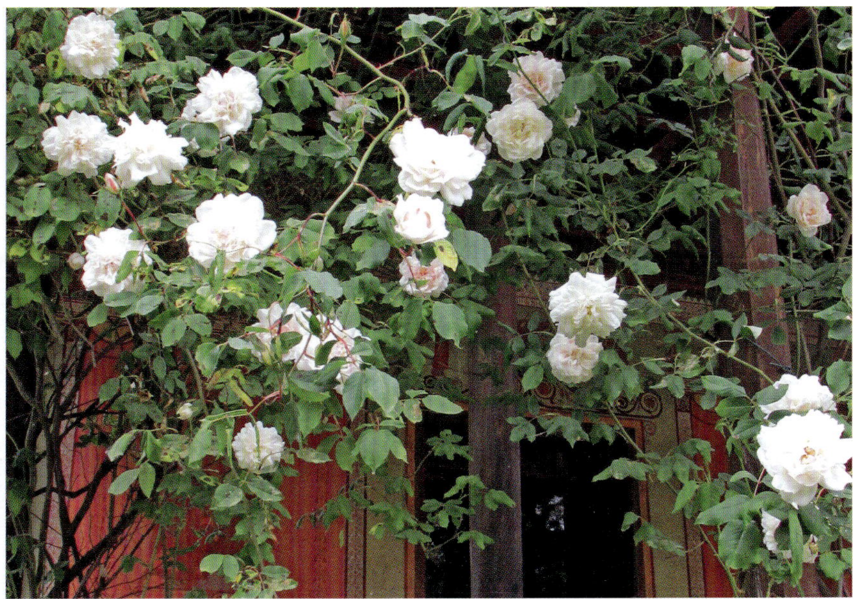

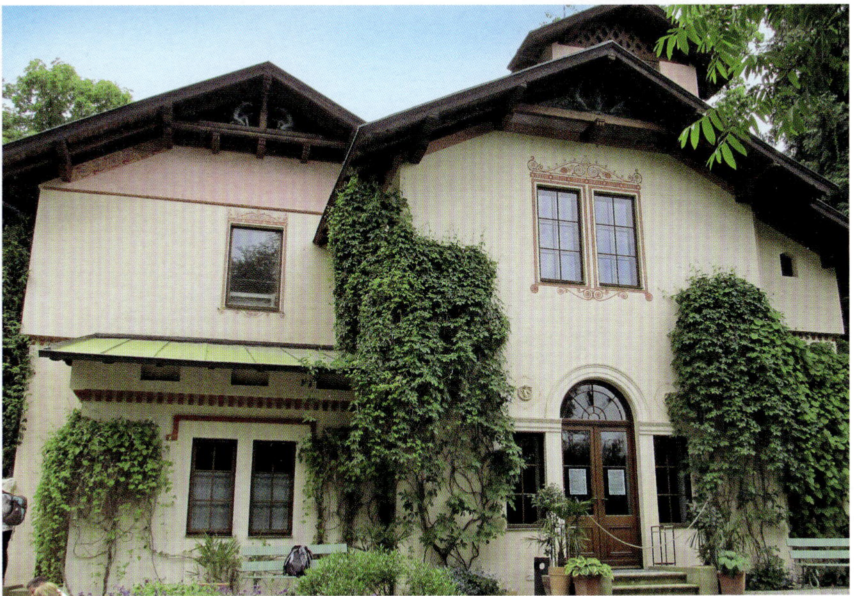

▲ Duftende Rosen, wohin das Auge blickt – daher auch der Name der Insel
▼ Die Sommervilla ist nur im Rahmen einer Führung zu besichtigen.

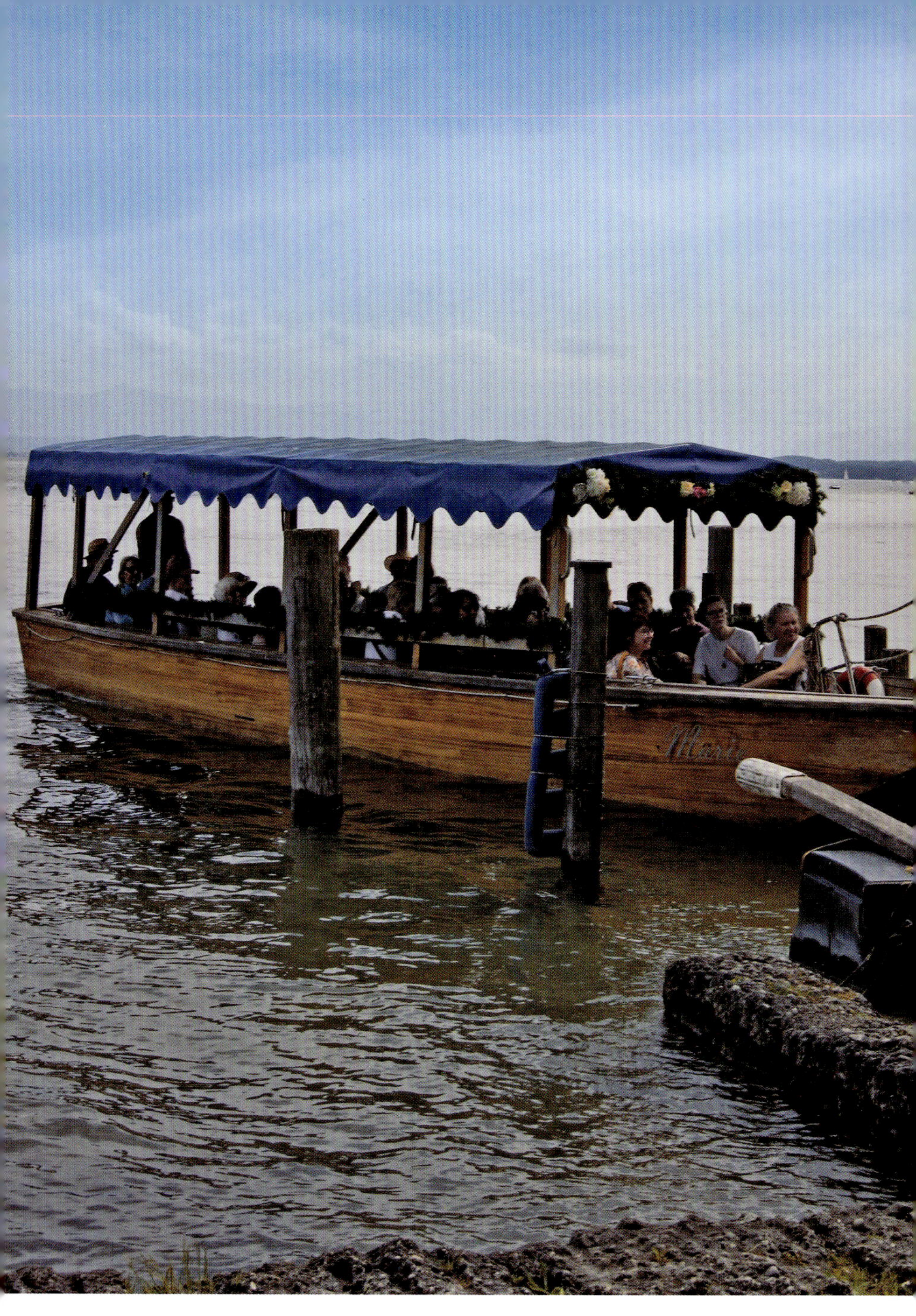

Romantische Überfahrt zur Roseninsel im elektrisch betriebenen Fährboot

Auf einen Blick

AUSGANGS-/ENDPUNKT

Niederpöcking, Parkplatz an der Seestraße
GPS: N47° 56.838' E11° 18.391'

ANFAHRT

Bus & Bahn: Vom Hauptbahnhof München mit der S6 Richtung Tutzing bis Bahnhof Feldafing und von dort der Ausschilderung folgend zu Fuß in Richtung See
Auto: A 95 bis Ausfahrt Starnberg und weiter auf der St 2063 am Ufer des Starnberger Sees in Richtung Feldafing/Tuzing. Die Parkplätze im OT Niederpöcking sind gut ausgeschildert.

GEHZEIT UND SCHWIERIGKEIT

Der Rundweg vom Parkplatz verläuft über rund 4 km; man sollte insgesamt ca. 3–4 Std. für Wanderung, Fährüberfahrt und Besichtigung der Roseninsel einplanen. Der einfache Spaziergang führt über Straßen, Wald- und Spazierwege ohne nennenswerte Höhendifferenzen und Schwierigkeiten.

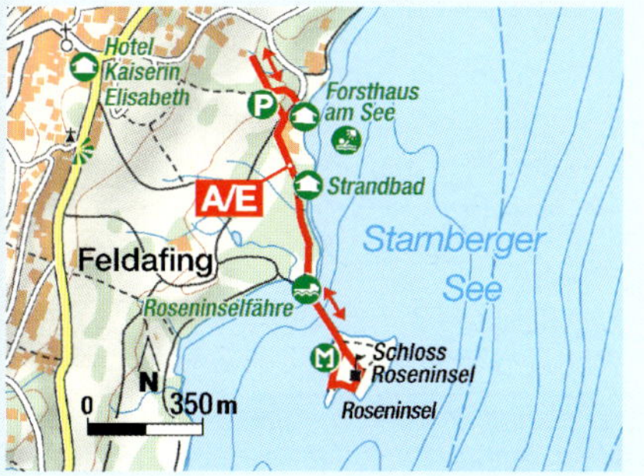

EINKEHR

Strandbad Feldafing (strandbad-feldafing.de), Forsthaus am See (forsthaus-amsee.de)

ZUSÄTZLICHE HINWEISE

Fährbetrieb zur Roseninsel von Ostern bis ca. Mitte Okt., keine Fahrräder und Hunde (weitere Infos unter roseninsel.bayern). Im Sommer Badesachen nicht vergessen – schöne Badeplätze gibt es z. B. im Strandbad Feldafing. Bitte beachten: Nicht im Bereich der Insel baden, da sich hier die Schutzzone des UNESCO-Welterbes befindet!

INFORMATION

schloesser.bayern.de, roseninsel.bayern, starnbergammersee.de

3

Kloster Andechs

KAISERLICHER BIERGENUSS AUF DEM HEILIGEN BERG

Über Felder und Hügel mit Alpenblick ist der älteste Wallfahrtsort Bayerns weithin sichtbar. Auch Kaiserin Elisabeth wählte für ihre Spaziergänge und Ausritte oft den Weg auf den Heiligen Berg. Und sie mochte das Andechser Klosterbier aus der heute größten konzernunabhängigen Klosterbrauerei Deutschlands.

Auf gut 700 Metern Höhe liegt das bekannte Benediktinerkloster mit seiner barocken Wallfahrtskirche samt charakteristischem Zwiebelturm, die dem heiligen Nikolaus von Myra und der heiligen Elisabeth von Thüringen aus dem Geschlecht der Grafen von Andechs geweiht ist. Doch was machte das Kloster zum Wallfahrtsort? Erstmals wurde die Wallfahrt 1128 urkundlich erwähnt. Zum Andechser Schatz der wertvollen Reliquien, die auf den Kreuzzügen erbeutet worden waren, gehören drei Hostien und Christus-Reliquien aus dem 10. Jahrhundert. Und ein nicht unwesentlicher Fakt darf nicht vergessen werden: Seit 1455 widmen sich die Mönche der Bierbrauerei. 1846 erwarben die Wittelsbacher durch König Ludwig I. die Liegenschaften der Klosterabtei. Heute ist das Kloster Andechs ein Wirtschaftsgut der Ordensgemeinschaft der Benediktinerabtei St. Bonifaz. Seit 1995 betreibt das Kloster ökologische Landwirtschaft.

Von der historischen **Bahnstation Possenhofen** (heute S-Bahnhof) überqueren wir links auf der Brücke die Gleise und nehmen über die Hindenburgstraße Kurs in Richtung Pöcking. Nach ca. 600 Metern biegen wir links in den Schulweg ein und dann rechts in die Feldafinger Straße, vorbei an der Gemeindeverwaltung. Nach ca. 100 Metern überqueren wir die Weilheimer

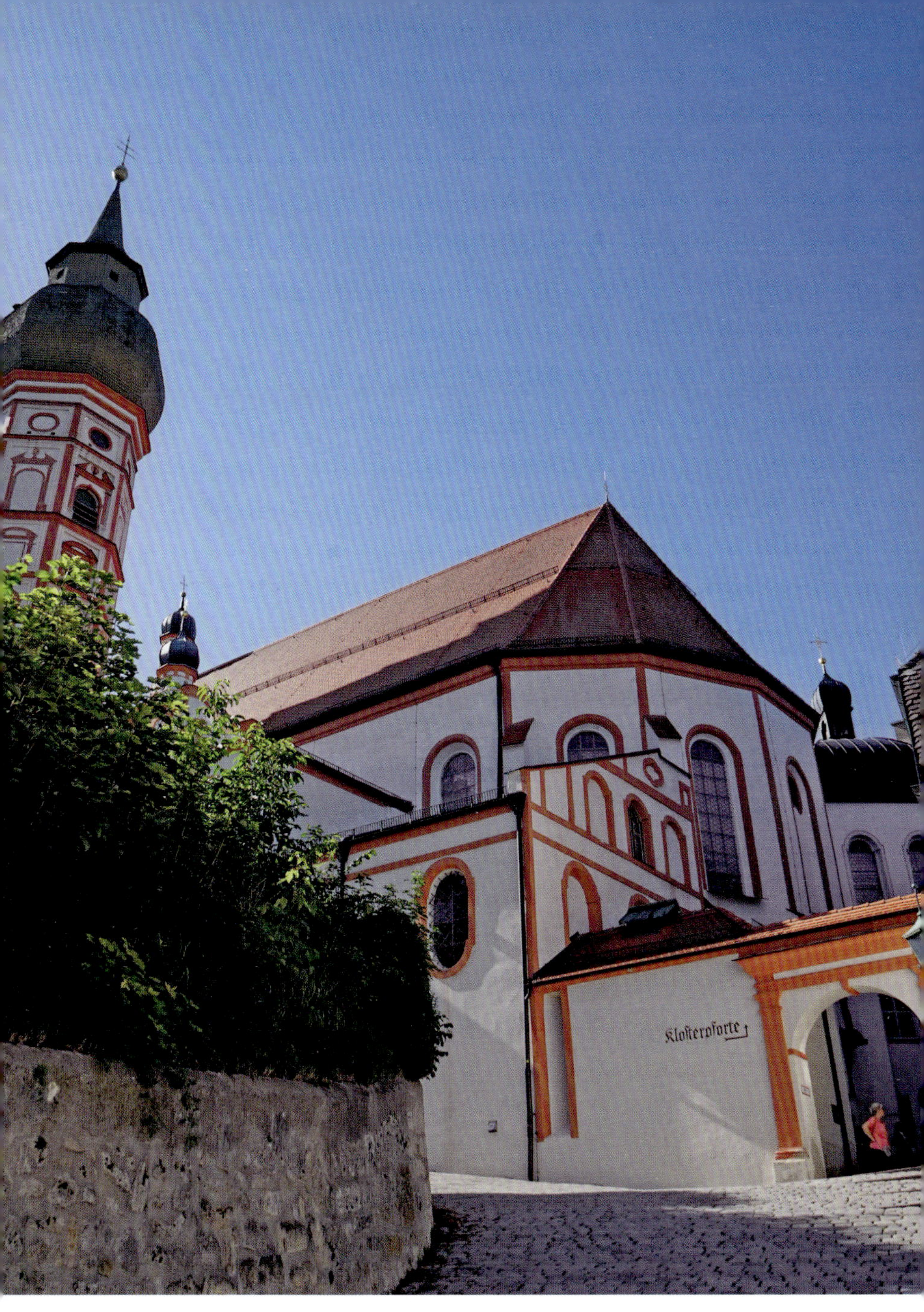

Die Wallfahrtskirche des Klosters Andechs mit ihrem charakteristischen Zwiebelturm ist schon von Weitem zu erkennen.

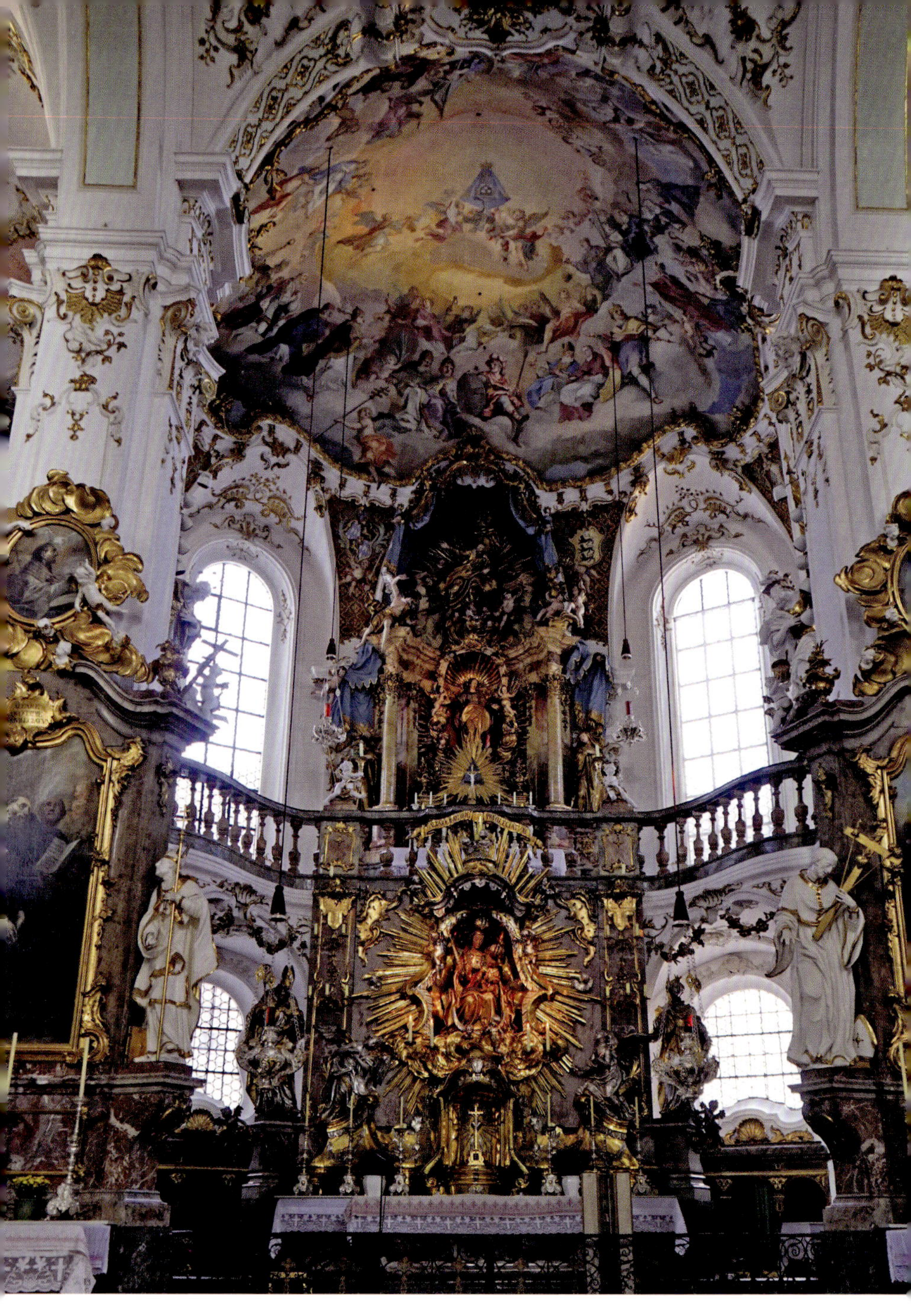

Die barocke Wallfahrtskirche ist im Inneren prunkvoll ausgestattet.

Straße und biegen in den Ascheringer Weg. Diesem folgen wir entsprechend der Beschilderung Richtung Aschering, überqueren die B2 und gelangen nach **Aschering**.

An der Kirche St. Sebastian biegen wir in den Bachweg ein und folgen der Beschilderung des *König-Ludwig-Wegs* bzw. des *Münchner Jakobswegs* in Richtung Andechs weiter. Der Weg führt bergauf durch ein größeres Waldstück. Rechter Hand lässt sich durch die Bäume der **Eßsee** erahnen, einer der ursprünglichen Gletscherseen im Münchner Voralpenland. An diesem idyllischen Ort wurde in den 1950er-Jahre für den Zoologen und Medizin-Nobelpreisträger Konrad Lorenz ein Platz für das neue Institut für Verhaltenspsychologie errichtet; das Institut gibt es noch heute als Max-Planck-Institut.

Nachdem wir das Waldstück hinter uns gelassen haben, treffen wir auf eine schmale Asphaltstraße, der wir nach links folgen, bis wir nach ca. 150 Metern rechts abbiegen und zu einem schmalen Weg kommen (blaue König-Ludwig-Weg-Markierung), dem wir folgen. Bald haben wir wieder einen freien Blick und sehen einen gelben Gebäudekomplex, bei dem es sich um die Justizvollzugsanstalt (JVA) Rothenfeld handelt. Wir folgen dem Feldweg vorbei an der JVA und weiter geradeaus direkt auf die Hauptstraße zu. Diese überqueren wir und biegen links in einen schmalen Waldweg ein.

Am Ende des Wegs sehen wir zum ersten Mal den Heiligen Berg mit dem Kloster Andechs. Der Fußweg führt nun auf die Erlinger Flur und links vorbei an der **Friedenskapelle**. Wir folgen dem Andechser Stationenweg weiter, bis dieser in den Pater-Coelestin-Weg mündet. Am Ende der Straße halten wir uns rechts und biegen gleich wieder links in den St.-Elisabeth-Weg ein, der uns direkt zum Parkplatz des Klosters führt. Wir überqueren die Andechser Straße und folgen der schmalen Straße (Bergstraße) direkt und steil auf den Heiligen Berg und zur **Klosterkirche Andechs**.

Der Rückweg erfolgt auf dem Hinweg oder per Bus und S-Bahn (s. Infokasten).

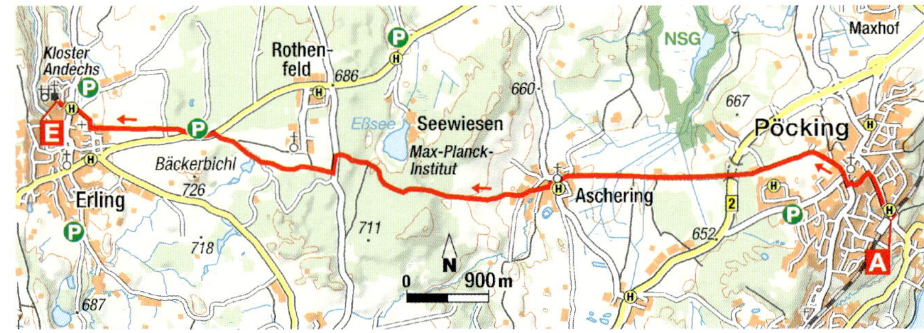

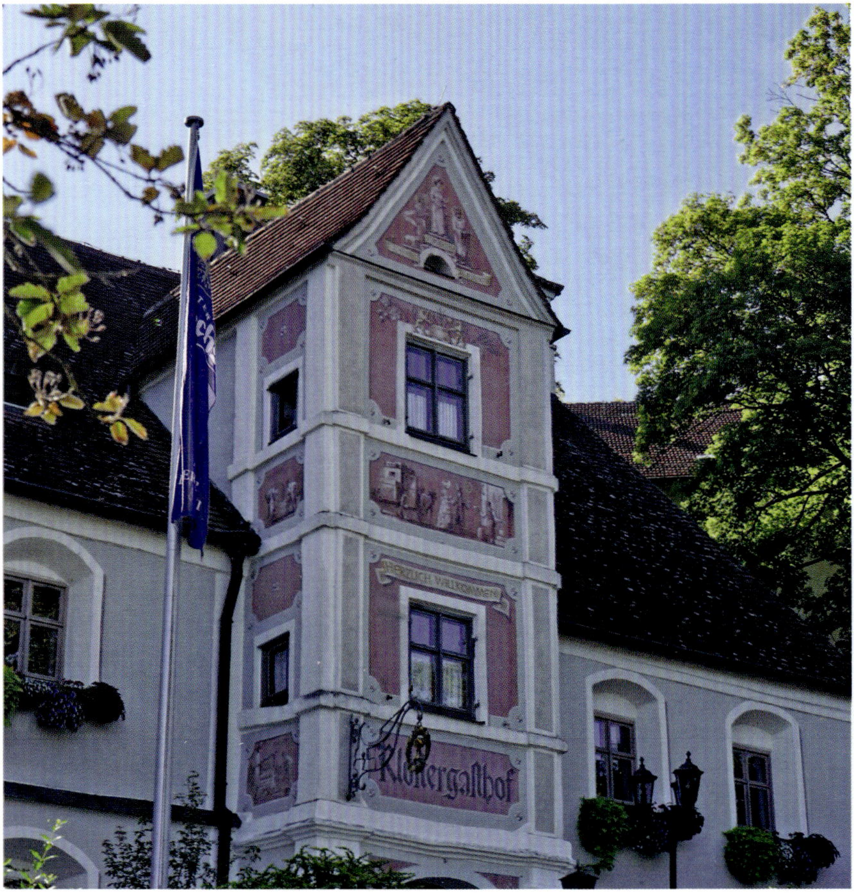

Bayerisches Bier von höchster Braukunst wird in der Klosterschänke serviert.

Auf einen Blick

AUSGANGSPUNKT

S-Bahnhof Possenhofen
GPS: N47° 57.705' E11° 18.398'

ENDPUNKT

Kloster Andechs
GPS: N47° 58.483' E11° 10.973'

ANFAHRT

Bus & Bahn: Vom Hauptbahnhof München mit der S6 Richtung Tutzing bis Possenhofen
Auto: A 95 bis Ausfahrt Starnberg, weiter auf der St 2063 am Ufer des Starnberger Sees entlang Richtung Feldafing bzw. Tutzing, in Possenhofen rechts in die Straße Schlossberg und zum S-Bahnhof Possenhofen (dort Parkmöglichkeiten)

GEHZEIT UND SCHWIERIGKEIT

Die gesamte Streckenlänge beträgt rund 11 km; je nach Gehgeschwindigkeit sollte man dafür ca. 3 Std. einplanen. Es sind einige kleine Höhendifferenzen zu bewältigen. Für den Rückweg gibt es verschiedene Varianten: zu Fuß über den Hinweg zurück oder mit Bus 951 von Andechs bis Starnberg-Nord und weiter mit der S6 Richtung Tutzing bis Possenhofen.

EINKEHR

Klostergasthof Andechs
(andechser-klostergasthof.de)

ZUSÄTZLICHE HINWEISE

Diese Tour können Sie gut mit den Touren 1–6 kombinieren. Vom Ostufer kann man vom Schiffsanleger in Berg mit dem Schiff (seenschifffahrt.de/de/starnberger-see) zur anderen Seeseite nach Possenhofen fahren und von der Anlegestelle der Beschilderung bergauf bis zum S-Bahnhof folgen.

INFORMATION

starnbergammersee.de, andechs.de

4

Von Starnberg durch die Maisinger Schlucht

MONDÄNES SEEBADFEELING UND WILDROMANTISCHE NATUR

Nachdem 1854 die Eisenbahnlinie von München nach Starnberg errichtet wurde, entwickelte sich Starnberg zum mondänen Seebad. 1854 wurde die Dampfschifffahrt auf dem See eröffnet – im Juni 1855 schipperte dann auch das jungvermählte Kaiserpaar mit einem der Dampfschiffe über den See.

Sisi liebte ihre Heimat um den Starnberger See und unternahm weite Spaziergänge im Umland. Schon ihr Vater hatte seinen Kindern das Einfühlen in die Natur beigebracht. Sie war eine leidenschaftliche und gute Schwimmerin und nahm schon als Kind gern ein Bad im Starnberger See. Später soll das »Strauchsche Damenbad« (heute Strandbad Feldafing) für die Kaiserin zur alleinigen Nutzung reserviert worden sein – andere Gäste erhielten keinen Zugang während des kaiserlichen Badevergnügens. Bereits seit dem 13. Jahrhundert residierten die Wittelsbacher auf dem Schlossberg in Starnberg; das Schloss wurde auch später zur bevorzugten Sommerresidenz der bayerischen Herzöge. 1885 hielt sich Kaiser Franz in Starnberg auf und kehrte im Gasthof Scholler (heute Gasthaus Zur Sonne) ein.

Die Formung des über 130 Meter tiefen Seebeckens des Würmsees, wie der Starnberger See früher hieß, geht auf eine Eiszeit vor mehr als 200 000 Jahren zurück – damals drangen die Gletscher von den Alpen in Richtung München vor und hinterließen nach dem Abtauen große Gesteinsblöcke (Findlinge).

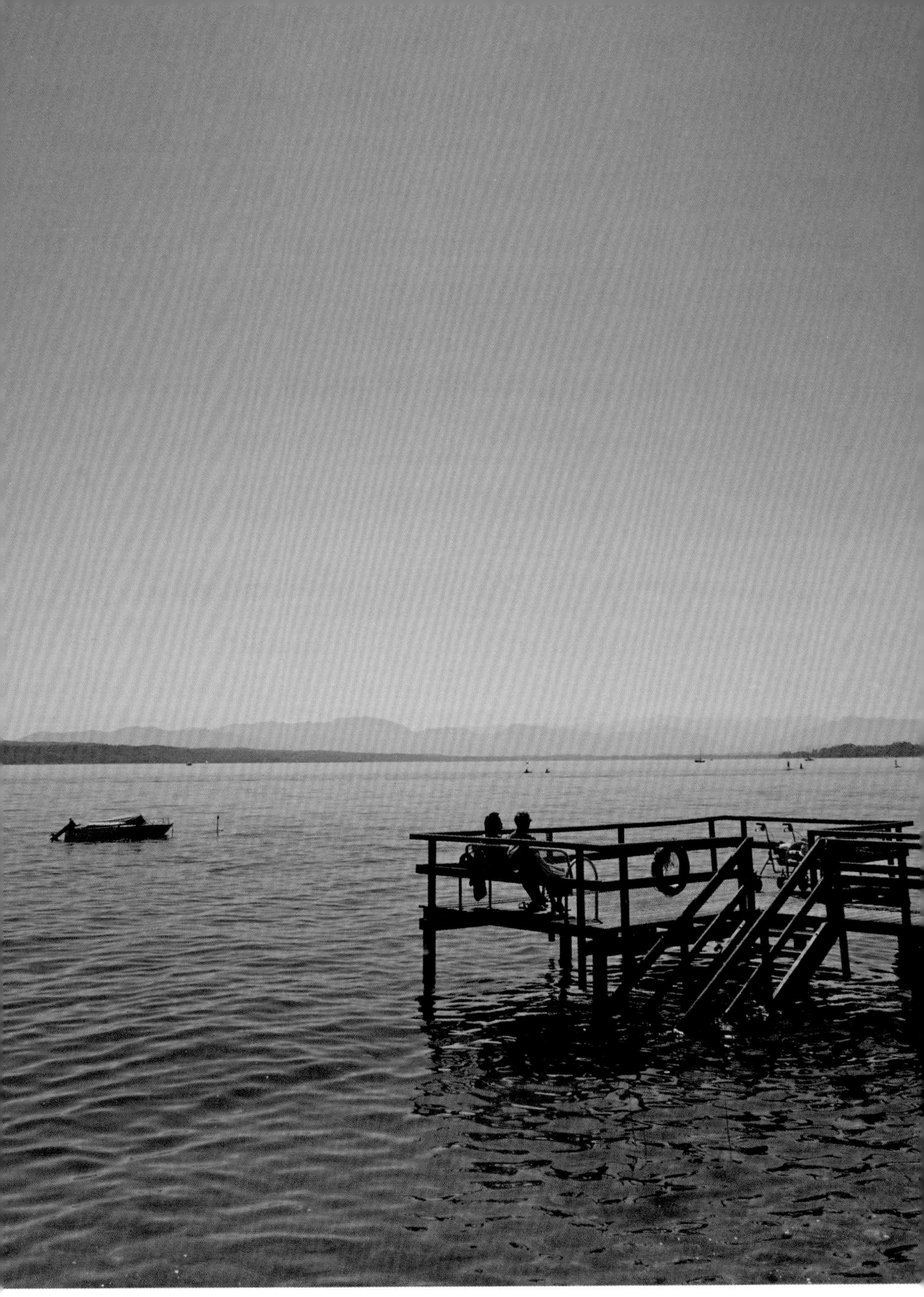

Der Starnberger See gehört zu den geschützten Feuchtgebieten und bietet im Sommer ein herrliches Badevergnügen.

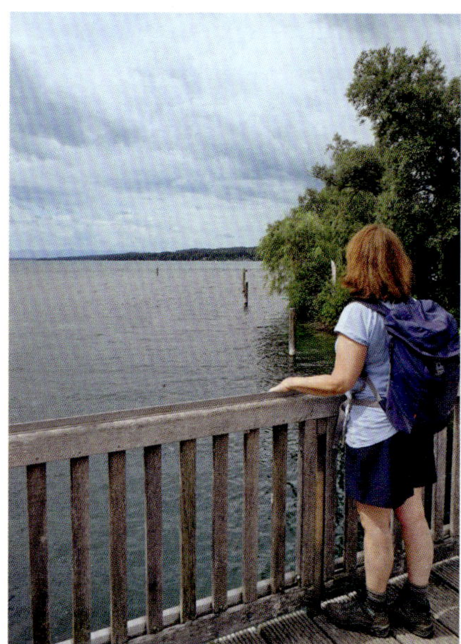

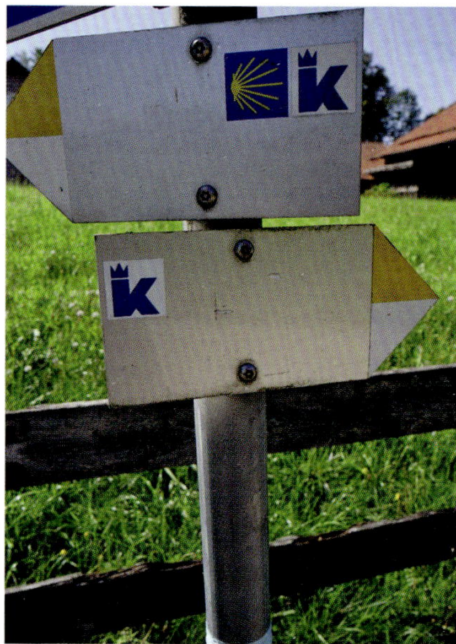

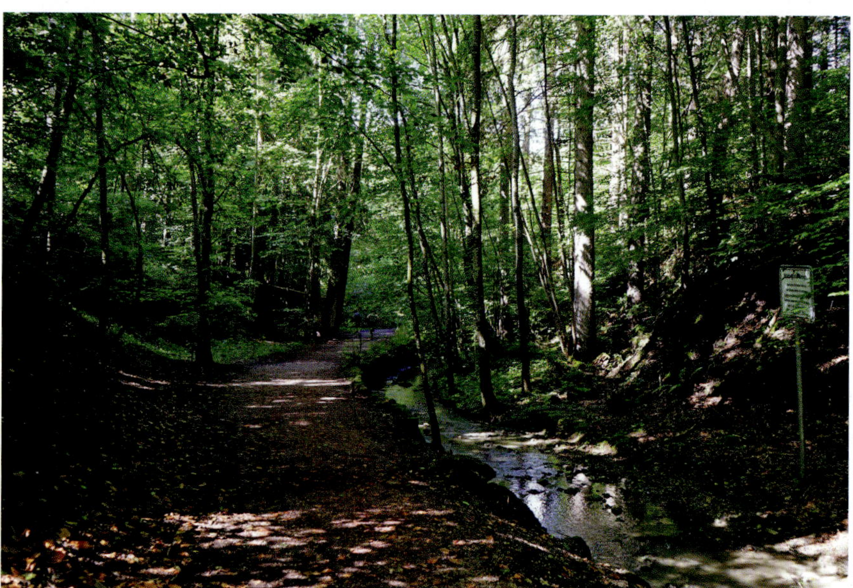

◀ Vom Ufer des Starnberger Sees aus ist der Zugspitzblick bei guter Fernsicht garantiert.
▶ Unser Weg kreuzt den König-Ludwig-Weg und den Münchner Jakobsweg.
▼ Im Zauberwald der Maisinger Schlucht

Unsere Wanderung starten wir am **S-Bahnhof Starnberg** direkt an der Seepromenade. Wir halten uns links und unterqueren nach wenigen Metern die S-Bahngleise an der zweiten Unterführung. Der Bahnhofstraße folgen wir entsprechend der Beschilderung bergauf und überqueren die Weilheimer Straße. Nun geht es weiter geradeaus entlang der Söckinger Straße. Es lohnt ein Abstecher zum idyllischen **Schlosspark** hoch über der Stadt, der eine schöne Aussicht über See und Berge bietet. Der Zugang zum **Schloss Starnberg** erfolgt über die Treppen von der Hauptstraße oder von der Söckinger Straße über die Schlossbergstraße. An der Parkmauer laden drei Bänke mit wundervoller Aussicht zum Rasten ein.

Von der Söckinger Straße biegen wir beim Haus Nr. 20 links in die Maisinger-Schlucht-Straße und folgen nun, vorbei am **Wasserwerk Starnberg**, einem Weg links entlang des Maisinger Bachs. Auf der rechten Seite lässt sich bei einer Wegmarkierung des *König-Ludwig-Wegs* etwas versteckt eine Kapelle entdecken. Nach etwa zwei Kilometern erreicht man die **Maisinger Schlucht**. Die magisch wirkenden Schattenhangwälder der Schlucht werden durch das kalkhaltige Sickerwasser begünstigt. Bergahorn und Esche sowie Bergulmen und Buchen beherrschen das Bild. Im Frühling säumen blaue Leberblümchen, Veilchen, Buschwindröschen, Huflattich und Schlüsselblumen den Weg. In der Maisinger Schlucht findet man das verfestigte Nagelfluhgestein. Das kalkbeladene Wasser sickert durch die Hohlräume und Gerölle und setzt nach und nach dünne Kalkkrusten ab. Bis zu acht Meter hoch säumen die Wände der Kalkfelsen den Schluchtenweg. Die Vegetation mit viel Moos und alten, imposanten Bäumen erinnert an einen Zauberwald.

Wir durchwandern die wildromantische Schlucht und halten uns am Ausgang links. So erreichen wir die Straße nach Maising, in die wir nach rechts einbiegen, und gelangen nach kurzer Strecke in den Ortskern von **Maising**. Am Gasthaus Ludwig biegen wir links in den schmalen Feldweg mit Wegmarkierung zum **Maisinger See** ein, den wir nach ca. 600 Metern erreichen. Der Stausee, in dem heute noch zahlreiche Fische schwimmen, wurde um 1680 vom nahen Kloster Andechs für die Fischzucht angelegt. Mit seiner angrenzenden Moorlandschaft ist das Gewässer auch ein wundervolles Vogelparadies. Im Sommer bietet der See Badevergnügen pur. Der Rückweg erfolgt auf dem Hinweg.

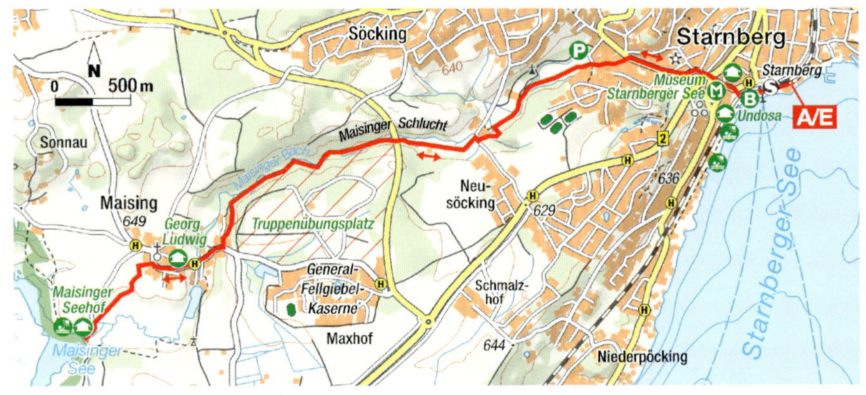

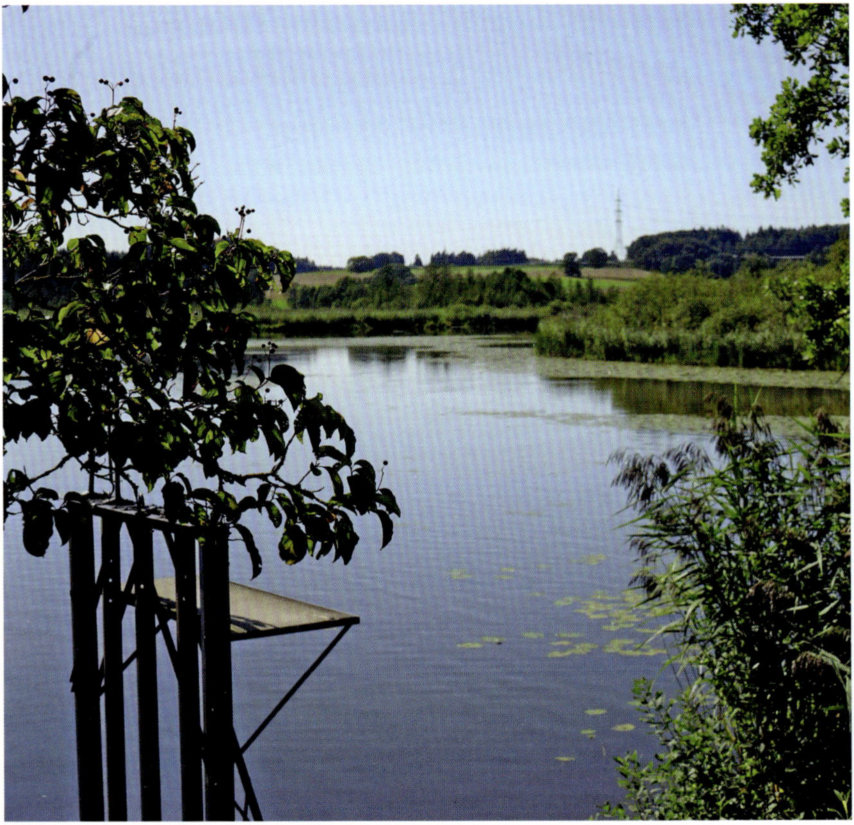

Stille Blicke am Maisinger See

Auf einen Blick

AUSGANGS-/ENDPUNKT

S-Bahnstation Starnberg
GPS: N47° 59.755' E11° 20.578'

ANFAHRT

Bus & Bahn: Vom Hauptbahnhof München aus mit der Regionalbahn oder der S6 bis Starnberg
Auto: A 95 bis Ausfahrt Starnberg und dort zum Bahnhof

GEHZEIT UND SCHWIERIGKEIT

Die gesamte Tour hat eine Länge von rund 12 km (Hin- und Rückweg). Je nach Wandertempo und Einkehr ist die Strecke in 4–5 Std. zu bewältigen. Die Wege sind gut begehbar und ohne nennenswerte Höhenunterschiede.

EINKEHR/UNTERKUNFT

Starnberger Eiswerkstatt (starnberger-eiswerkstatt.de), Maisinger Seehof (maisingerseehof.de), Gästehaus Sieben Quellen in Starnberg (siebenquellen.com)

ZUSÄTZLICHE HINWEISE

Vor allem bei Nässe benötigt man in der Maisinger Schlucht gutes Schuhwerk (Wander-/Trekkingschuhe). Von der Kreuzung Schluchtenweg in Maising gibt es eine Busverbindung (982) nach Starnberg-Nord zum S-Bahnhof, falls man den Rückweg abkürzen will.

AUCH INTERESSANT

Museum Starnberger See (museum-starnberger-see.de): Das Museum bietet wechselnde Ausstellungen und Themenwochen zu den königlichen Hoheiten.

INFORMATION

starnbergammersee.de

5

Durchs Leutstettener Moos

RÖMISCHER GUTSHOF UND EINKEHR BEI DEN WITTELSBACHERN

Nach der Tour durch die mystische Moorlandschaft gelangen wir vor den Toren Starnbergs im idyllischen Würmtal zur Königlich-Bayerischen Schlossgaststätte des Hauses Wittelsbach, wo auch Sisi zu Gast gewesen sein soll. Abenteuerlich geht's zum Burgstall, dem legendären Geburtsplatz Karls des Großen.

Die erste Villa am Starnberger See entstand wohl schon im 2. Jahrhundert – auf einer kleinen Anhöhe etwas südlich von Leutstetten wurden vor einigen Jahren die Reste eines römischen Gutshofs, einer *Villa Rustica*, entdeckt. Zur damaligen Zeit hatte man von hier einen schönen Blick auf den Starnberger See und hinüber zur Alpenkette. Anhand des rekonstruierten Grundrisses der Villa kann man sich das Gebäude in etwa vorstellen. Auch ein Baderaum war vorhanden, sogar mit Fußbodenheizung! Die erhaltenen Grundmauern sowie einige Fundstücke aus der damaligen Zeit sind, durch einen gläsernen Bau geschützt, zu bewundern.

Wir starten unsere Rundwanderung in **Starnberg** am Landratsamt, halten uns am Parkplatz rechts und biegen vorbei am Strandbad in den Nepomukweg ein. Von der **Nepomukbrücke** genießen wir einen wundervollen Blick auf den Starnberger See und bei klarer Sicht bis zur Zugspitze. Nach Überqueren der Brücke gelangen wir in die Seestraße, der wir bis zu ihrem Ende folgen. Anschließend biegen wir links in die Berger Straße ab, folgen nach

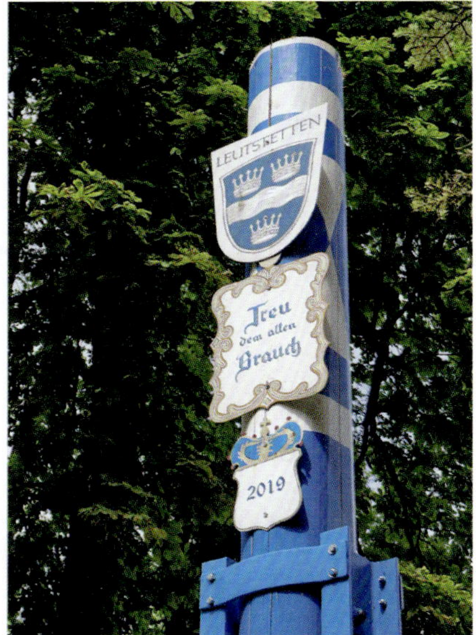

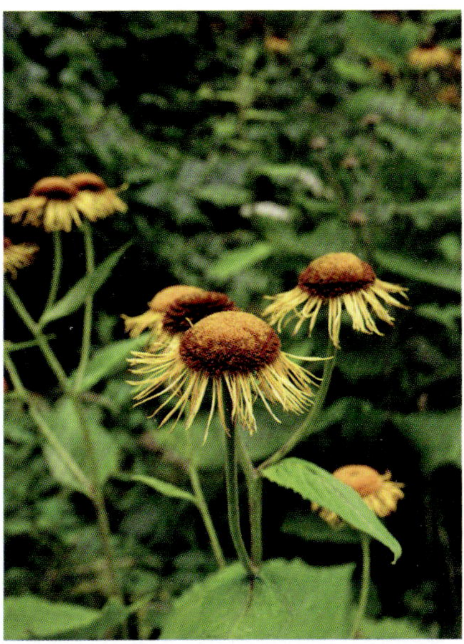

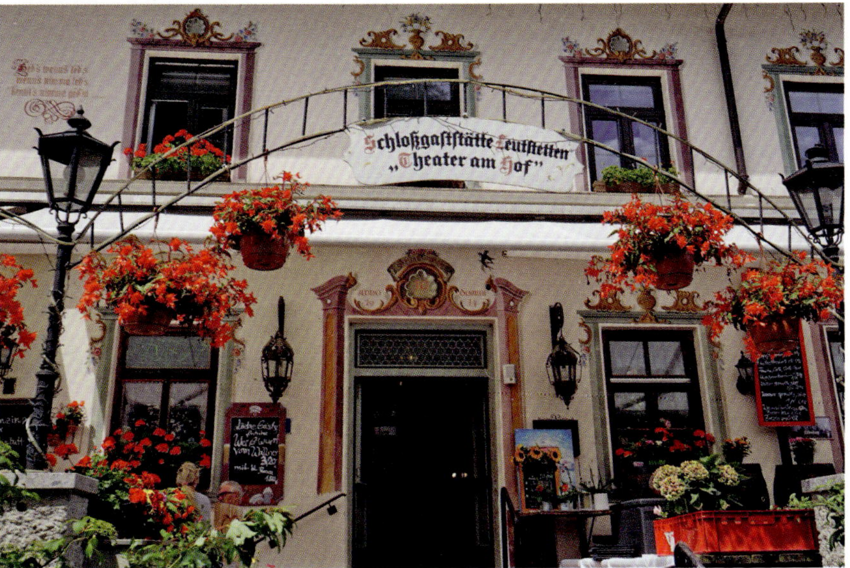

◀ Unübersehbar: das bayerische Wahrzeichen vor dem Leutstettener Schlossgasthof

▶ Im Sommer blüht im Naturschutzgebiet Leutstettener Moos auch der gelbe Sonnenhut (*Echinacea*).

▼ In der Schlossgaststätte soll auch Sisi schon eingekehrt sein.

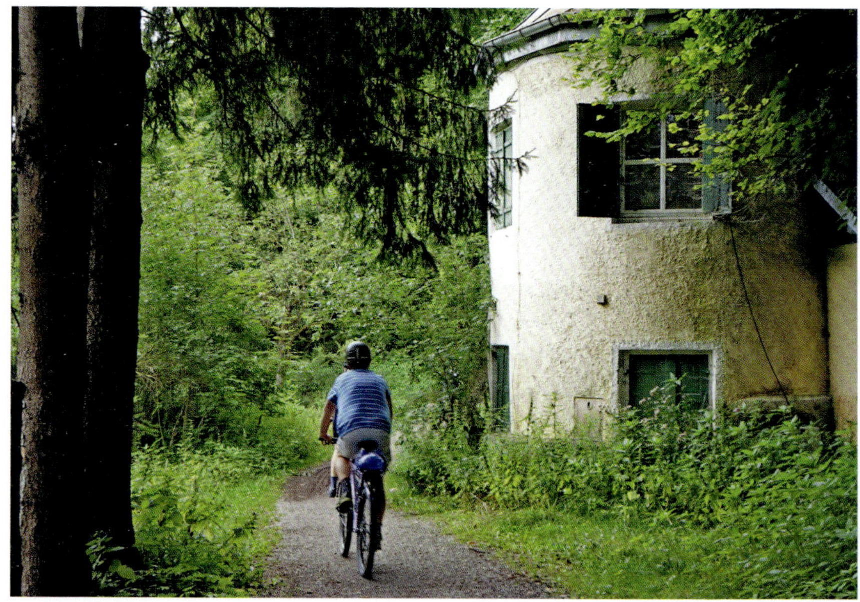

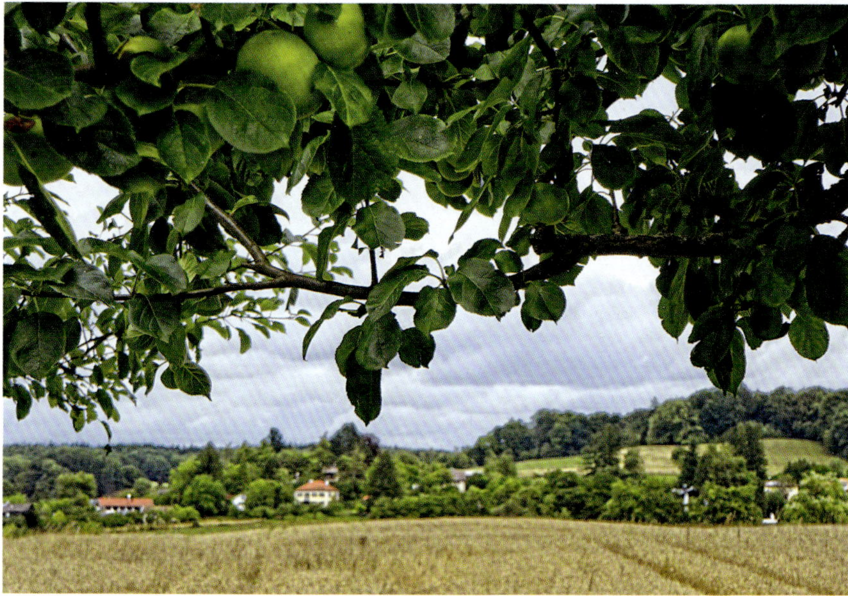

▲ Zu Fuß oder mit dem Rad geht's inmitten üppiger Vegetation an der Würm entlang.
▼ Blick von der *Villa rustica* auf Leutstetten

ca. 100 Metern rechts dem St.-Valentin-Weg und erreichen die gleichnamige kleine Kirche. **St. Valentin** gehört zu Starnbergs ältesten Baudenkmälern und wurde erstmals im Jahr 785 erwähnt.

Wir folgen dem Fuß-/Radweg parallel zur Buchhofstraße, bis wir nach etwa einem Kilometer rechts haltend zum **Schloss Buchenhof** gelangen, wo die Munich International School (MIS) untergebracht ist. Hier biegen wir rechts ab, erreichen durch eine Unterführung die andere Straßenseite und folgen nach 250 Metern links dem Feldweg in Richtung **Heimatshausen**. Dort treffen wir auf den beschilderten Wanderweg durch das Naturschutzgebiet **Leutstettener Moos**. Hier sind über hundert Vogelarten, Wildtiere, Kreuzottern und Springfrösche sowie seltene Moorpflanzen zu Hause. Diesem gut ausgebauten Naturlehrpfad folgen wir durch den Wald und die Moorlandschaft, bis nach Verlassen des Waldstücks die *Villa Rustica* in unser Blickfeld rückt. Bequeme Bänke und ein herrlicher Ausblick auf Schloss Leutstetten laden uns zum Rasten ein.

Wir folgen dem ausgeschilderten Wanderweg weiter und erreichen **Leutstetten**, biegen dort links in die Wangener Straße ab und kommen nach ca. 500 Metern direkt am **Leutstettener Schloss** vorbei. Dieses wurde 1595 erbaut und 1875 von Ludwig III. als Sommersitz erworben. Sein Vater Prinzregent Luitpold war der Onkel Ludwigs II., der nach seinem mysteriösen Tod im Starnberger See die Regierungsgeschäfte führte. Ludwig III. wurde 1913 nach dem Tod seines Vaters letzter bayerischer König. Das Schloss ist noch heute im Privatbesitz der Wittelsbacher Familie und nicht zu besichtigen. Gegenüber finden wir die **Schlossgaststätte**, wo wir im Biergarten unter alten Kastanien königlich-bayerisch empfangen werden und ein frisch gezapftes königliches Bier genießen können. Im Fest- bzw. Theatersaal finden regelmäßig Theateraufführungen statt, die auch über Leutstetten hinaus bekannt geworden sind. Zwischen Schlossgaststätte und der spätgotischen Kirche **St. Alto** steht ein **Brunnen** aus dem Jahr 2004, der Ludwig III. gewidmet ist.

Wir folgen der Altostraße weiter in nordwestlicher Richtung aus dem Ort und biegen bei der St 2063 rechts ab. Dieser Straße folgen wir ca. 600 Meter, bis ein unscheinbarer Pfad rechts in den Wald hineinführt (ohne Markierung). Nun wird es etwas abenteuerlich, denn wir begeben uns auf die Spurensuche zu Karl dem Großen. Nach etwa 100 Metern bergauf biegen wir links auf einen weiteren schmalen Waldpfad ab und folgen ihm bis zu einer Anhöhe (633 m), dem **Karlsberg**. Hier soll der Burgstall der Karlsburg gestanden haben, in der Karl der Große der Legende nach geboren wurde. Wir gehen auf schmalen Pfaden durch den Wald im Uhrzeigersinn um den Karlsberg herum und entdecken noch einzelne Steine, die teilweise schon sehr verwittert sind. Sind das möglicherweise Überreste der alten Burg?

Der Pfad führt uns aus dem Wald heraus, dann halten wir uns rechts auf dem Pfad bergab Richtung St 2063, überqueren diese und folgen dem Rad-/Fußweg. Der Schönbergweg führt uns durch üppige Vegetation an der Würm entlang und bringt uns wieder zur St 2063, wo wir uns rechts Richtung Starnberg halten. Auf dem ausgeschilderten Fuß-/Radweg geht es nun zurück bis zu unserem Ausgangspunkt in **Starnberg**.

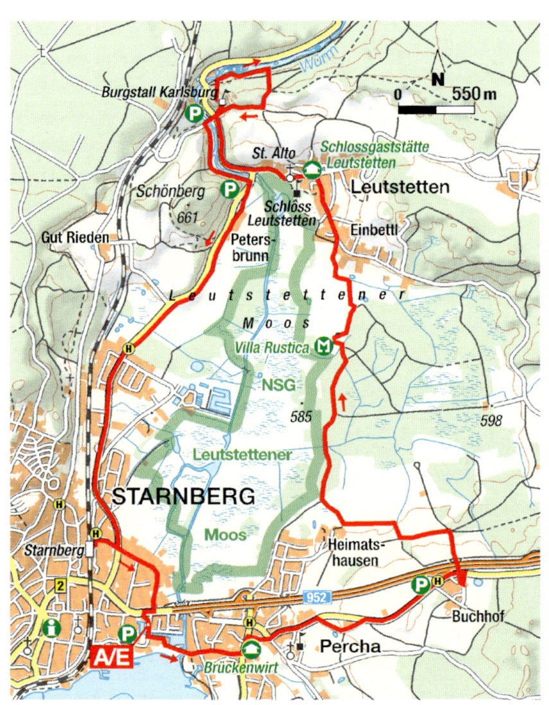

Auf einen Blick

AUSGANGS-/ENDPUNKT

Starnberg, Landratsamt
GPS: N47° 59.994' E11° 21.188'

ANFAHRT

Bus & Bahn: Vom Hauptbahnhof München mit der S6 bis Starnberg-Nord, dann zu Fuß weiter bis zum Landratsamt
Auto: A 95 bis Ausfahrt Starnberg und dort zum Parkplatz am Landratsamt

GEHZEIT UND SCHWIERIGKEIT

Der Rundweg ist wegen seiner Länge von 16 km anspruchsvoll. Je nach Wandertempo und Einkehr ist die Strecke in ca. 5 Std. zu bewältigen. Die Wege sind gut begehbar und ohne nennenswerte Höhenunterschiede. Der Rückweg Richtung Starnberg verläuft überwiegend parallel zur St 2063. Mit Bus 904 in Richtung Starnberg kann man den Rückweg abkürzen.

EINKEHR

Schlossgaststätte Leutstetten
(schlossgaststaette-leutstetten.de)

ZUSÄTZLICHE HINWEISE

Vor allem bei Nässe benötigt man gutes Schuhwerk (Wander-/Trekkingschuhe).

AUCH INTERESSANT

Museum Starnberger See
(museum-starnberger-see.de) mit wechselnden Ausstellungen und Themenwochen zu den königlichen Hoheiten

INFORMATION

starnbergammersee.de

6

Königliche Gedenkstätte in Berg

WO DAS LEBEN VON SISIS SEELENVERWANDTEM LUDWIG II. SEIN ENDE NAHM

Der »Königsvetter« Sisis ertrank wohl unter heute noch immer ungeklärten Umständen nahe der Votivkapelle im Starnberger See. Ein schlichtes Holzkreuz erinnert hier daran, und eine Wanderung führt uns am Starnberger See entlang direkt dorthin.

In der Nacht vom 12. auf den 13. Juni 1886 soll Ludwig II. im Schloss Neuschwanstein von einer Staatskommission überwältigt und nach Schloss Berg gebracht worden sein. Dort sollte er sich einer Behandlung unterziehen, wurde jedoch entmündigt und für regierungsunfähig erklärt. Am Abend des 13. Juni 1886 wurde er zusammen mit dem Arzt Dr. Gudden unweit des Ufers tot im Starnberger See aufgefunden. Die Umstände seines mysteriösen Todes sind bis heute ungeklärt. Zu diesem Zeitpunkt weilte die Kaiserin im Hotel Strauch, wo sie die Todesnachricht erhielt. Man kann sich vorstellen, wie es ihr dabei ergangen sein mag. Später dichtete sie im Gedenken an Ludwig II.:

»Rosen und Jasmin bekränzen Deinen dunklen Sarkophag,
Blumen, die in Tränen glänzen, heut an deinem Todestag …«

Als letzten Gruß sandte Sisi ein Sträußchen Jasmin (Ludwigs Lieblingsblumen), welches ihm mit ins Grab gelegt wurde. Wenige Tage später reiste sie nach München und legte in der Gruft in St. Michael an seinem Sarg einen Kranz nieder.

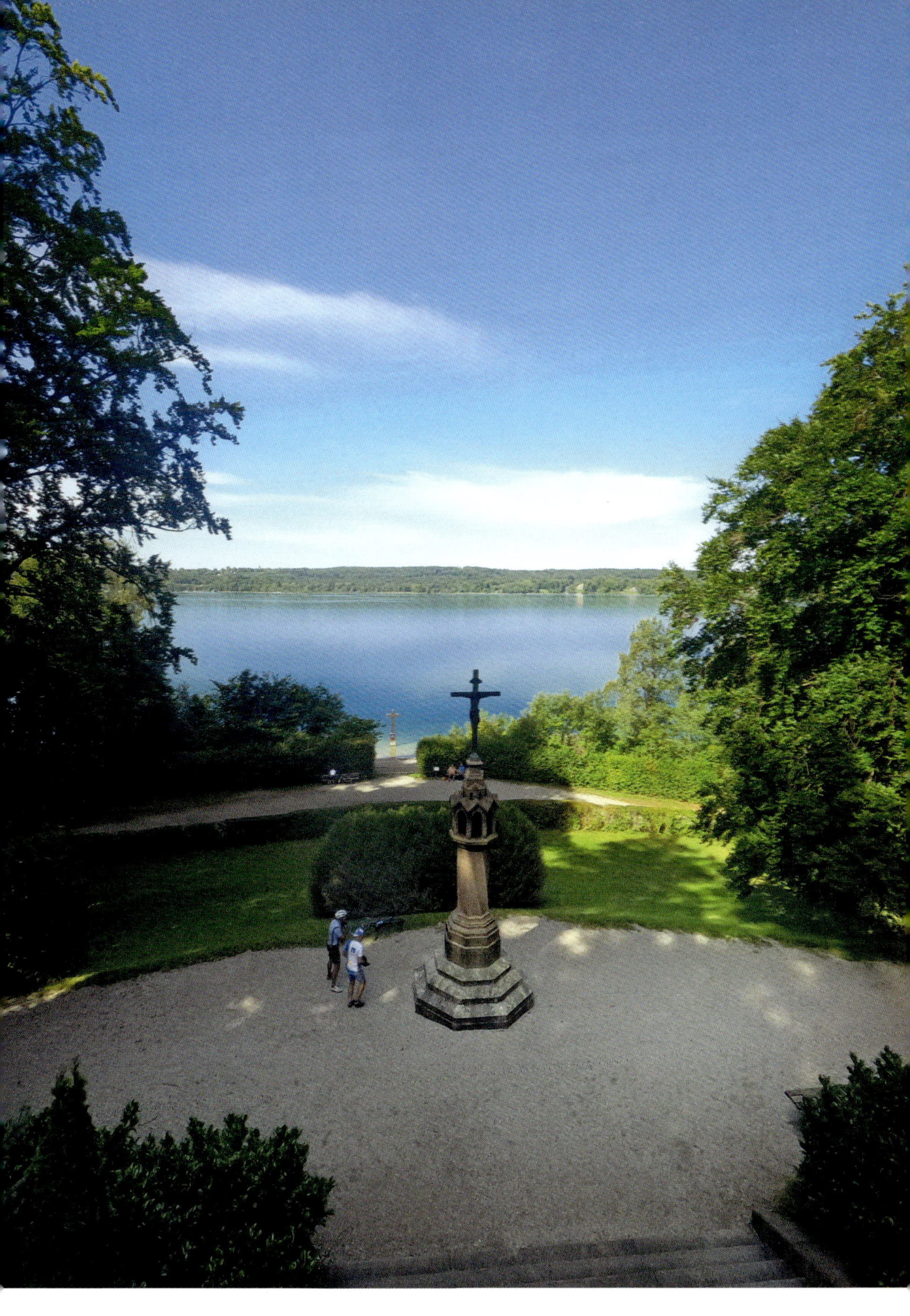

Die Totenleuchte unterhalb der Votivkapelle wurde von Ludwigs Mutter gestiftet.

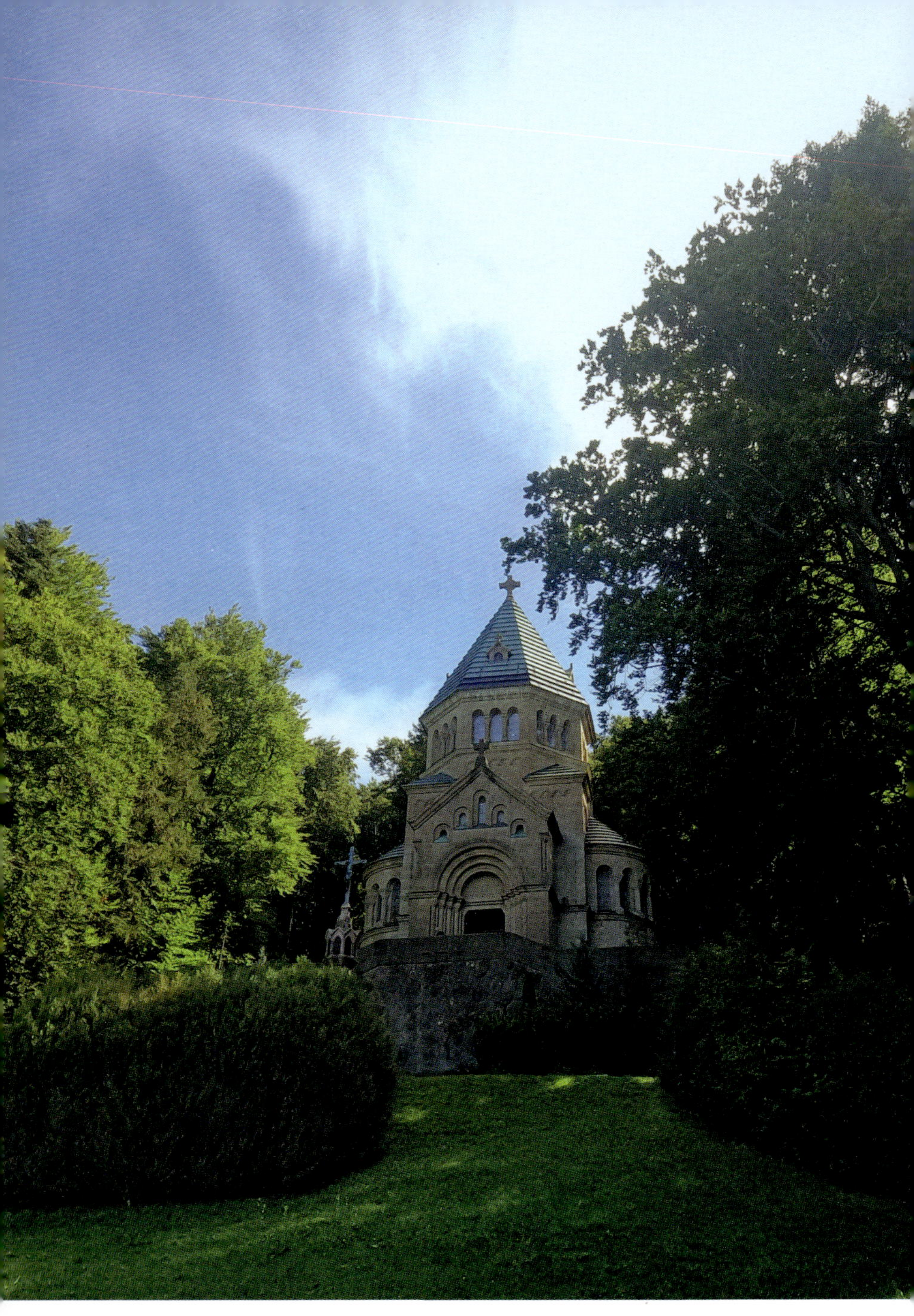

König Ludwig II. zu Ehren wurde die Gedächtniskapelle St. Ludwig errichtet.

Vom **S-Bahnhof Starnberg** gehen wir direkt zum See und halten uns dort links. An der Seepromenade spazieren wir rechts weiter entlang des Nepomukwegs bis zum **Hallenbad Starnberg**, biegen dort rechts ab und folgen dem Weg weiter geradeaus entlang des nördlichen Seeufers. Bei gutem Wetter sieht man von hier über den See hinweg bis zur Zugspitze. Zwei hölzerne Fußgängerbrücken führen uns über den Kanal, und nach wenigen Metern erreichen wir das Restaurant **Seestub'n** mit Badestrand.

Weiter entlang des Uferwegs wandernd, genießen wir die wunderschönen Ausblicke und erreichen dann über ein paar Treppenstufen den Uferweg in **Kempfenhausen**. Hier mietete Ludwig II. im Sommer 1864 für seinen Freund, den Komponisten Richard Wagner, die Villa Pellet in der Münchner Straße 57; eine Gedenktafel erinnert an das »Wagner-Haus«.

Geradeaus über die Seestraße geht es weiter bis zur **Schiffsanlegestelle Berg**, von wo aus sich Schiffsfahrten nach Starnberg und Possenhofen anbieten. Wir folgen aber weiter der Straße bergauf (Wittelsbacher Straße) und kommen am **Schloss Berg** (rechter Hand) vorbei, das sich im Privatbesitz der Wittelsbacher Familie befindet und nicht besichtigt werden kann. Nach ca. 250 Metern biegen wir rechts in die Straße Am Hofgarten ab, gelangen zum **Parkeingang** und folgen den Wegweisern des *König-Ludwig-Wegs* bis zur **Votivkapelle**. Der Onkel Ludwigs II., Prinz Luitpold von Bayern, erteilte zehn Jahre nach dem Tod seines Neffen den Bauauftrag für die Gedächtniskapelle St. Ludwig, die im byzantinisch-romanischen Stil erbaut und am 13. Juni 1900 mit einem Gedenkgottesdienst geweiht wurde. Das Innere der Votivkapelle ist in royalem Blau gehalten, Ludwigs Lieblingsfarbe. Zwar ist es nicht erwiesen, dass Kaiserin Elisabeth jemals hier war, jedoch fühlte sie sich zeitlebens ihrem »Königsvetter« seelisch verbunden, weshalb dieser Ort in dieses Buch mit aufgenommen wurde.

Der Rückweg erfolgt auf dem Hinweg.

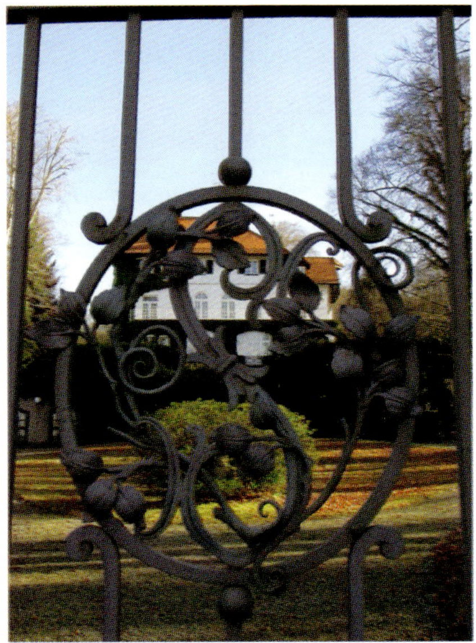

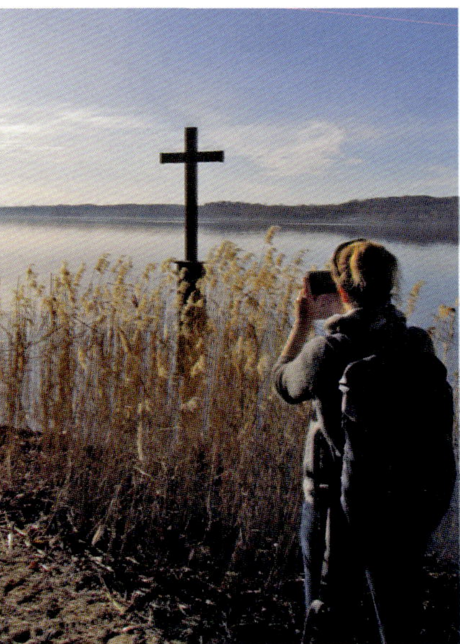

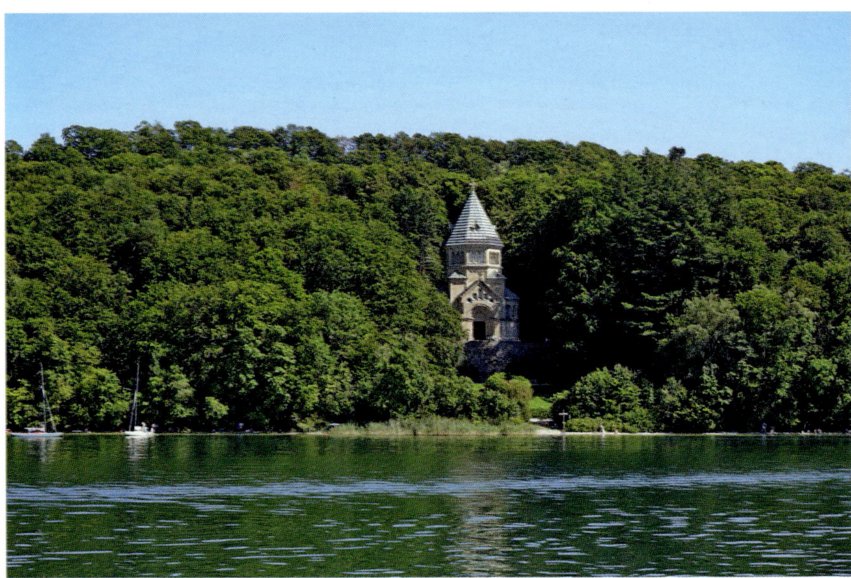

◂ Hinter kunstvoll geschmiedeten Toren stehen Luxusvillen am Starnberger See.

▸ Das Kreuz im Starnberger See erinnert an die Stelle, wo König Ludwig II. tot aufgefunden wurde.

▾ Besonders schön ist der Blick vom See auf die Votivkapelle.

Auf einen Blick

AUSGANGS-/ENDPUNKT

S-Bahnstation Starnberg
GPS: N47° 59.755' E11° 20.578'

ANFAHRT

Bus & Bahn: Vom Hauptbahnhof München mit der Regionalbahn oder der S6 bis Starnberg. Rückweg wie Hinweg oder entweder mit dem Schiff von Berg zurück nach Starnberg oder mit Bus 975 bis Starnberg-Nord
Auto: A 95 bis Ausfahrt Starnberg und dort zum Bahnhof Starnberg-Nord

GEHZEIT UND SCHWIERIGKEIT

Diese Tour von ca. 7 km Länge über Wege und Nebenstraßen ohne nennenswerte Höhenunterschiede kann man gut in 2.30–3 Std. bewältigen.

EINKEHR

Restaurant Seestub'n Percha (seestubn-percha.de)

ZUSÄTZLICHE HINWEISE

An der Strecke findet man Infotafeln zu »König Ludwig II. – sagenumwobenes Leben und geheimnisvoller Tod am Starnberger See« mit QR-Codes zum Scannen – mit diesem Audiospaziergang wird der »Kini« wieder lebendig (weitere Infos unter starnbergammersee.de/entdecken-erleben/audiospaziergaenge).

INFORMATION

starnbergammersee.de,
seenschifffahrt.de/de/starnberger-see

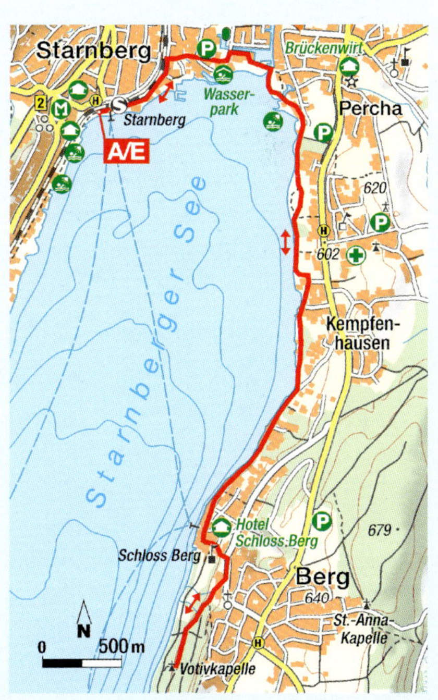

7

Zum Kalvarienberg in Feldafing

KAISERLICHER SEHNSUCHTSORT AM KREUZWEG

Kaiserin Elisabeth war mit einer Kreuzwegstation die prominenteste Stifterin am Kalvarienberg. Sie soll während ihrer Aufenthalte in Feldafing vom Hotel Strauch aus öfters den Kalvarienberg aufgesucht haben.

Den Anstoß zur Errichtung dieses Kreuzwegs gab Eduard Clos, der von 1859 bis 1883 Dorfpfarrer in Feldafing war. Er wollte für seine Feldafinger einen eigenen Kalvarienberg, und so wurde 1864 mit dem Bau der Anlage begonnen – doch der zog sich hin: Erst 1887 wurden die Kreuze aufgestellt, die Einweihung fand am 9. September 1888 zu Ehren der Diamantenen Hochzeit des Herzogpaars Ludovika und Max in Bayern statt, den Eltern von Sisi.

Die 14 Stationen beschreiben den Leidensweg Christi, von der Verurteilung durch Pontius Pilatus bis zur Kreuzigung und Grablegung. Die Bildschreine wurden kunstvoll als kolorierte Kalksteinreliefs gestaltet. Außergewöhnlich ist die Kreuzigungsgruppe mit ihrer ungewöhnlichen Kreuzform und der Christusfigur aus Zinnguss. Gegenüber der Station 8 befindet sich die Kerkerzisterne, auch das eine Besonderheit dieses Kalvarienberges, der – durch Wind und Wetter in Mitleidenschaft gezogen – saniert werden musste und 1962 nach Abschluss der Renovierungsarbeiten wieder feierlich geweiht werden konnte. Auch Anfang der 1990er-Jahre wurde er nochmals aufwendig saniert. Heute ist er Eigentum der Gemeinde Feldafing – ein wertvolles

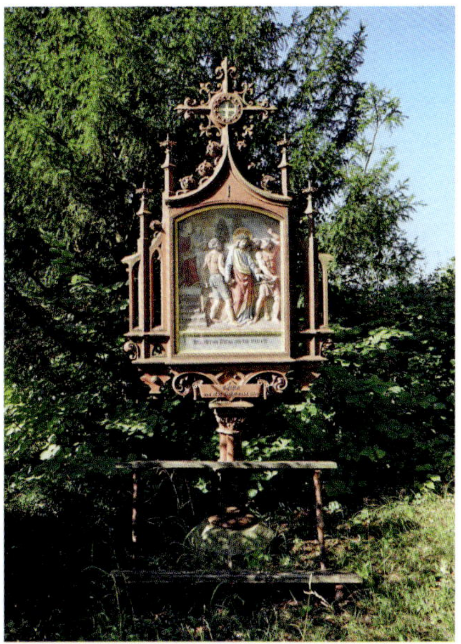

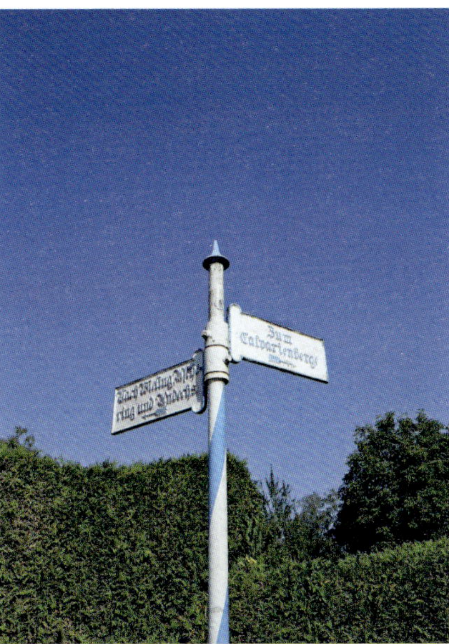

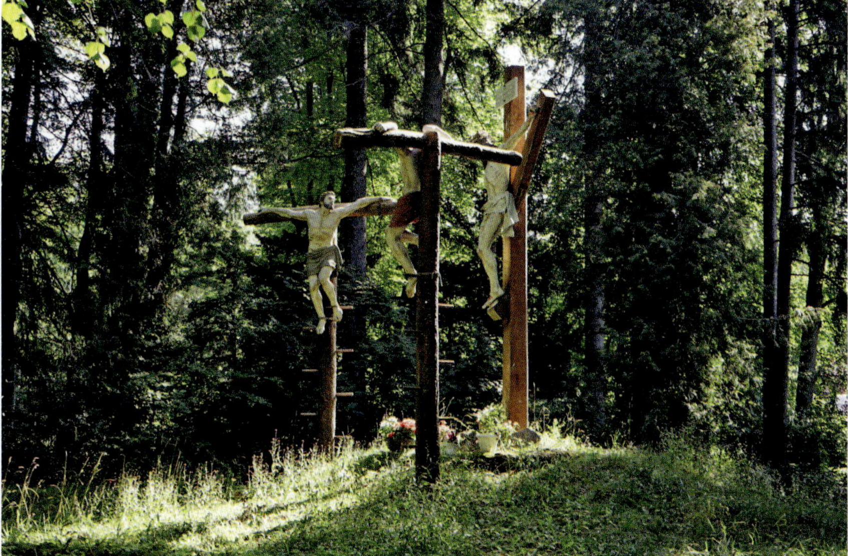

◀ Die Bildschreine wurden kunstvoll als kolorierte Kalksteinreliefs gestaltet.
▶ Ein liebevoll in altdeutscher Schrift verfasster Wegweiser zeigt uns den richtigen Weg.
▼ Die Kreuzigungsgruppe gehört zu den bedeutendsten kirchlichen Denkmälern in Bayern.

Kulturgut, das zu den bedeutendsten kirchlichen Denkmälern in Bayern gehört. Sisi soll während ihrer Aufenthalte in Feldafing des Öfteren diesen besonderen Ort aufgesucht haben.

Wir beginnen unsere Wanderung am **Bahnhof von Feldafing** und verlassen diesen über die Ascheringer Straße, der wir bergauf zur Wielinger Straße folgen, in die wir links abbiegen. Nach ca. 100 Metern treffen wir auf den Wegweiser »Zum Calvarienberg« in altdeutscher Schrift und folgen ihm nach rechts bergwärts entlang der Kalvarienbergstraße. Nach ca. 250 Meter finden wir neben der Holzbank etwas rechts das eiserne **Eingangstor**. Ein schmaler Rundweg führt uns nun an allen 14 Stationen und der **Kreuzigungsgruppe** vorbei. Es ist ein wunderbar stiller und besinnlicher Ort, der zum Innehalten einlädt.

Wir gehen anschließend die Kalvarienbergstraße bis zu ihrem Ende und folgen dort dem einsamen Waldweg ca. 150 Meter nach rechts. Dann biegen wir links ab und erreichen nach etwa 400 Metern den Eingang zum Friedhof. Der schön angelegte alte **Friedhof am Gallerberg** bietet einen wundervollen Blick auf Feldafing und in Richtung Berge. Hier findet man auch einige denkmalgeschützte figurengeschmückte Grabmäler aus der Zeit Anfang des 20. Jahrhunderts, darunter Gräber bekannter Villenbesitzer wie Biersack, Kraft, Mahla und Sythoff sowie das Grab des Kammersängers Heinrich Knote.

Über den **südlichen Ausgang** und den Friedensweg erreichen wir die Pöckinger Straße, der wir nach rechts ein kurzes Stück bis zur Bahnunterführung folgen. Über die Bahnhofstraße gelangen wir alsdann zurück zu unserem Ausgangspunkt, dem **Bahnhof Feldafing**.

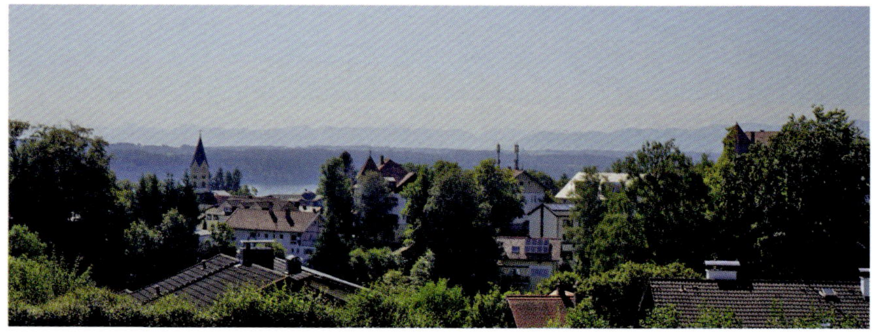

Vom Friedhof am Gallerberg hat man einen wundervollen Blick auf Feldafing und den Starnberger See.

Auf einen Blick

AUSGANGS-/ENDPUNKT

S-Bahnhof Feldafing
GPS: N47° 56.826' E11° 17.433'

ANFAHRT

Bus & Bahn: Vom Hauptbahnhof München mit der S6 Richtung Tutzing bis Feldafing
Auto: A 95 bis Ausfahrt Starnberg und auf der St 2063 am Ufer des Starnberger Sees entlang bis Feldafing

GEHZEIT UND SCHWIERIGKEIT

Der Rundweg ist insgesamt rund 4 km lang und in 1 Std. gut zu schaffen – man sollte aber zusätzlich für den Kreuzweg etwas Zeit zur Besinnung einplanen. Der idyllische Spaziergang auf Straßen und Waldwegen ohne nennenswerte Höhendifferenzen und Schwierigkeiten führt zu aussichtsreichen, beschaulichen Plätzen. Bei Nässe ist Vorsicht geboten, da die Waldwege rutschig sein können.

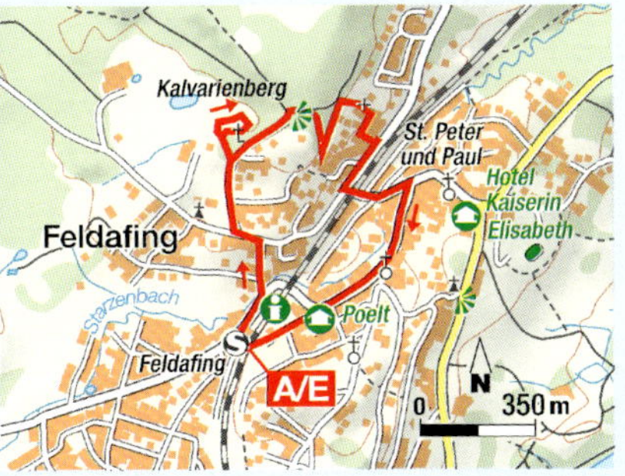

EINKEHR

Gasthaus Poelt (gasthaus-poelt.de)

ZUSÄTZLICHE HINWEISE

Diese Tour kann man gut mit den Touren 2 und 8 verbinden.

AUCH INTERESSANT

Für eine Führung auf dem Kalvarienberg kann man sich bei der Gemeinde Feldafing nach einem Termin erkundigen (Tel. 08157/931 10). Die Bahnhöfe in Possenhofen und Feldafing sind baugleich, sie wurden von König Ludwig II. in Auftrag gegeben.

INFORMATION

starnbergammersee.de,
seenschifffahrt.de/de/starnberger-see

8

Über Garatshausen nach Tutzing

MAJESTÄTISCHES SPAZIERVERGNÜGEN MIT SCHIFFSPASSAGE

»*Ganz gedankenlos lebe ich hier, so wie ich es liebe ...*«, schrieb Elisabeth an ihre ungarische Vertraute am Hof, Ida Ferenczy. Die Kaiserin genoss die Sommerfrische am Starnberger See, sie besuchte ihre Familie, machte Reitausflüge und spazierte mit ihrer kleinen Tochter am Seeufer entlang.

Während der Sommermonate hielt sich Elisabeth gern am Starnberger See auf. Da Schloss Possenhofen aber längst nicht mehr standesgemäß und für ihre Familie auch viel zu klein geworden war, bewohnte sie zunächst das Schloss ihres ältesten Bruders Ludwig in Garatshausen, das sie im Juli 1869 sogar für sechs Monate anmietete. Ab 1870 war das Hotel Strauch (heute Hotel Kaiserin Elisabeth) ihre Residenz (vgl. Seite 52 »Außerdem sehenswert«).

Schloss Garatshausen mit seinen markanten vier Ecktürmen ist in seiner ganzen Pracht am besten vom See aus zu sehen. Das im 16. Jahrhundert erbaute Schloss erwarb Sisis Vater Herzog Max in Bayern 1834. Später vermachte er es seinem Sohn Ludwig, dem ältesten Bruder Elisabeths. Danach ging es in den Besitz von Sisis jüngerer Schwester Marie, der Königin von Neapel, über. Die letzte Schlossbesitzerin aus der herzoglichen Familie war Helene, die älteste Schwester Sisis – sie ließ die Kapelle erbauen und das Schloss erweitern. Helene heiratete den Erbprinzen Maximilian von Thurn und Taxis, und nach Helenes Tod ging das Anwesen in den Besitz dieser Fürstenfamilie über. Fürstin Gloria

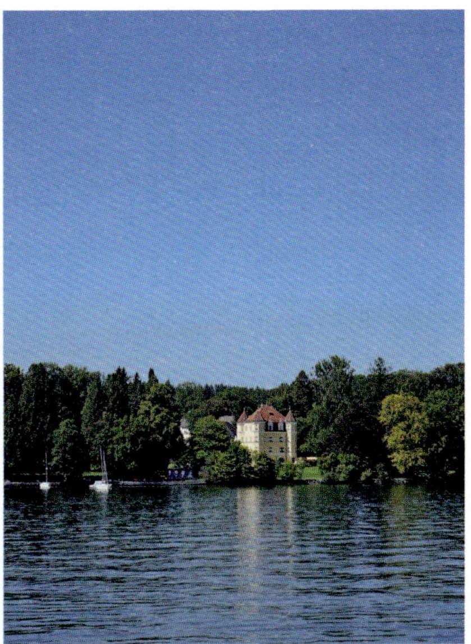

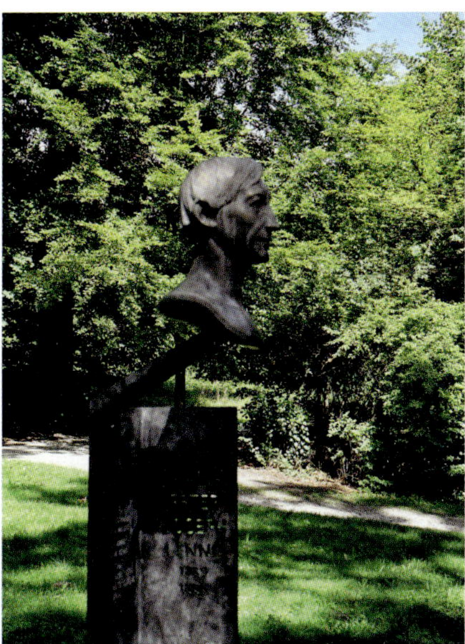

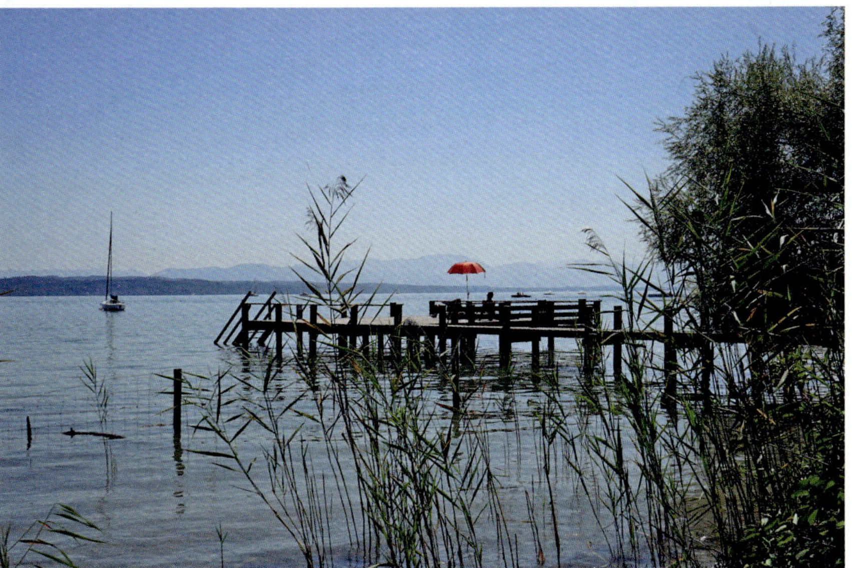

◀ Die schönste Aussicht auf Schloss Garatshausen hat man während einer Schifffahrt über den Starnberger See.
▶ Das Lenné-Denkmal am Ufer des Starnberger Sees zwischen Feldafing und Garatshausen
▼ Badestelle in der Nähe von Schloss Garatshausen am Starnberger See

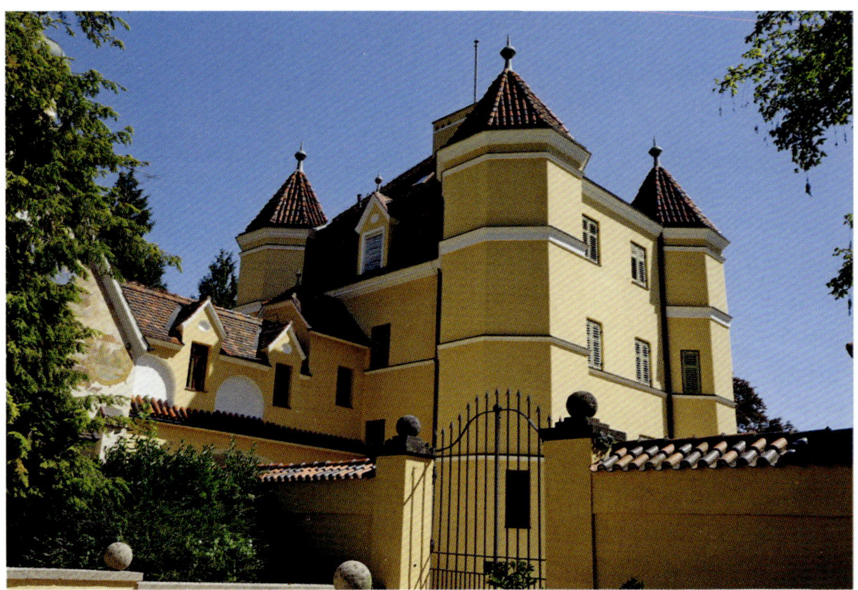

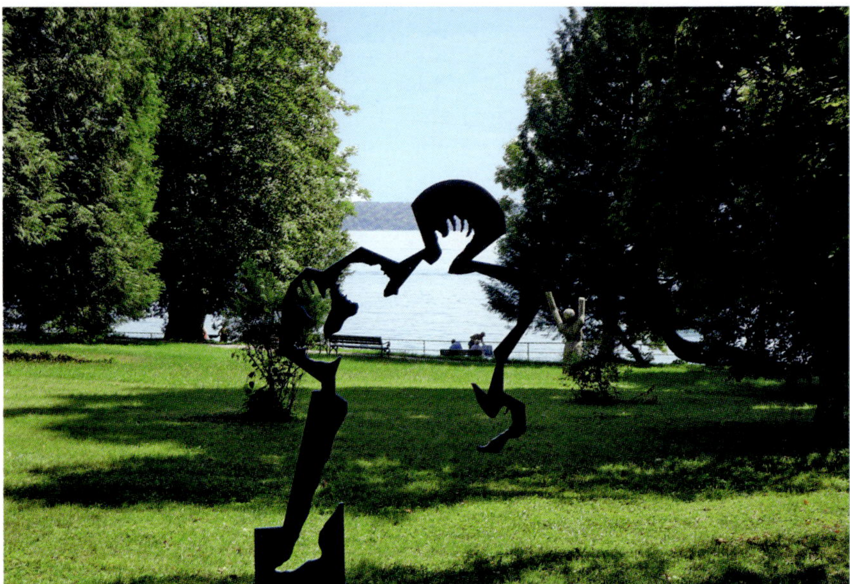

▲ Schloss Garatshausen war ein Sommer-Sehnsuchtsort von Sisi.
▼ Moderne Kunst unter uralten Bäumen – wie die »Metamorphose blau« von Bildhauer Baird Cornell – gibt es im Schlosspark von Garatshausen.

von Thurn und Taxis verweilt auch heute noch die Sommermonate über oft im Schloss Garatshausen. Neben dem Schloss befindet sich heute eine Seniorenresidenz des BRK.

Wir beginnen unsere Wanderung am **Bahnhof in Feldafing** und gelangen über die Bahnhofstraße nach ca. 400 Metern rechts in den Kirchweg, der alsbald in den Kapellenweg übergeht. Linker Hand können wir am Tennisplatz durch den Strauchbewuchs hindurch das Kaiserin-Elisabeth-Denkmal im Park des gleichnamigen Hotels (ehem. Hotel Strauch) erblicken. Am Ende des Kapellenwegs treffen wir auf einen kleinen Park mit Bänken, einem **Löwen-Kriegerdenkmal** und der **Maffei-Kapelle**.

An der Kapelle wählen wir einen schmalen Fußweg und steigen über Treppen hinunter zur Tutzinger Straße, die wir überqueren. Wir biegen links in den Trampelpfad hinter der Hecke ein und erreichen nach ein paar Metern den Elisabethweg (Wegweiser), der uns über den Golfplatz ans Seeufer bringt. Am **Seeuferweg** halten wir uns rechts und gelangen nach ca. 250 Metern zur kleinen **Bootsanlegestelle**, wo man mit einer Glocke nach dem Fährmann läuten kann, um auf die Roseninsel (s. Tour 2) überzusetzen. Wir folgen hier weiter dem Seeuferweg und genießen dabei den Blick über den See hinweg auf die Berge. Direkt am See erreichen wir alsbald die **Gedenkstätte zu Ehren Peter Joseph Lennés**. Der preußische Gartenarchitekt und General-Gartendirektor, der u. a. den Schlosspark in Sanssouci gestaltete, wirkte auch hier am Starnberger See und auf der Roseninsel.

Dem Seeuferweg weiter folgend, kommen wir nach etwa zwei Kilometern ab der Lenné-Gedenkstätte nach **Garatshausen**. Die Einfahrt zum **Schloss** auf dem Gelände des BRK »Schloss Garatshausen Pflegen und Wohnen am See« ist ausgeschildert. Im Park der Seniorenresidenz kann man moderne Kunstwerke bewundern und unter den alten Bäumen Schattenplätzchen zum Verweilen finden; auch die Parkbänke am See laden zum Rasten und Baden ein.

Wir wandern weiter am Seeufer entlang und passieren dabei das Hans-Albers-Haus, den Freibadkiosk, die Akademie für politische Bildung und die **Brahmspromenade** in Tutzing.

Nach weiteren 1,5 Kilometern ab dem Schloss Garatshausen erreichen wir die **Schiffsanlegestelle in Tutzing**. Auf der großen Rasenfläche mit der Mariensäule stand bis 1988 das Hotel Seehof, in dem einst die Kaiserin und auch ihre Tochter Gisela mit Prinz Leopold zu Gast waren.

In den Sommermonaten kann man von hier mit dem Schiff den Rückweg antreten oder alternativ nach links am Schloss Tutzing (Evangelische Akademie) vorbeilaufen und weiter geradeaus über Hauptstraße und Hallberger Allee in die Bahnhofstraße und über diese zum Bahnhof Tutzing gelangen, von wo man mit der S-Bahn nach **Feldafing** zurückfahren kann.

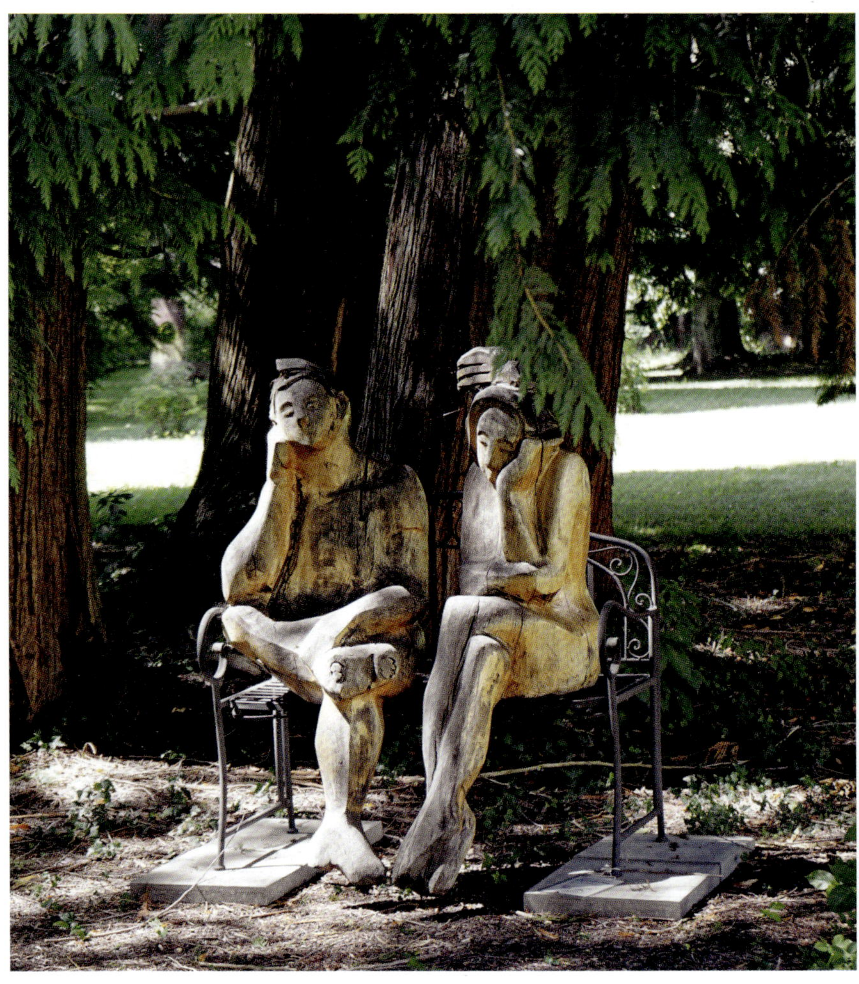

Im historischen Schlosspark mit altem Baumbestand findet man einen inspirierenden Kunst-Parcours, z. B. das romantisch träumende, in Gedanken versunkene Pärchen auf einer Gartenbank (»Träumelinchen«, Eichenskulpturen von Stefanie von Quast).

Auf einen Blick

AUSGANGS-/ENDPUNKT

S-Bahnhof Feldafing
GPS: N47° 56.826' E11° 17.433'

ANFAHRT

Bus & Bahn: Vom Hauptbahnhof München mit der S6 Richtung Tutzing bis Feldafing
Auto: A 95 bis Ausfahrt Starnberg und auf der St 2063 am Ufer des Starnberger Sees entlang nach Feldafing

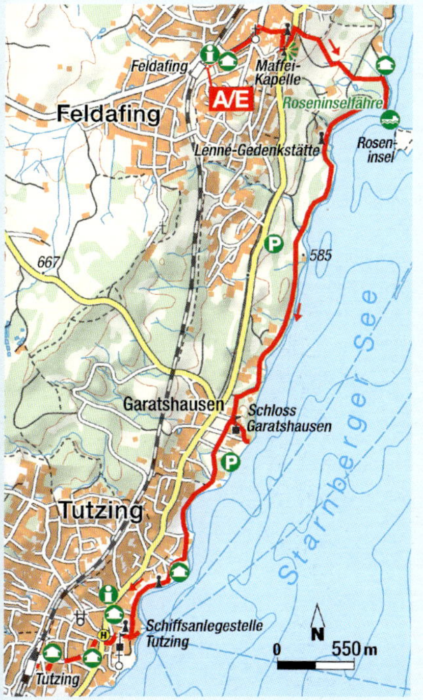

GEHZEIT UND SCHWIERIGKEIT

Die ca. 9 km lange Wanderung (ca. 2.30 Std.) bringt uns zu wunderschönen Badeplätzen am See und zu besinnlichen Sehnsuchtsorten. Der Spaziergang verläuft auf Straßen und Waldwegen ohne nennenswerte Höhendifferenzen und Schwierigkeiten. Unbedingt genügend Zeit für Rast, Baden und Einkehr einplanen!

EINKEHR

BRK Café-Restaurant Schloss Garatshausen (schloss-garatshausen.de)

ZUSÄTZLICHE HINWEISE

Diese Wanderung kann man gut mit den Touren 2 und 7 kombinieren. Im Sommer Badesachen mitnehmen! Von Mai bis Anfang Okt. verkehrt die Schifffahrt auf dem Starnberger See (seenschifffahrt.de/de/starnberger-see) – so kann man von Tutzing das Schiff nach Starnberg nehmen und von dort mit der S6 nach Feldafing zurückfahren.

INFORMATION

starnbergammersee.de

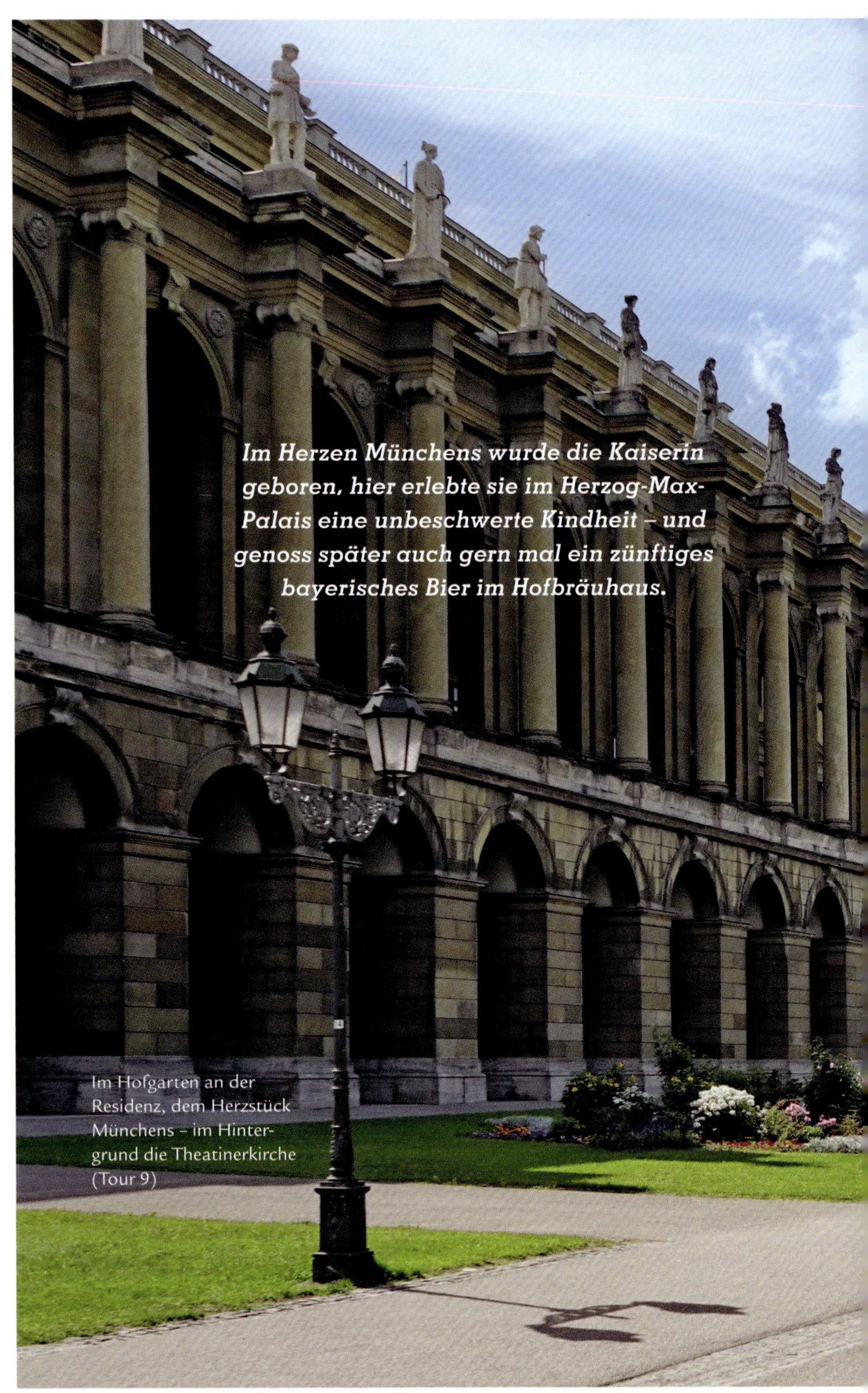

Im Herzen Münchens wurde die Kaiserin geboren, hier erlebte sie im Herzog-Max-Palais eine unbeschwerte Kindheit – und genoss später auch gern mal ein zünftiges bayerisches Bier im Hofbräuhaus.

Im Hofgarten an der Residenz, dem Herzstück Münchens – im Hintergrund die Theatinerkirche (Tour 9)

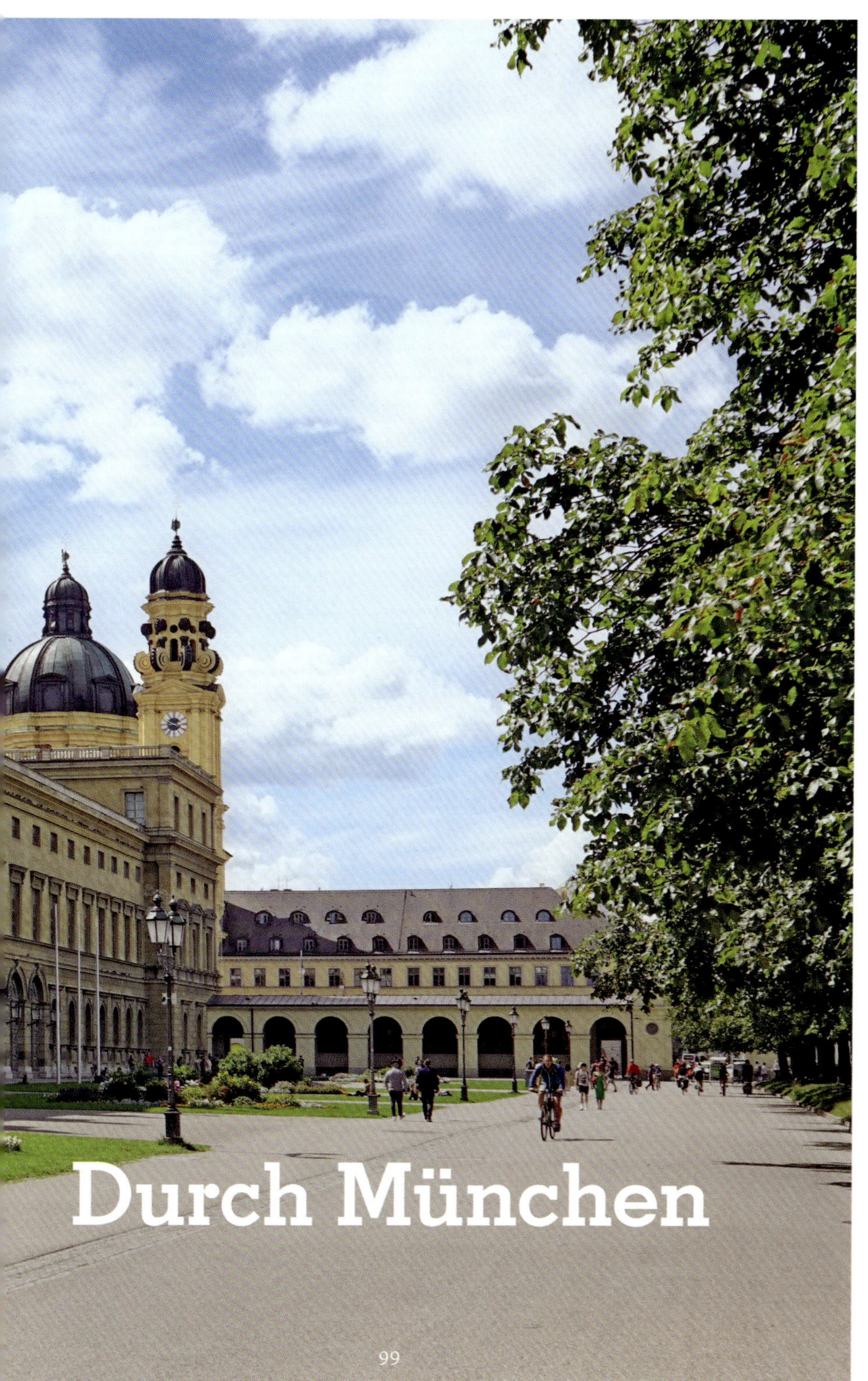

Durch München

9

Münchens kaiserliche Highlights – Teil 1

WO ALLES BEGANN – ELISABETHS GEBURT UND KINDHEIT

Das Geburtshaus der Kaiserin in der Ludwigstraße, die Universität und das Siegestor gehören zum Münchner Stadtteil Maxvorstadt, benannt nach dem ersten bayerischen König Max I. Joseph. Kaiserin Elisabeth verbrachte als Kind gern Zeit in den Parks und am Isarufer.

Wir beginnen unseren Spaziergang am **Odeonsplatz**, wo die leuchtend gelbe spätbarocke **Theatinerkirche** steht, deren Kuppel (innen) an den Petersdom in Rom erinnert. In der Kirche befindet sich auch die Fürstengruft, wo viele Mitglieder des Hauses Wittelsbach ihre letzte Ruhestätte fanden. Die markante, im klassizistischen Stil errichtete dreibogige offene **Feldherrnhalle** ließ Ludwig I. erbauen. Sie wurde nach dem Vorbild der Loggia dei Lanzi in Florenz von Friedrich von Gärtner errichtet.

Wir begeben uns rechts durch das Hofgartentor und erreichen den **Hofgarten**. Links unter Kastanien finden wir den schönen Biergarten des Cafés Tambosi. Auf der rechten Seite sehen wir einen Gebäudeflügel der **Residenz**, die als einer der prachtvollsten Herrschbauten Europas gilt und seit dem 16. Jahrhundert der Regierungssitz der Wittelsbacher war. Bereits im Oktober 1853, als Kaiser Franz Josef I. seiner Braut einen Besuch abstattete, tanzte das Brautpaar im großen Saal der Residenz. Nach der Hochzeit von Elisabeth und Franz Josef im April 1854 fand kurz darauf im Thronsaal der Münchner Residenz der feierliche Renunziationsakt für Sisi statt. Auch dem jungen Hochzeitspaar Erzherzogin Gisela (Tochter von Sisi) und Prinz Leopold

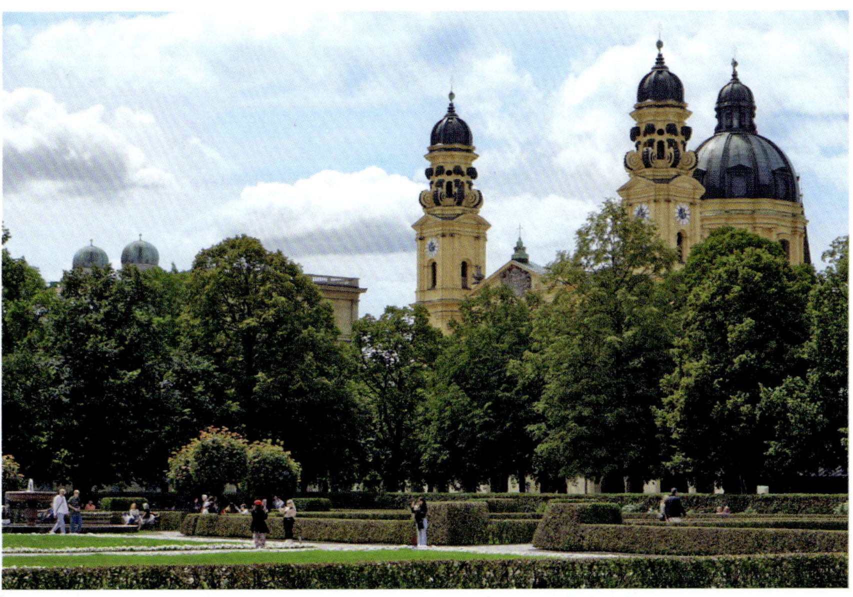

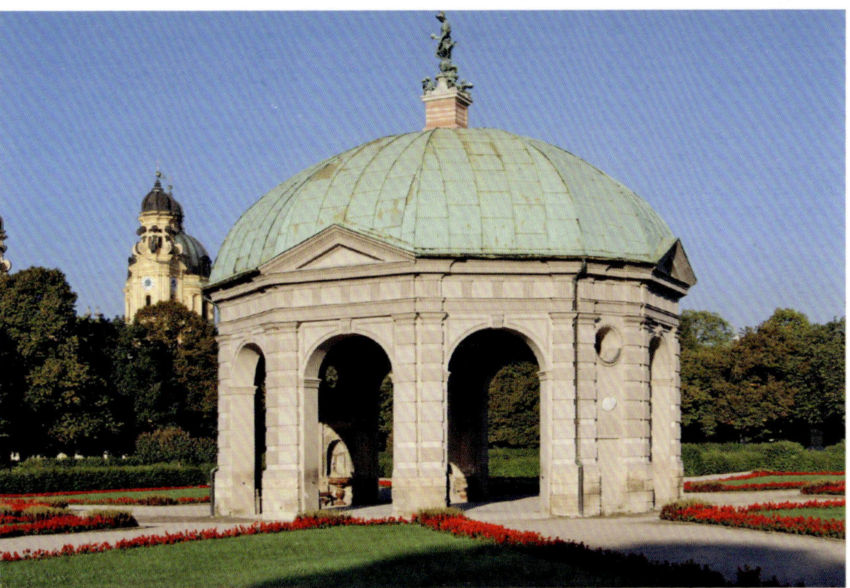

▲ Blick vom Hofgarten auf die imposante Theatinerkirche
▼ Der Dianatempel im Hofgarten – hier spielen in den Sommermonaten oft Musikanten zum Tanz auf.

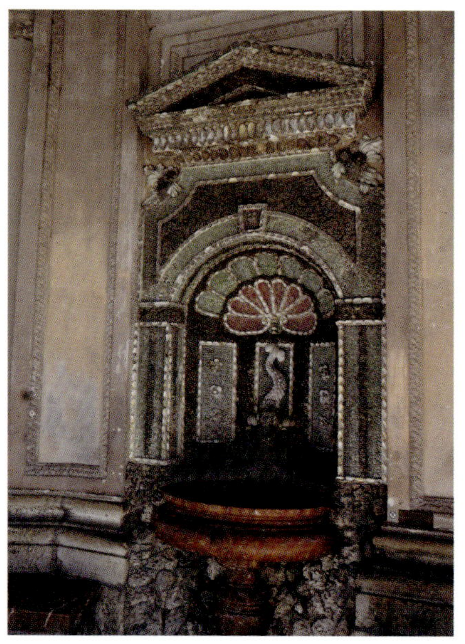

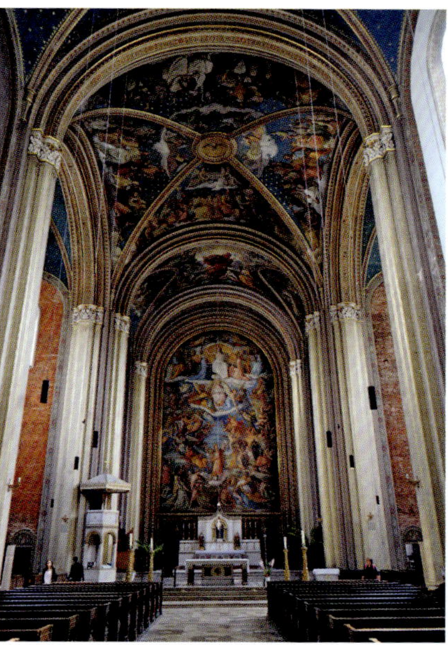

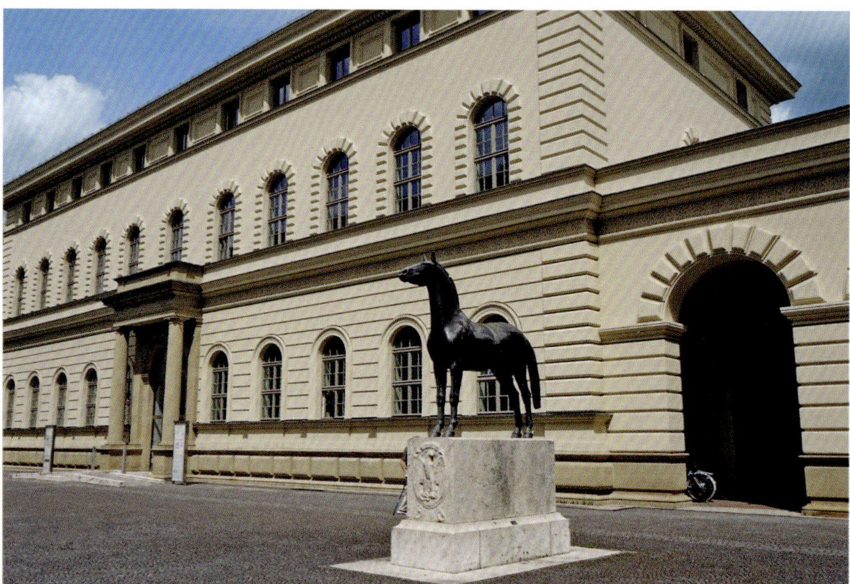

◀ Wunderschöne Mosaikarbeit eines Brunnens im Dianatempel im Hofgarten
▶ Das riesige Altarfresko in der Ludwigskirche ist unbedingt sehenswert.
▼ Das Staatsarchiv München in der Schönfeldstraße

von Bayern wurde 1873 ein königlicher Empfang in der Residenz bereitet. Mit dem berühmten Prachtgalawagen König Ludwigs II. wurden sie vom Bahnhof abgeholt; anschließend führte der feierliche Zug entlang der Ludwigstraße in das neue Heim der Jungvermählten in der Schwabinger Landstraße Nr. 6 (heute Leopoldstraße).

Auch der im Stil der Renaissance errichtete Hofgarten gehört zur Residenz. Im Zentrum des kleinen Parks steht der **Dianatempel** – die acht Bögen des Pavillons bilden das Zentrum der Parkwege, die von dort durch den Hofgarten führen. Erst ab Ende des 18. Jahrhunderts durften auch die Bürger durch den schönen Park flanieren.

Wir verlassen den Hofgarten in nördlicher Richtung durch einen Gebäudedurchgang in die Galeriestraße und kommen dabei am **Theatermuseum** vorbei. Von der Galeriestraße aus halten wir uns links und gelangen nach wenigen Metern in die Ludwigstraße. Wir folgen der im Stil einer klassizistischen Prachtstraße angelegten Verkehrsader ca. 150 Meter geradeaus, bis wir auf der linken Straßenseite Sisis Geburtsort in der Ludwigstraße 13, das Herzog-Max-Palais (heute Sitz der Bundesbank in Bayern), erreichen. Eine Gedenktafel an dem neoklassizistischen Gebäude erinnert an die kaiserliche Historie; das Originalgebäude des Architekten Leo von Klenze wurde allerdings 1937 von den Nationalsozialisten abgerissen. Herzog Max in Bayern ließ einst sogar ein Hippodrom neben seinem Palais erbauen, denn die kleine Sisi liebte Zirkusvorstellungen, Pantomimen und Reitaufführungen.

Gegenüber vom Herzog-Max-Palais befindet sich in der Ludwigstraße 14 das **Geheime Hausarchiv der Wittelsbacher**. Nutzt man die Unterführung, um dorthin zu gelangen, kann man dabei moderne Kunst bewundern, die auch Sisi und König Ludwig I. darstellt.

Wir folgen der Ludwigstraße weiter in Richtung Siegestor und passieren die schöne Kirche **St. Ludwig** mit ihren Doppeltürmen. Wir können gut nachfühlen, wie es Sisi ergangen sein muss, als sich am 20. April 1854 eine große Menschenmenge von der Ludwigstraße bis zum Siegestor versammelte, um die zukünftige Kaiserin Elisabeth aus ihrer Heimat zu verabschieden. Beim **Siegestor**, als Symbol für den Sieg über das Frankreich Napoleons I. errichtet, biegen wir rechts in die Schackstraße ein. Nach 200 Metern folgen wir rechts für etwa 150 Meter der Königinstraße, biegen am **Veterinärmedizinischen Institut** der Universität München links ab und erreichen den **Englischen**

Garten. Dieser wurde – daher der Name – im Stil einer englischen Gartenanlage errichtet und gehört zu den größten Parkanlagen der Welt.

Wir befinden uns nun im Südteil des Parks, wo sich im Bio-Imbiss & Bio-Biergarten Milchhäusl gleich eine Einkehrmöglichkeit bietet. Von hier spazieren wir auf dem Fuß-/Radweg ca. 350 Meter geradeaus weiter und halten uns dann links. Unser Ziel ist der **Monopteros** auf einem kleinen Hügel mit guter Aussicht über den Englischen Garten und auf die Münchner Altstadt bis zur Frauenkirche. Der Rundtempel wurde von Leo von Klenze im Auftrag von König Ludwig I. erbaut. Vor allem im Sommer ist die Rasenfläche darunter ein beliebter Ort für Sport, Picknick und Sonnenanbetung.

Wir halten uns nun rechts und gehen auf den Hauptweg zu, den wir überqueren. Nach wenigen Metern geradeaus erreichen wir die **Dianabadbrücke** über den **Eisbach**. Wir halten uns hier rechts und bleiben ca. 500 Meter geradeaus auf dem schmalen Spazierweg parallel zur Lerchenfeldstraße, passieren rechts die Sportanlage Am Hirschanger und kommen zur bekannten Einkehr Fräulein Grüneis, die in einem ehemaligen Toilettenhäuschen untergebracht ist – ein nettes Café, in dem bestimmt auch Sisi gern eingekehrt wäre. Von hier ist es nur noch ein Katzensprung bis zur berühmten **Eisbachwelle**: Man folgt dafür einfach den zahlreichen Touristen. Die beste Aussicht auf die Welle hat man von der Prinzregentenstraße.

Folgt man dann der Prinzregentenstraße nach Südosten weiter geradeaus in Richtung des Friedensengels, erreicht man nach ca. 600 Metern die **Luitpoldbrücke** und das Isarufer. Links und rechts entlang der Isar verlaufen schöne Wege, die jedoch längst nicht so einsam mehr sind, wie sie es wahrscheinlich zu Sisis Zeiten einmal waren.

»Doch was ist mir die Frühlingswonne,
Hier in dem fernen, fremden Land?
Ich sehn' mich nach der Heimat Sonne,
Ich sehn' mich nach der Isar Strand.«

Diese Zeilen (dem Gedicht »Sehnsucht« von 1854 entnommen) dichtete die Kaiserin in Laxenburg während ihrer Flitterwochen, so großes Heimweh hatte sie nach München. Hier am Isarufer endet der erste Teil unseres München-Spaziergangs.

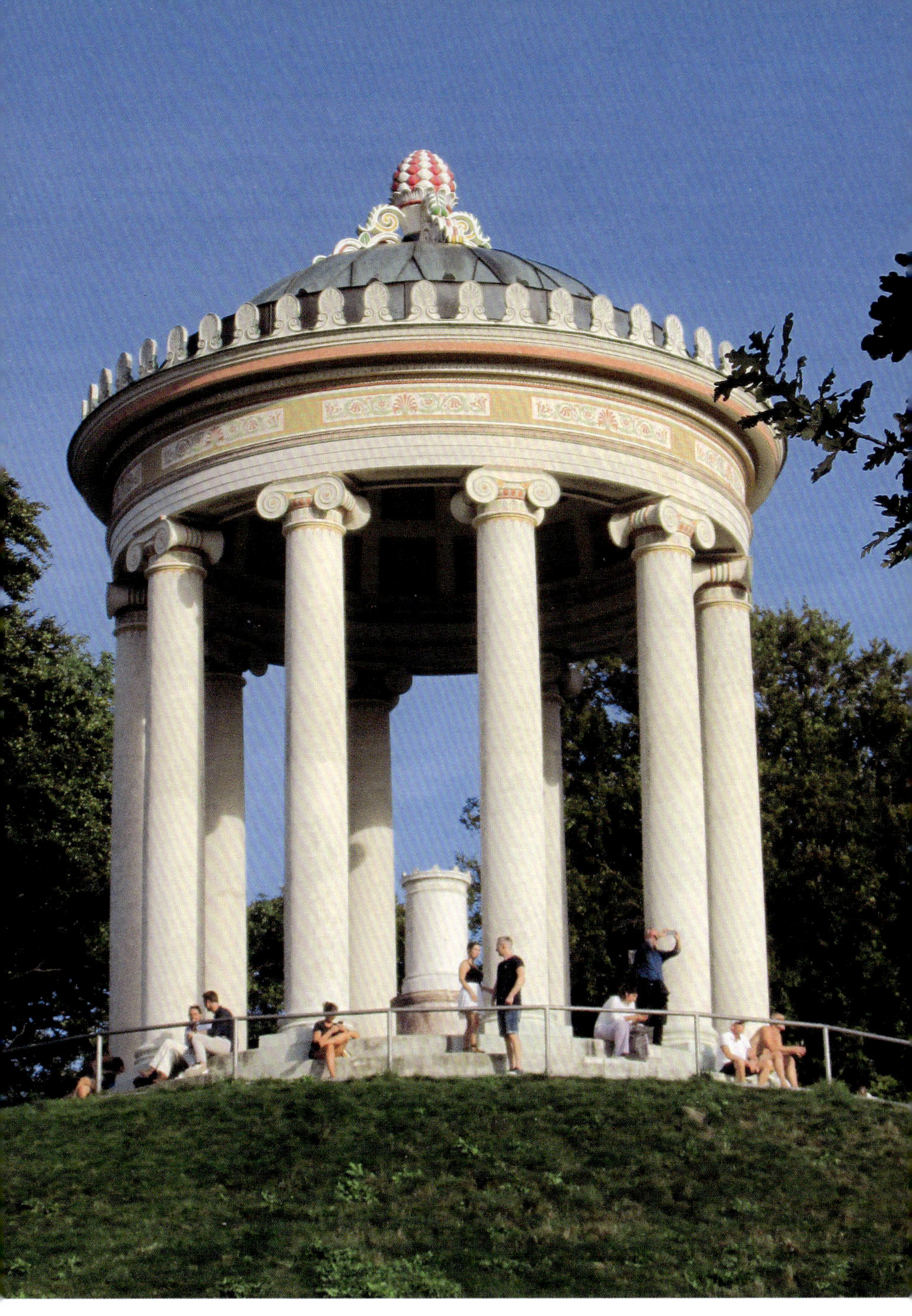

Der Monopteros im Englischen Garten ist besonders zum Sonnenuntergang beliebt.

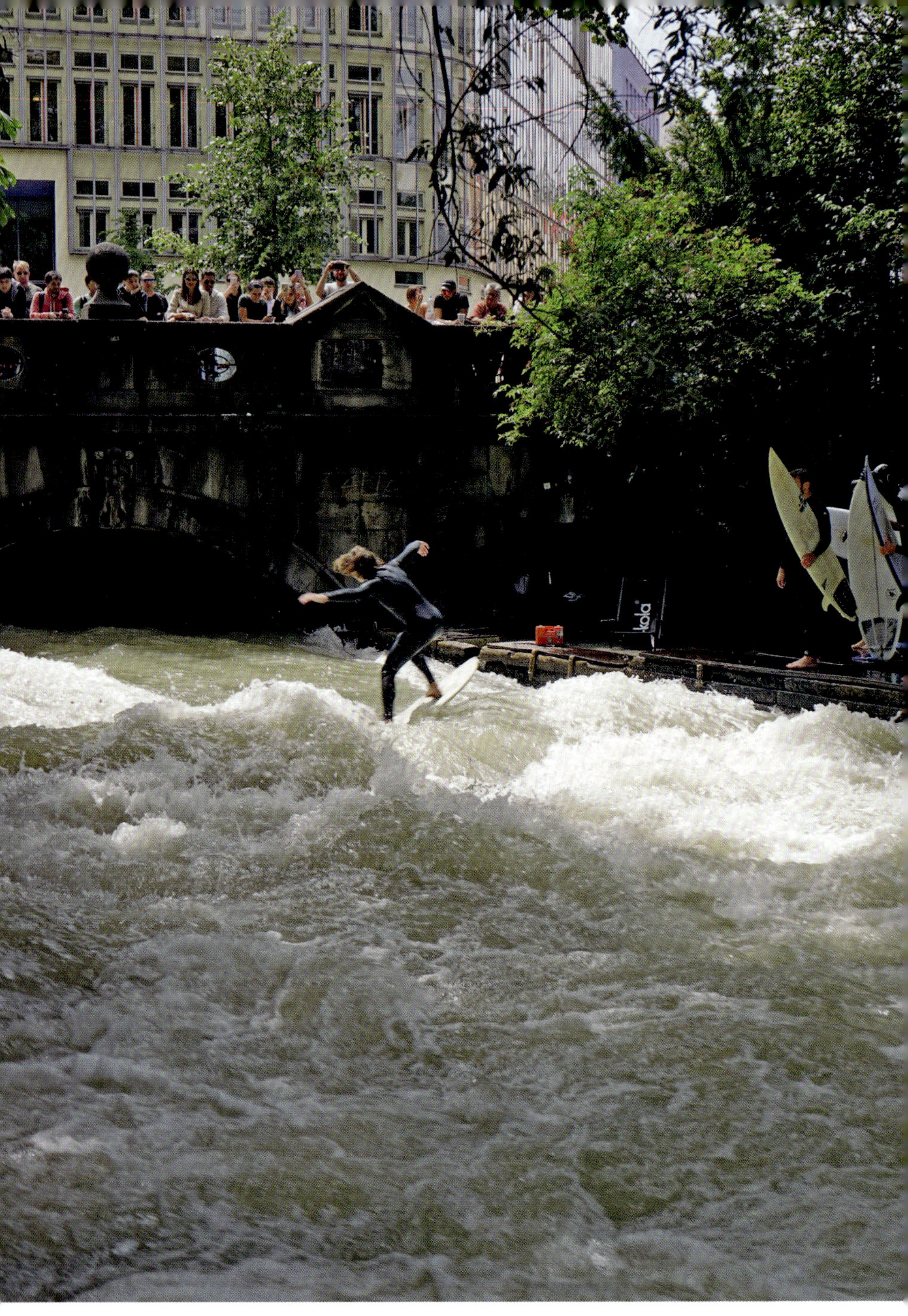

Die Eisbachsurfer locken täglich Hunderte von Touristen an.

Auf einen Blick

AUSGANGSPUNKT

München, Odeonsplatz
GPS: N48° 08.530' E11° 34.655'

ENDPUNKT

München, Luitpoldbrücke/Isarufer
GPS: N48° 08.511' E11° 35.689'

ANFAHRT

Bus & Bahn: Von allen deutschen Großstädten aus bestehen ICE-Verbindungen zum Hauptbahnhof München. Von dort gelangt man mit der U4/U5 zur Haltestelle Odeonsplatz.
Auto: Von Süden A 96, von Westen A 8, von Norden A 9 oder von Osten A 94 nach München, dann am besten P&R am Stadtrand nutzen und mit dem ÖPNV ins Stadtzentrum

GEHZEIT UND SCHWIERIGKEIT

Die Wegstrecke umfasst rund 6 km (kann verkürzt oder verlängert werden), und man sollte gut 2 Std. für den Spaziergang einplanen bzw. noch Extrazeit für Einkehr und Besichtigungen. Es sind keine nennenswerten Höhendifferenzen zu bewältigen.

EINKEHR

Café Tambosi (mit Biergarten im Sommer; tambosi-odeonsplatz.de), Milchhäusl (milchhaeusl.bio), Fräulein Grüneis (fraeulein-grueneis.de)

ZUSÄTZLICHE HINWEISE

Ein Highlight ist die Besichtigung des Monopteros und das Genießen der Aussicht zum Sundowner! Der Spaziergang kann auch auf den Nordteil des Englischen Gartens ausgeweitet werden. Es ist auch möglich, eine Fahrrad-Rikscha durch den Englischen Garten zu buchen (rikschaguide.com). Empfehlenswert ist die Kombination mit Tour 10.

INFORMATION

muenchen-touristeninformation.de

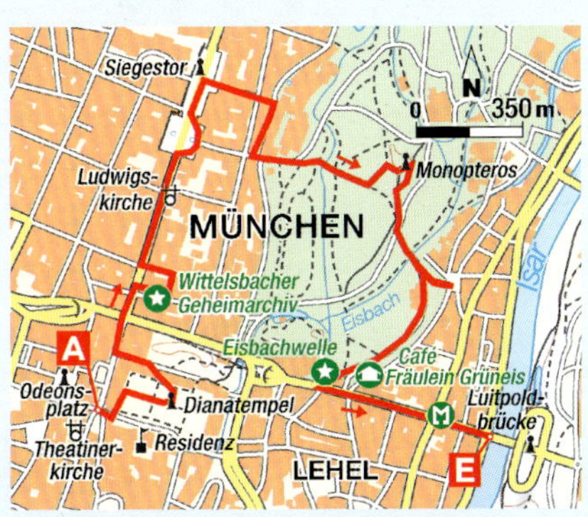

10

Münchens kaiserliche Highlights – Teil 2

MIT SISI MAJESTÄTISCH RESIDIEREN

Auch als österreichische Kaiserin besuchte Sisi ihre Familienangehörigen in München und residierte dabei oft im Hotel Vier Jahreszeiten – zumal es von hier nicht weit zum Hofbräuhaus war, wo sie sich den bayerischen Biergenuss gönnte, der am Hof in Wien eher verpönt war.

Beim **Haus der Kunst** sprudelt die berühmte **Eisbachwelle** (s. Tour 9), die wir als Ausgangspunkt für diesen Spaziergang wählen. Von hier biegen wir links in den Englischen Garten ein und erreichen über die **Wasserfallbrücke**, einen beliebten Fotostopp, und linker Hand am **Japanischen Teehaus** vorbei die Unterführung. Dahinter geht es leicht bergauf und nach wenigen Metern rechts in den kleinen **Dichtergarten**, der im Sommer einige ruhige und schattige Plätzchen bietet. Hier besuchen wir das **Heinrich-Heine-Denkmal**. Heine war ein Dichter, den Sisis sehr verehrte und dem sie sich eng verbunden fühlte; sie kannte lange Passagen seiner Werke auswendig.

Wir verlassen den Park in südöstlicher Richtung, queren die Galeriestraße und gelangen über einen Gebäudedurchgang nahe dem **Theatermuseum** in den **Hofgarten**. Wir halten uns nun links, laufen direkt auf die **Staatskanzlei** zu und verlassen den Hofgarten in Richtung Hofgartenstraße. Links können wir einen Blick auf das dunkle Glasgebäude werfen, wo die Generalverwaltung der Max-Planck-Gesellschaft ihren Sitz hat. Gegenüber stehen wir nun direkt vor dem Apothekenbau der **Residenz** am Marstallplatz. Der **Brunnenhof**, den man erreicht, wenn man durch den Torbogen geht und sich nach ein paar

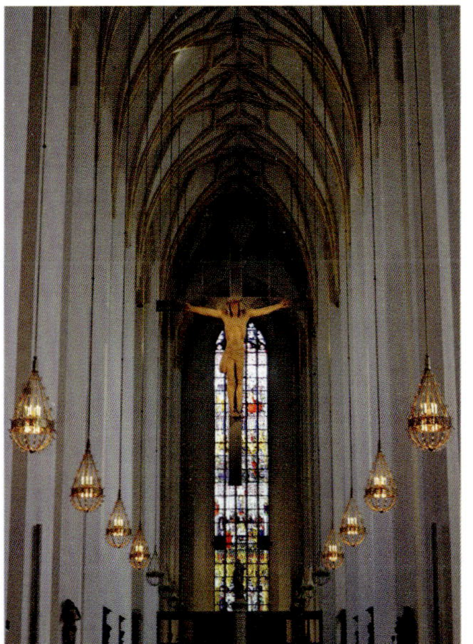

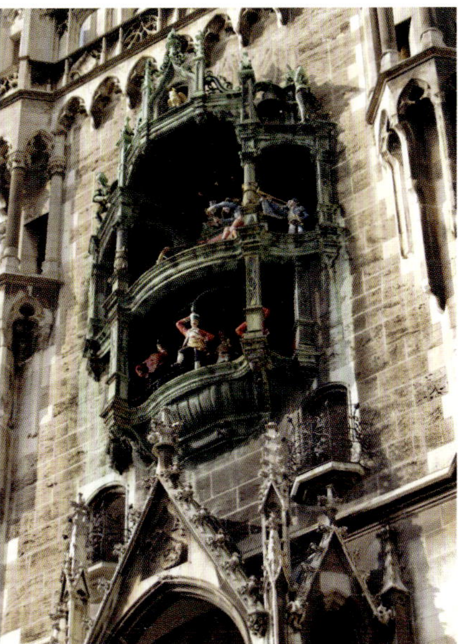

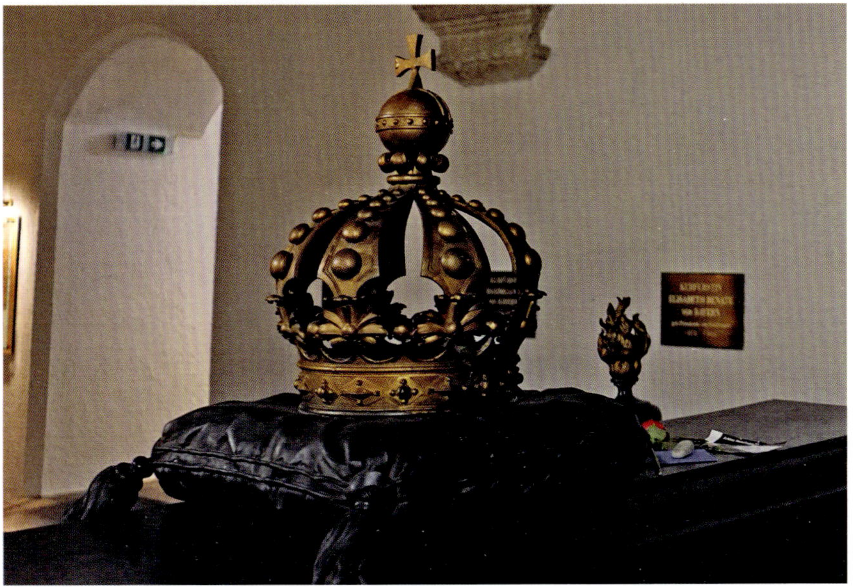

◄ Altarraum und Kreuz der spätgotischen Frauenkirche
► Das Glockenspiel im Neuen Rathaus am Marienplatz
▼ Die Gruft König Ludwigs II. in der Kirche St. Michael

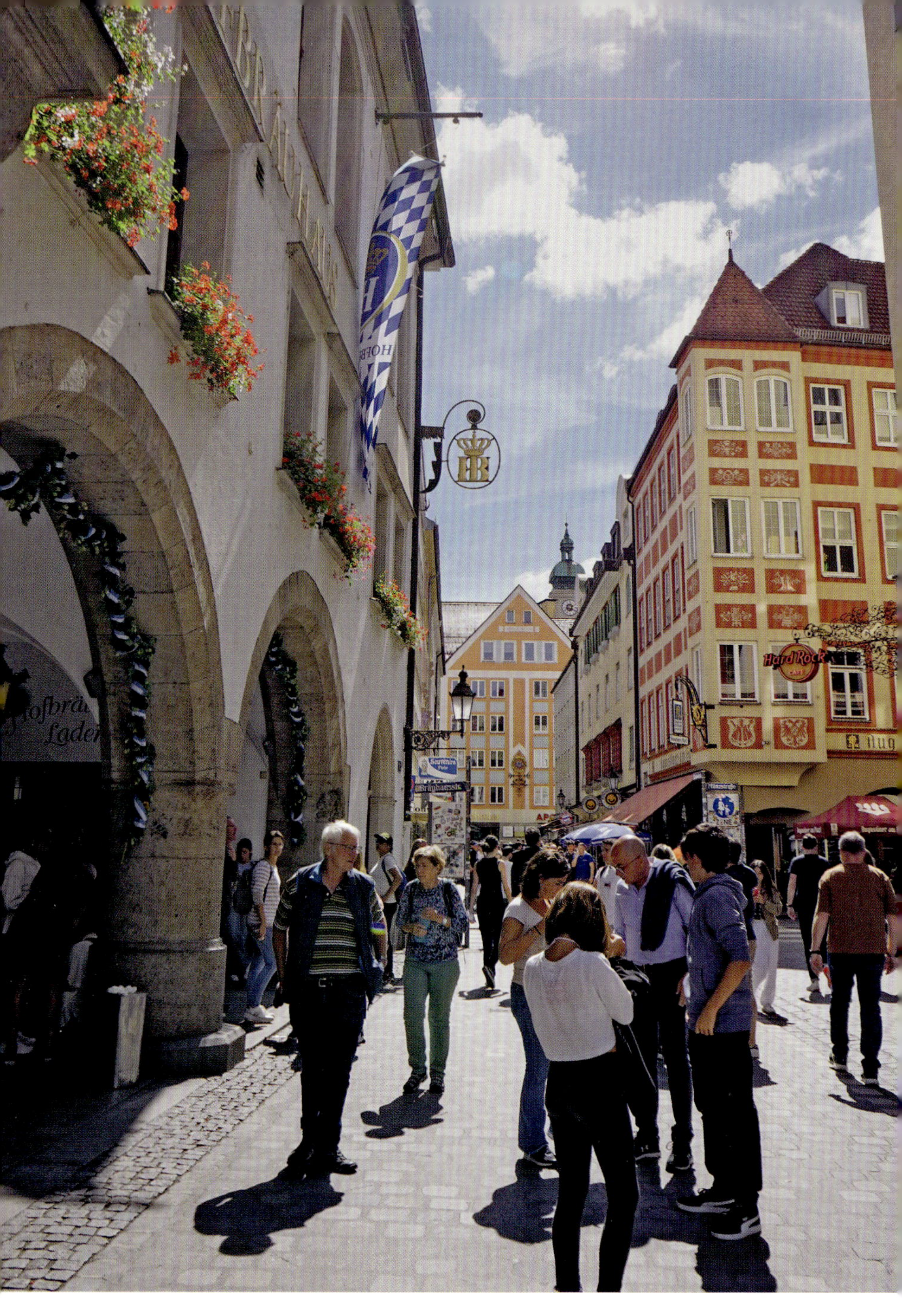

Das weltberühmte Hofbräuhaus in München

Metern links hält, lohnt einen Besuch. An der Ostseite der Residenz befindet sich die **Allerheiligen-Hofkirche**.

Wir überqueren die Alfons-Goppel-Straße und kommen über den Marstallplatz, vorbei am Restaurant Brenner, in die Maximilianstraße mit dem Hotel Vier Jahreszeiten Kempinski, wo Kaiserin Elisabeth während ihrer München-Aufenthalte logierte. Wir gehen rechts ca. 200 Meter entlang der Maximilianstraße und erreichen den Max-Josef-Platz mit dem **Nationaltheater** (früher Hofoper) und dem **Denkmal König Maximilians I. Josef** davor sowie dem Königsbau der Residenz daneben. Bekannt ist, dass Kaiserin Elisabeth 1875 mit ihren Kindern die verwitwete Königin Marie von Bayern (die Mutter Ludwigs II.) in die Hofoper (heute Nationaltheater) zur Aufführung der Wagner-Oper »Lohengrin« begleitete.

Wir gehen nun die Maximilianstraße etwa 250 Meter zurück und biegen dann rechts in die Straße Am Kosttor. Nach 150 Metern erreichen wir das weltbekannte **Hofbräuhaus**, wo auch die Kaiserin gern einkehrte. Sie soll einmal mit ihrer damaligen Hofdame Irma Gräfin von Sztáray zum Hofbräuhaus gegangen und dabei gesagt haben:

»Ich verlasse niemals München, ohne hier einzukehren.«

Nach dem Hofbräuhaus biegen wir rechts in die Münzstraße ein, überqueren die Sparkassenstraße und gelangen über die Treppen geradeaus in den **Alten Hof**, die erste herzogliche Stadtburg aus dem 12. Jahrhundert und ältester Herrschaftssitz der Wittelsbacher Herrscherfamilie in München. Wir verlassen den Alten Hof links durch das Tor und gehen geradeaus zum **Marienplatz**, wo wir vor der prächtigen Fassade des neugotischen **Neuen Rathauses** stehen bleiben. Besonders beliebt ist hier das **Glockenspiel**, dessen 43 Glocken täglich um 11 und um 12 Uhr sowie von März bis Oktober zusätzlich um 17 Uhr erklingen und damit zahlreiche Touristen (und auch Einheimische) anlocken. Unterhalb des Glockenspiels ist ein Balkon, die **Königslaube**, wo sich ganz rechts eine Statue zu Ehren König Ludwigs II. befindet.

Von hier gehen wir rechts in die Weinstraße und dann links über die Sporerstraße zum spätgotischen Bau der **Frauenkirche (Dom zu Unserer Lieben Frau)**, dem bekannten Wahrzeichen Münchens. Auch hier befinden sich Gräber der Wittelsbacher, z. B. von Ludwig III., dem letzten bayerischen König. Das größte und kostbarste Grab von 1322 ist aus dunklem Marmor, errichtet als Gedächtnismonument für Kaiser Ludwig IV. den Bayern (aus dem Hause Wittelsbach). Vom Südturm der Frauenkirche mit seinen knapp 100 Metern Höhe bietet sich eine perfekte Aussicht über München.

Über die Augustinerstraße verlassen wir den Frauenplatz und gelangen zur Einkaufsmeile Neuhauser Straße. Nach ca. 100 Metern erreichen wir rechter Hand die Jesuitenkirche **St. Michael** mit dem zweitgrößten Kuppelbau nach der Kirche St. Pedri in Rom. Hier befindet sich das Grabmal König Ludwigs II., das wenige Tage nach seinem mysteriösen Tod von Kaiserin Elisabeth besucht wurde. Auch die Beisetzung von Elisabeths Tochter, Erzherzogin Gisela, fand 1932 in der Kirche St. Michael in München statt.

Wir verlassen die Kirche und folgen der Neuhauser Straße weiter bis zum **Karlstor (Stachus)**, einem im 13. Jahrhundert erbauten Stadttor Münchens. Hier endet Teil 2 unseres München-Spaziergangs.

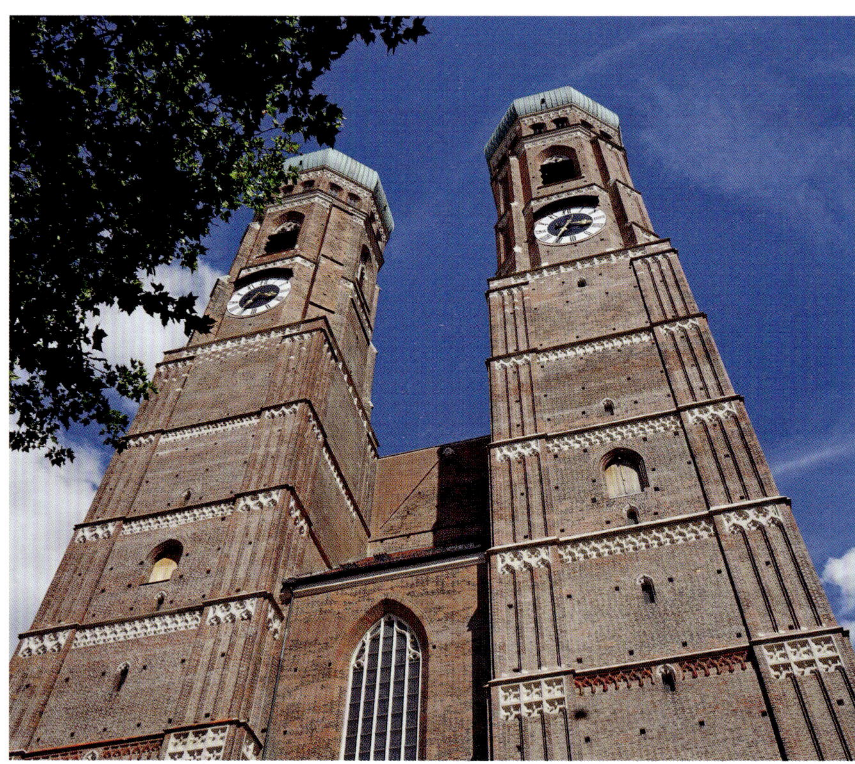

Die Türme der Münchner Frauenkirche sind fast 100 Meter hoch.

Auf einen Blick

AUSGANGSPUNKT

München, Haus der Kunst/Eisbachwelle
GPS: N48° 08.592' E11° 35.270'

ENDPUNKT

München, Karlstor (am Stachus)
GPS: N48° 08.350' E11° 34.006'

ANFAHRT

Bus & Bahn: Mit dem Zug zum Hauptbahnhof München; von dort mit der U4/U5 zur Haltestelle Lehel und mit der Straßenbahn 16 Richtung Effnerplatz bis Haltestelle Nationalmuseum/Haus der Kunst
Auto: Von Süden A 96, von Westen A 8, von Norden A 9 oder von Osten A 94 nach München, dann am besten P&R am Stadtrand nutzen und mit dem ÖPNV ins Stadtzentrum

GEHZEIT UND SCHWIERIGKEIT

Die Wegstrecke umfasst rund 6 km (kann verkürzt oder verlängert werden), und man sollte gut 2 Std. für den Spaziergang einplanen bzw. noch Extrazeit für Einkehr und Besichtigungen. Es sind keine nennenswerten Höhendifferenzen zu bewältigen.

EINKEHR

Restaurant Brenner – Operngrill (brennergrill.de), Hofbräuhaus München (hofbraeuhaus.de)

ZUSÄTZLICHE HINWEISE

Das Haus der Kunst (hausderkunst.de) bietet interessante zeitgenössische Kunst und wechselnde Ausstellungen. Auch die Fürstengruft in der Kirche St. Michael lohnt einen Besuch (st-michael-muenchen.de). Empfehlenswert ist die Kombination dieses Spaziergangs mit Tour 9.

INFORMATION

muenchen-touristeninformation.de

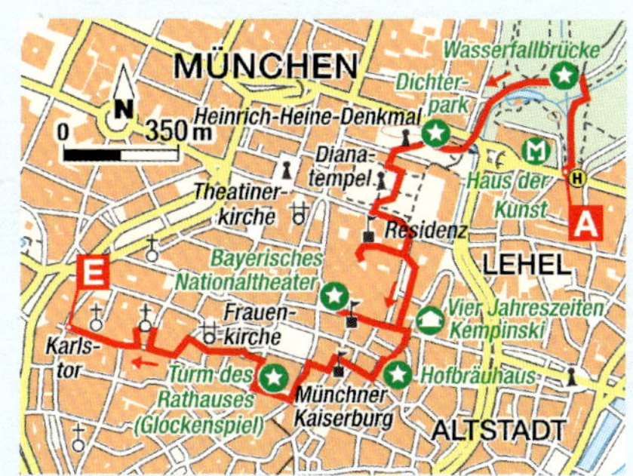

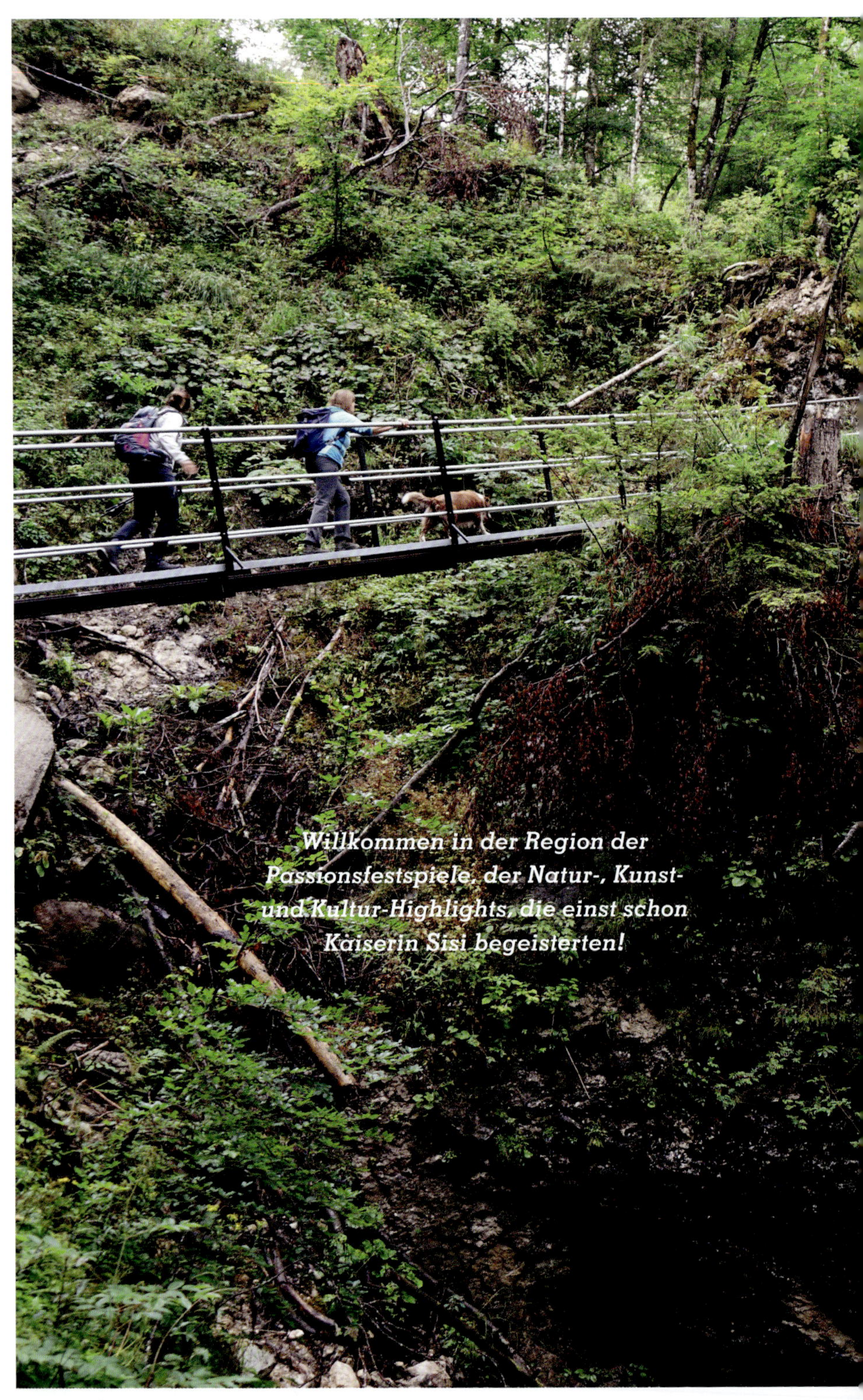

Willkommen in der Region der Passionsfestspiele, der Natur-, Kunst- und Kultur-Highlights, die einst schon Kaiserin Sisi begeisterten!

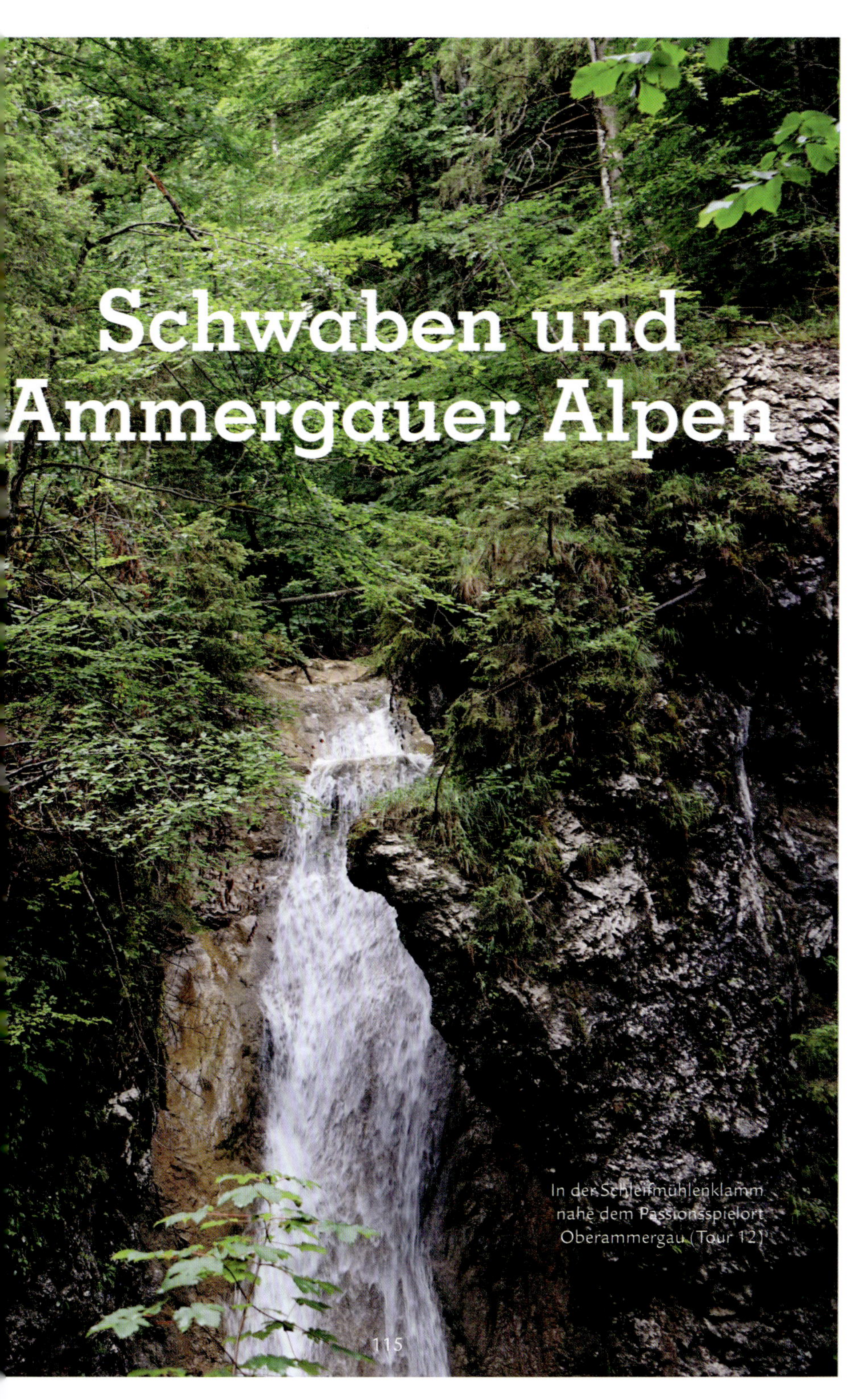

Schwaben und Ammergauer Alpen

In der Schleifmühlenklamm nahe dem Passionsspielort Oberammergau (Tour 12)

11

Zum Wasserschloss Unterwittelsbach

UNBESCHWERTE KINDHEITSTAGE IM SISI-SCHLOSS

Das Wasserschloss Unterwittelsbach wurde 1838 von Sisis Vater, Herzog Max in Bayern, erworben. Es diente dem Herzog bis 1888 hauptsächlich als Sommerresidenz – hier ging er zur Jagd und pflegte das Zitherspiel. Kaiserin Elisabeth erlebte hier einst unbeschwerte Kindertage.

Anfang des 12. Jahrhunderts bezogen die Vorfahren Kaiserin Elisabeths im Aichacher Ortsteil Oberwittelsbach ihre Stammburg (1115 erstmals urkundlich erwähnt). Seitdem nannten sie sich nach dieser Ortschaft »Wittelsbach«. Sie stiegen in den Herzogstand auf und gehörten schnell zu den bedeutendsten Herrscherhäusern Europas. 1209 wurde die Burg geschleift; heute steht dort die römisch-katholische Kirche Maria vom Siege (ehemals Burgkirche). Am Eingang der Kirche hängt noch ein Lageplan der alten Burg. Bei Ausgrabungen wurden vor allem Mauerreste der Burganlage gefunden, weitere Funde der Ausgrabungen sind im Wittelsbacher Museum in Aichach ausgestellt. Im Jahr 1834 wurde auf Geheiß König Ludwigs I. nahe der ehemaligen Burgkirche das Wittelsbacher Nationaldenkmal eingeweiht.

Wir verbinden unsere Wanderung zu den Wurzeln der Wittelsbacher in Bayern mit einem Besuch im Sisi-Schloss. Das **Wasserschloss Unterwittelsbach** ist mittels einer Brücke zu erreichen und zeigt seit 2020 im ersten Stock die Dauerausstellung »Leben, Tod & Mythos der Kaiserin Elisabeth«. Die multimediale Inszenierung bietet vielfältige und weitreichende Einblicke in

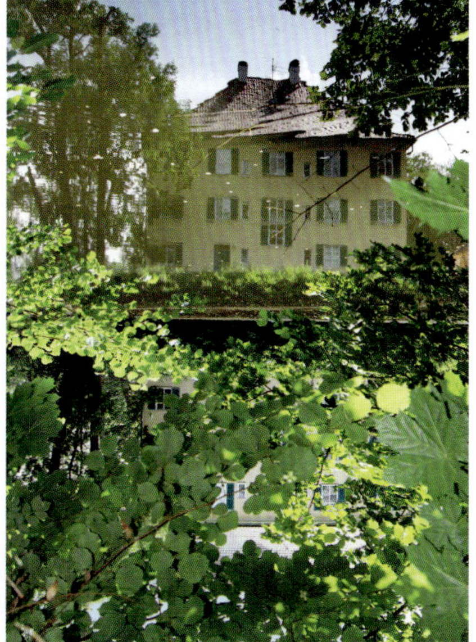

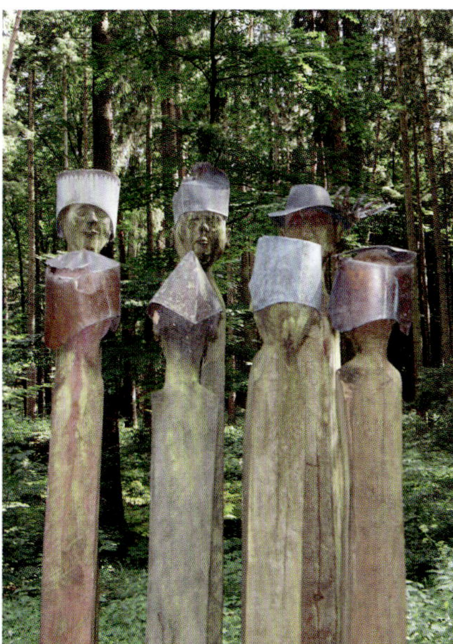

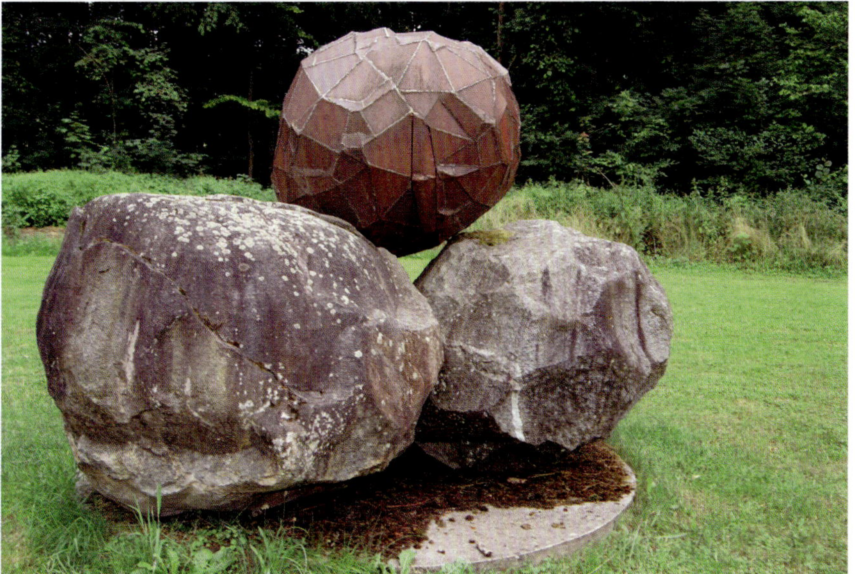

◀ Das Sisi-Schloss Unterwittelsbach ist von einer wunderschönen Parkanlage umgeben.
▶ Moderne Kunst erwartet uns am Weg zum Burgstall in Oberwittelsbach …
▼ … und auch im Schlosspark.

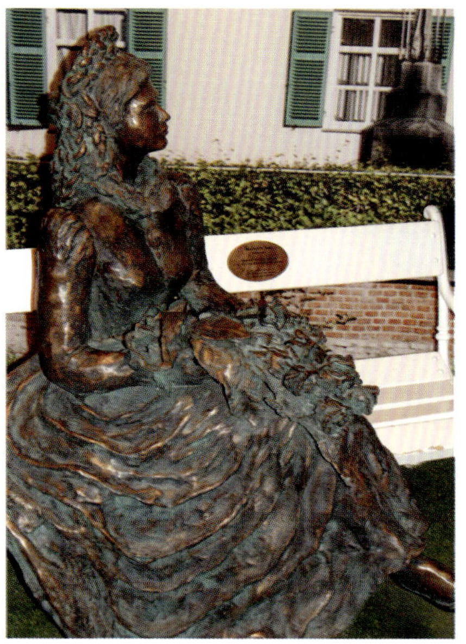

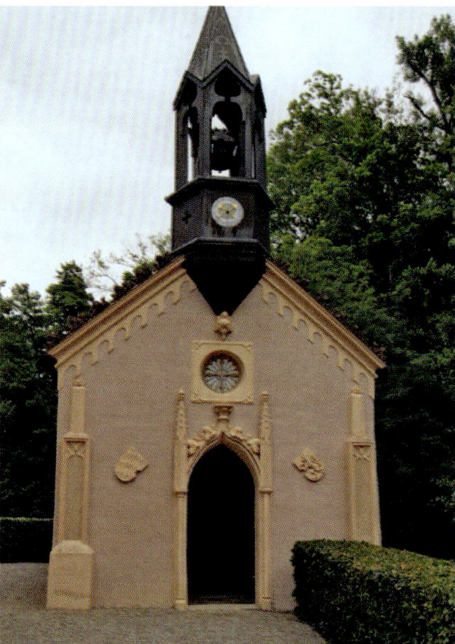

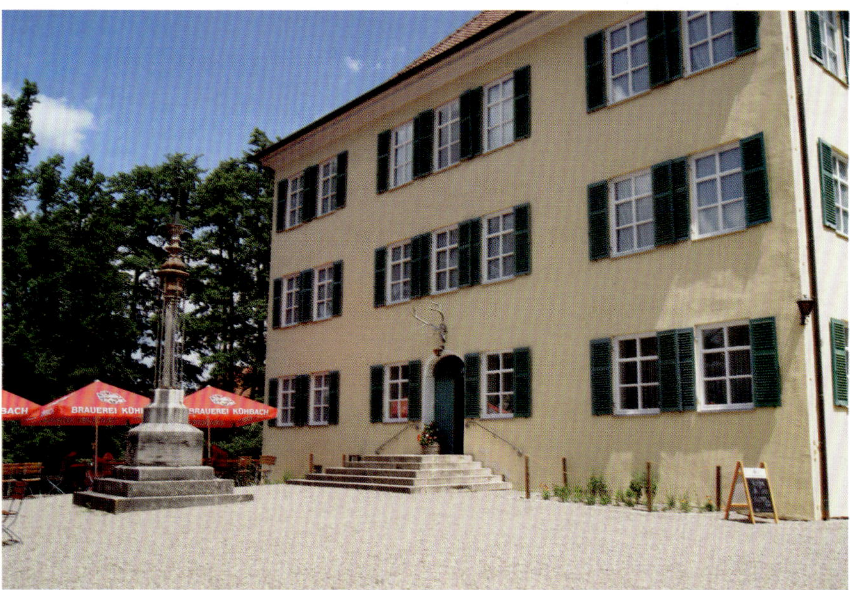

◀ Im zweiten Stock des Museums wurde der Kaiserin ein Denkmal gesetzt.
▶ Die neogotische Schlosskapelle wurde mit orientalischen Motiven ausgestaltet.
▼ Das Sisi-Café bietet im Sommer lauschige Rastplätze vor dem Schloss.

das Leben der Kaiserin, von der Kindheit bis zu ihrem Tod. Besucher werden auch in Sisis Schönheitskult eingeweiht und können eine Nachbildung ihres ungarischen Galakleids bewundern. Auch eine Nachbildung des sogenannten Sternenkleids, das der Feenkönigin Titania aus ihrem Lieblingsstück »Ein Sommernachtstraum« nachempfunden wurde, ist zu sehen. Jährlich finden wechselnde Ausstellung zu Themen aus dem Leben der Kaiserin statt. Das Schloss ist nur im Rahmen von Ausstellungen zu besichtigen – aber ein MUSS für alle Sisi-Fans – sie sollten unbedingt eine Führung miterleben!

Die neben dem Schloss errichtete **Schlosskapelle** ließ Herzog Max 1838 im neogotischen Stil mit orientalischen Motiven erneuern. Dieser Mix macht den Bau zur architektonischen Einzigartigkeit in der Gegend. Die romantische **Parkanlage** um das Schloss, durch die mehrere Wanderwege führen, hat einen bedeutenden Baumbestand. Der ausgeschilderte Geschichtspfad zwischen dem Sisi-Schloss und der ehemaligen Burg in Oberwittelsbach nimmt den Wanderer mit zu fünf Stationen mit Infos über Bauwerke und Geschichte der Wittelsbacher. Mehrere Kunstwerke der Moderne sind auf dem Weg ausgestellt. Zu den Stationen gibt es einen abwechslungsreichen und interessanten Audioguide, den man als App kostenlos herunterladen kann (bayerisch-schwaben.de/lauschtour).

Beim Schloss passieren wir die kleine Brücke und tauchen links in den wildromantischen Schlosspark ein. Wir folgen dem schmalen Pfad, halten uns an der Abzweigung links, queren einen kleinen Steg und wandern auf dem Waldweg weiter in Richtung eines Feldwegs. Von hier folgen wir nun der Beschilderung und dem Audioguide (s. o.).

Zum **ehemaligen Burggelände** gibt es zwei Aufstiege: Der kurze, aber sehr steile Pfad biegt vom Waldweg links zum Hangwald ab. Der alternative Weg führt ein paar Meter weiter geradeaus bis zur Dorfstraße und biegt dann links auf einen bequemeren und besser begehbaren Weg ein. Die rote **Backsteinkirche Maria vom Siege** ist meist verschlossen. Nahe der Kirche auf dem Burggelände ist das **Wittelsbacher Nationaldenkmal** zu besichtigen.

Für den Rückweg gehen wir das erste Stück (ca. 1 km) parallel zur Wittelsbacher Straße in Richtung Unterwittelsbach, biegen dann in den Fuß-/Radweg rechts ein und nach ca. 500 Metern links ab. Nun sind wir wieder auf dem schon bekannten Hinweg, auf dem wir zum Parkplatz am **Wasserschloss** zurückkehren.

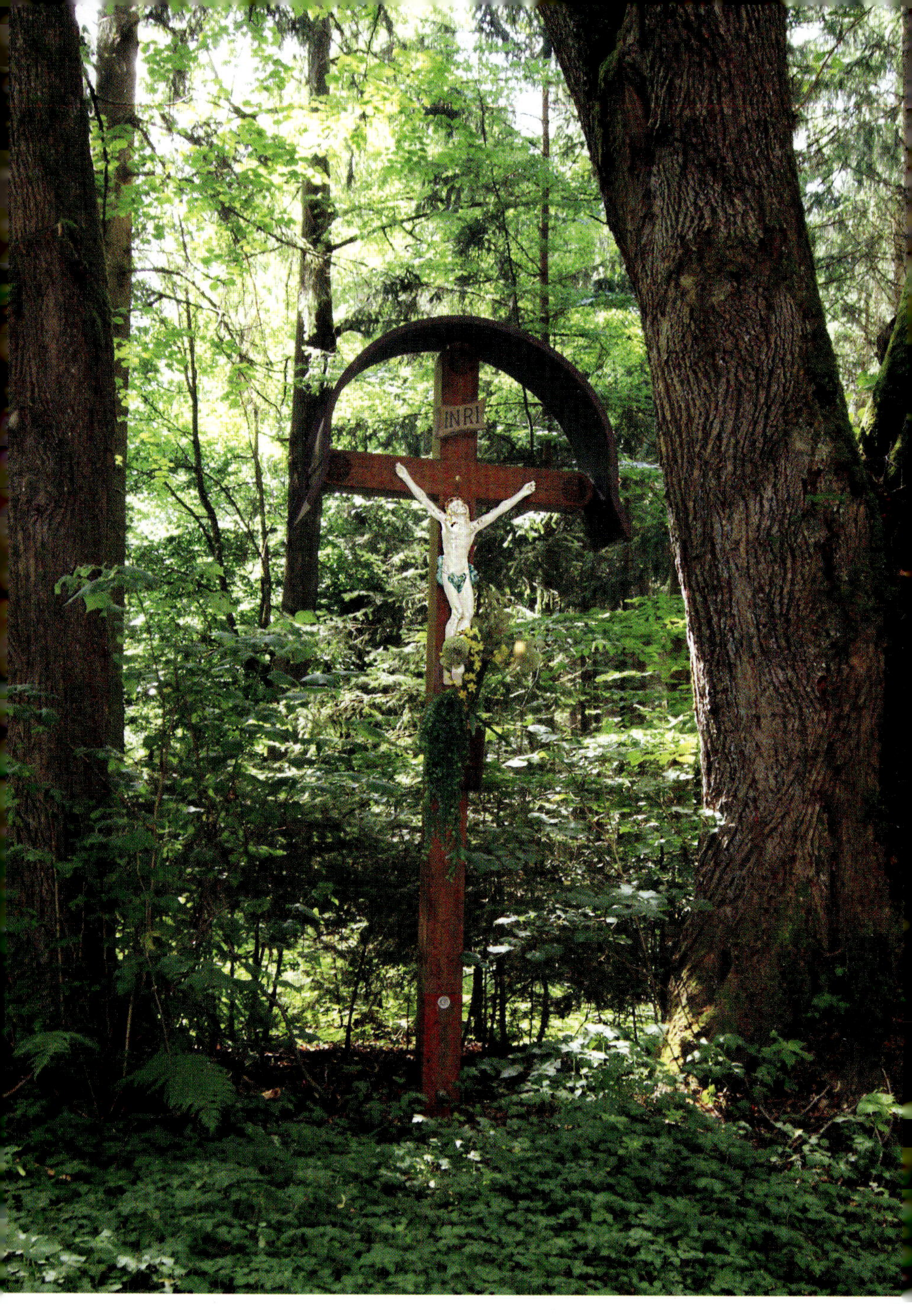

Wie durch einen Zauberwald führt der Pfad vom Schloss zum Burgstall nach Oberwittelsbach.

Auf einen Blick

AUSGANGS-/ENDPUNKT

Parkplatz am Sisi-Schloss Unterwittelsbach
GPS: N48° 28.260' E11° 09.378'

ANFAHRT

Bus & Bahn: Vom Hauptbahnhof München mit dem Zug nach Augsburg, dort umsteigen in die Regionalbahn Richtung Ingolstadt, Ausstieg Aichach und mit Bus 241 Richtung Kühbach bis Unterwittelsbach, Haltestelle Rasthaus; von dort ca. 500 m zu Fuß bis zum Schloss
Auto: Von der A8 abfahren auf die B300 und auf dieser bis Ausfahrt Aichach-Nord; dort der Beschilderung zum Sisi-Schloss folgen

GEHZEIT UND SCHWIERIGKEIT

Die Runde auf einfachen, gut ausgebauten Wald- und Feldwegen umfasst rund 5 km, für die man gut 2 Std. Zeit einplanen sollte. Es sind keine nennenswerten Höhendifferenzen zu bewältigen, der kurze Aufstieg zum Burgberg von Oberwittelsbach ist allerdings recht steil.

EINKEHR

Sisi-Café im Schloss Unterwittelsbach (sisischloss.bayern)

ZUSÄTZLICHE HINWEISE

Am besten verbindet man den Besuch im Wasserschloss Unterwittelsbach mit einer Führung (sisischloss.bayern). Das Schloss wurde auch in die Kulturroute der »Sisi-Straße« aufgenommen (sisi-strasse.info/de/startseite.html). Das Wittelsbacher Museum in Aichach präsentiert einzigartige Funde von den Ausgrabungen der Burg Wittelsbach (aichach.de/Freizeit/Museen/Wittelsbacher-Museum).

INFORMATION

aichach.de

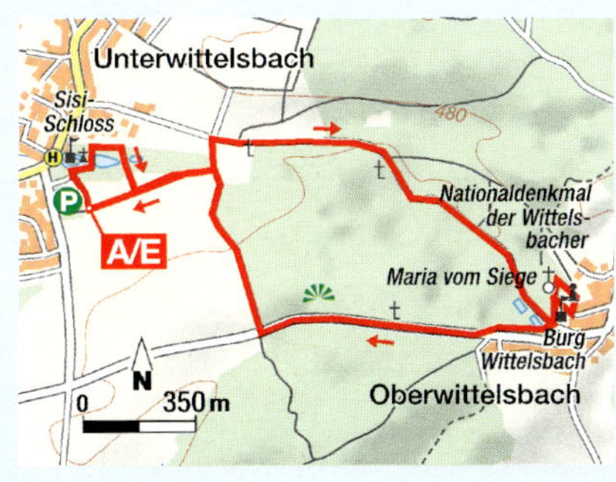

12

Zum alpinen Wahrzeichen Oberammergaus

PASSIONSSPIELE, LÜFTLMALEREIEN UND EIN MAGISCHER ZAUBERWALD

Die Tradition der weltberühmten Oberammergauer Passionsspiele gründet auf einem Gelübde aus der Zeit des Dreißigjährigen Krieges. Seit fast 400 Jahren finden seither alle zehn Jahre die Aufführungen über die Geschichte vom Leben und Sterben Christi in dem kleinen Ort statt. Das Schauspiel hatte auch die kleine Sisi damals sicherlich sehr berührt.

In den Sommerferien unternahm Herzogin Ludovika mit den beiden Brüdern und mit Helene und Sisi immer mal wieder kleinere Reisen ins Gebirge. So ergab es sich, dass sie 1850 auch nach Oberammergau kamen und Sisi schon als zwölfjähriges Mädchen dem Passionsspiel beiwohnen durfte. 1910 besuchte auch ihre Tochter Marie Valérie Oberammergau und das Schauspiel.

Während des Dreißigjährigen Krieges war 1633 auch das oberbayerische Dorf Oberammergau von der verheerenden Pestepidemie heimgesucht worden, und mehr als 80 Bewohner waren an der Seuche gestorben. Auf göttliche Hilfe hoffend, gelobte die Gemeinde, alle zehn Jahre ein Passionsspiel über das Leiden Jesu bis zu seinem Opfertod am Kreuz aufzuführen, wenn im Dorf kein Pestopfer mehr zu beklagen wäre. Tatsächlich gab es seit 1634 keinen Pesttoten mehr, und seit jenem Jahr finden die Passionsfestspiele regelmäßig (grundsätzlich alle zehn Jahre) dort statt. Die Dorfbewohner erneuern das

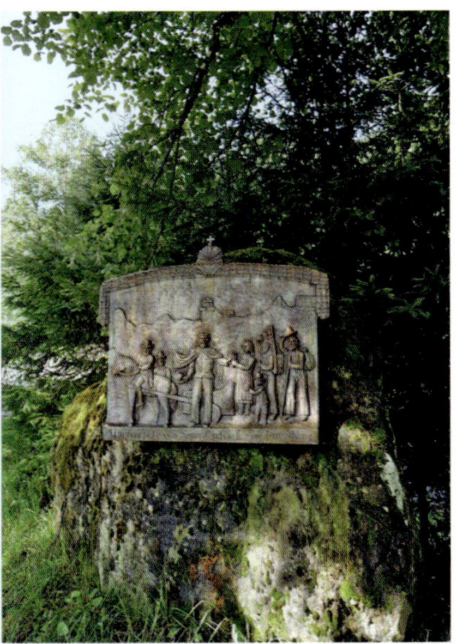

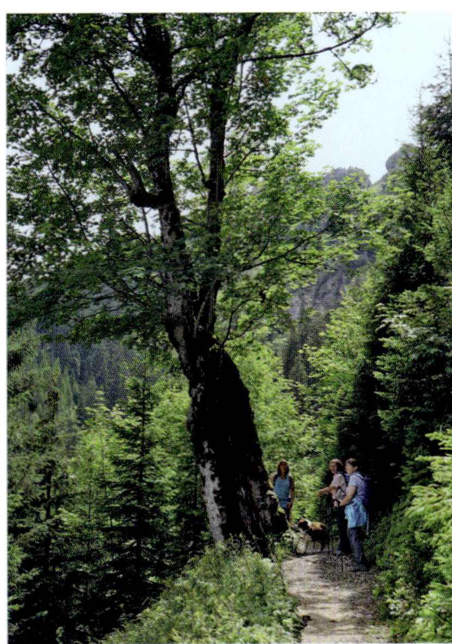

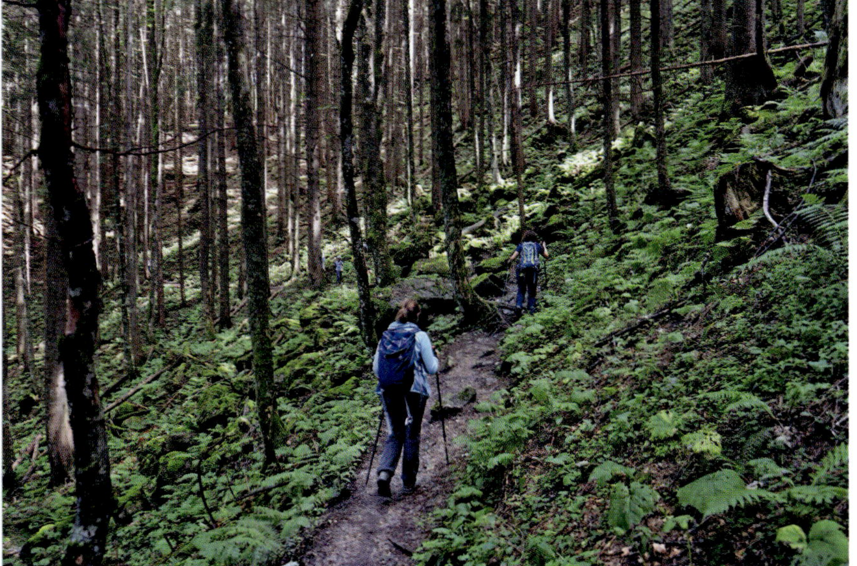

◀ Gedenkstein am ehemaligen Umsteigeplatz von Ludwig II. auf dem Weg zum Pürschling
▶ Auf dem Weg zum Kolbensattel
▼ Durch den Zauberwald geht's in Richtung Kofel, dem Wahrzeichen von Oberammergau.

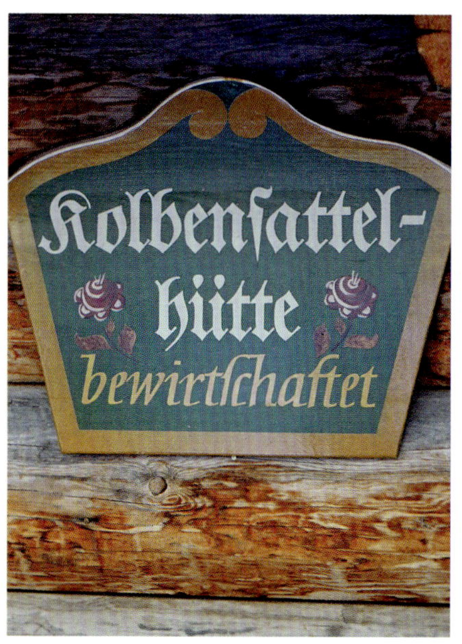

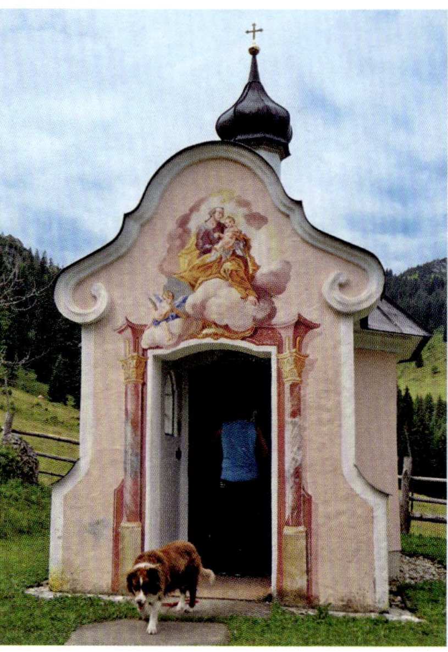

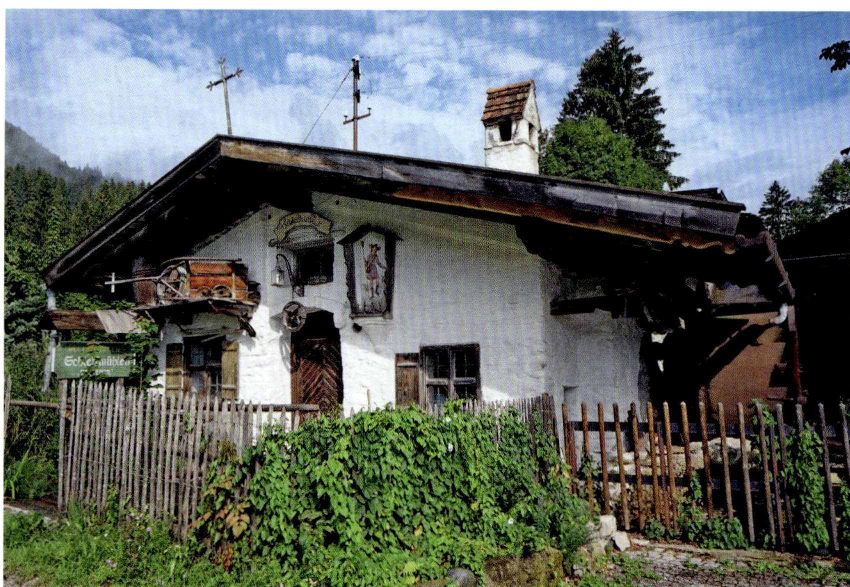

◀ Die Kolbensattelhütte bietet Einkehr mit Aussicht auf die Ammergauer Bergwelt.
▶ Auf dem Weg in Richtung Pürschling kommt man an der Josefskapelle vorbei.
▼ Das liebevoll hergerichtete Schleifmühlenmuseum nahe der gleichnamigen Klamm

Gelübde jeweils im Vorjahr der Aufführung. Auf der Bühne dürfen dann nur Oberammergauer, die hier geboren sind, spielen.

Wir wissen, dass auch König Ludwig II. das Passionsspiel liebte. So konnte er 1871 sogar eine Separatvorstellung erleben – der König war davon so gerührt, dass er dem Ort eine monumentale Kreuzigungsgruppe stiftete. Das riesige Steindenkmal wurde 1875 auf dem Osterbichl in Oberammergau eingeweiht.

Neben den Passionsspielen ist Oberammergau vor allem durch die hiesige Schnitzkunst (»Dorf der Herrgottschnitzer«) und durch die zahlreichen Lüftlmalereien, die die Häuserfassaden schmücken, weltbekannt.

Wir starten unsere Wanderung in der Nähe des weltbekannten Passionsspielorts am **Wanderparkplatz** der Steckenbergalm bei **Unterammergau**, folgen dem Wanderweg, passieren den Gasthof Schleifmühle mit schönem Biergarten und erreichen ein traditionelles Häuschen, das **Schleifmühlenmuseum** – hier wurde das alte Handwerk der Wetzsteinmacherei wiederbelebt. Ein paar Meter weiter bergauf gelangen wir zur **Schleifmühlenkapelle**, wo sich in unmittelbarer Nähe der Umsteigeplatz von König Ludwig II. zum Pürschling befindet (Gedenkstein). Hier biegen wir rechts in die **Schleifmühlenklamm** ein. In der ca. 500 Meter langen Klamm sind mehrere Gumpen und sehenswerte Wasserfälle zu bewundern. Über den gesicherten, wildromantischen Wanderweg gelangen wir über kleine Brücken und schmale Pfade zur **Wetzsteinbrücke**, wo wir wieder auf den Wanderweg treffen.

Wir folgen diesem gut ausgebauten Weg nun steiler bergauf in Richtung Pürschling, wobei sich an einem **Weiher** mit liebevoll angelegtem Kräutergarten eine Rast anbietet. Weiter geht es steil bergauf bis zur **Josefskapelle**. Ca. 300 Meter nach der Kapelle biegen wir links in einen schmalen Pfad ein und wandern nun etwa 2,5 Kilometer durch einen wundervollen **Zauberwald** bis zum **Kolbensattel** (1276 m) mit der **Kolbensattelhütte**. Wer dort die Wanderung beenden möchte, kann die Bergbahn (Sessellift) ins Tal nach Oberammergau nehmen.

Weiterwandernd durchstreift man den Zauberwald unterhalb des Vorderen und des Hinteren Rappenkopfs und steigt mit aussichtsreichen Blicken ins Tal und auf die Ammergauer Alpen in Richtung Kofel (1342 m) auf, dem alpinen Wahrzeichen von Oberammergau. Der Weg wird etwas anspruchsvoller, und vor allem bei Nässe ist hier erhöhte Vorsicht geboten! Mit etwas Glück bekommt man Gämsen vor die Kamera, die hier ebenfalls unterwegs sind. Am **Kofelsattel**

(1215 m, Abzweig zum Kofel) steht ein hölzerner Unterstand. Achtung: Der weitere Aufstieg zum Kofel selbst (hier nicht beschrieben) ist anspruchsvoll, felsig und exponiert und erfahrenen Bergwandernden vorbehalten!

In Serpentinen geht es nun über den **Königssteig** steil über schmale Pfade Richtung Tal zur **Kälberplatte**. Von hier führen ausgeschilderte Wege zum **Döttenbichl**, der Hauptfundstelle eines rätischen Opferplatzes; die Funde selbst sind im Oberammergauer Museum zu bewundern. Weiter geht es linker Hand mit der Beschilderung Richtung Oberammergau. Nach dem Überqueren der B 23 führt ein Spazierweg entlang der Ammer zum **Bahnhof Oberammergau**. Von hier kann man mit dem Bus oder dem Zug nach **Unterammergau** fahren und zum **Wanderparkplatz** zurücklaufen.

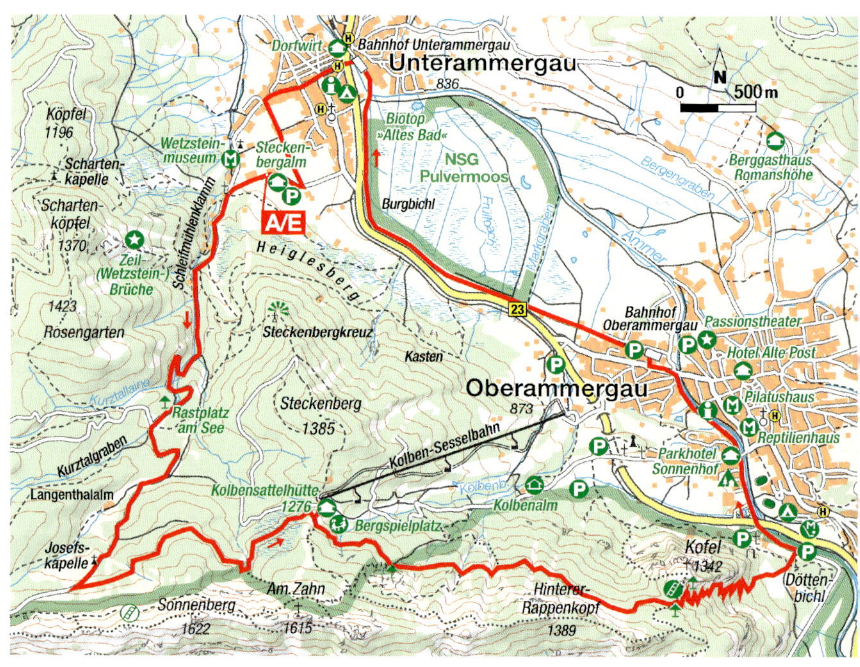

Auf einen Blick

AUSGANGS-/ENDPUNKT

Wanderparkplatz Steckenbergalm bei Unterammergau
GPS: N47° 36.613' E11° 01.433'

ANFAHRT

Bus & Bahn: Von München mit der Regionalbahn über Murnau nach Unterammergau und zu Fuß ca. 1,5 km bis zum Wanderparkplatz
Auto: A 95 bis Ausfahrt Oberau, weiter auf der B 23 Richtung Oberammergau bis Unterammergau und dort zum Wanderparkplatz (gebührenpflichtig)

GEHZEIT UND SCHWIERIGKEIT

Die Tour ist ca. 13 km lang und erfordert im Auf- und Abstieg Kondition für jeweils rund 800 Hm. Sie sollte als Tageswanderung geplant werden (Gehzeit 4–5 Std.). Bis zum Kolbensattel sind die Wege überwiegend gut begehbar, dann sind Trittsicherheit und Schwindelfreiheit erforderlich. Besondere Vorsicht gilt hier bei Nässe! Die Strecke zwischen den Bahnhöfen Ober- und Unterammergau kann man mit dem Zug oder mit Bus 9606 zurücklegen.

EINKEHR

Steckenbergalm (steckenberg.de/steckenberg-alm), Gasthof Schleifmühle (gasthof-schleifmuehle.de)

ZUSÄTZLICHE HINWEISE

Sehenswert ist das Oberammergauer Museum mit Originalfunden aus dem 2. Jh. vom Döttenbichl (oberammergaumuseum.de; hier gibt's auch Infos zu den Passionsspielen). Die vorgeschlagene Wanderung kann mit einem Spaziergang durch Oberammergau und zur Kreuzigungsgruppe oder zum ca. 6 km entfernten Kloster Ettal kombiniert werden.

INFORMATION

ammergauer-alpen.de/oberammergau, ammergauer-alpen.de/unterammergau

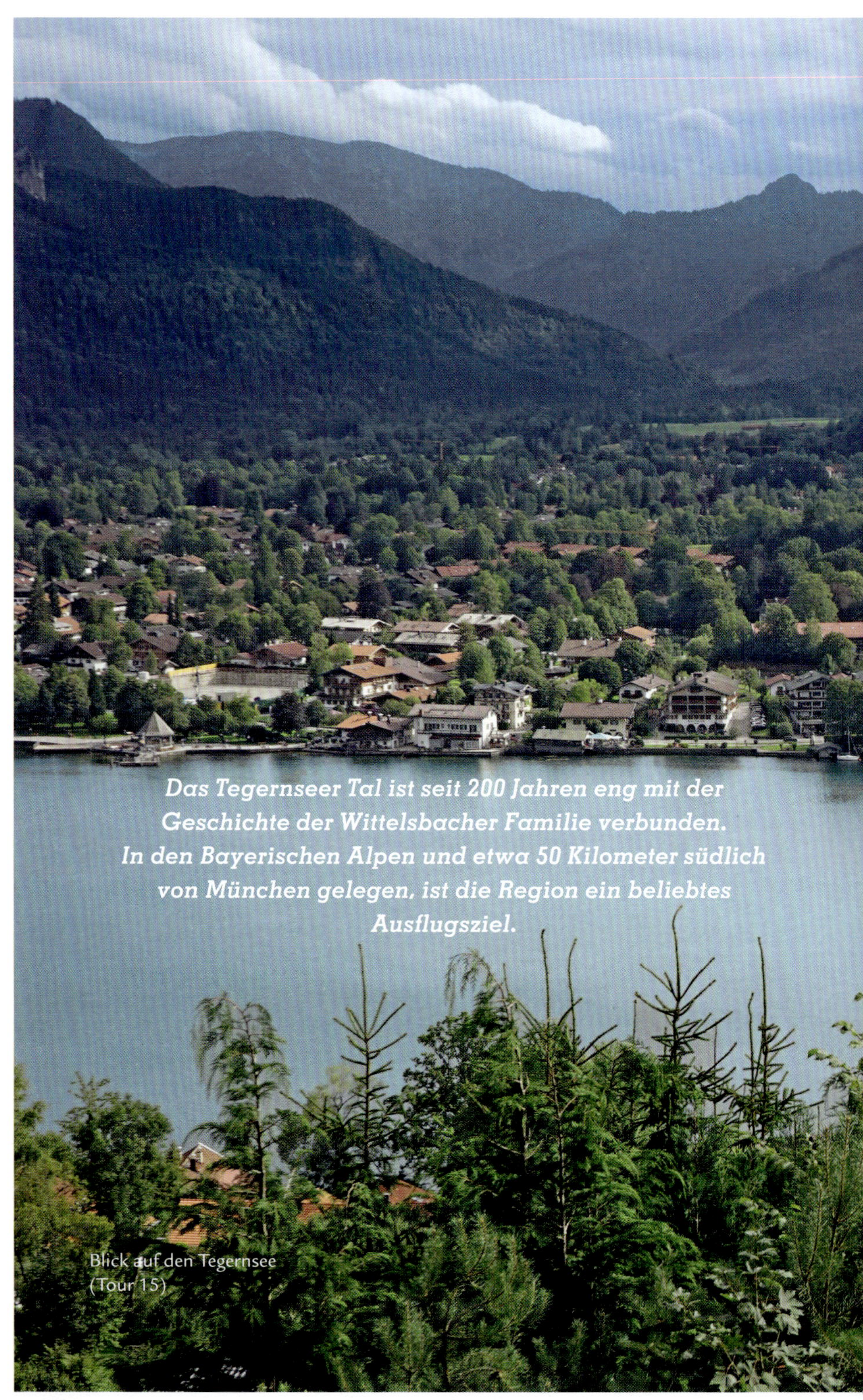

Das Tegernseer Tal ist seit 200 Jahren eng mit der Geschichte der Wittelsbacher Familie verbunden. In den Bayerischen Alpen und etwa 50 Kilometer südlich von München gelegen, ist die Region ein beliebtes Ausflugsziel.

Blick auf den Tegernsee (Tour 15)

Rund um den Tegernsee

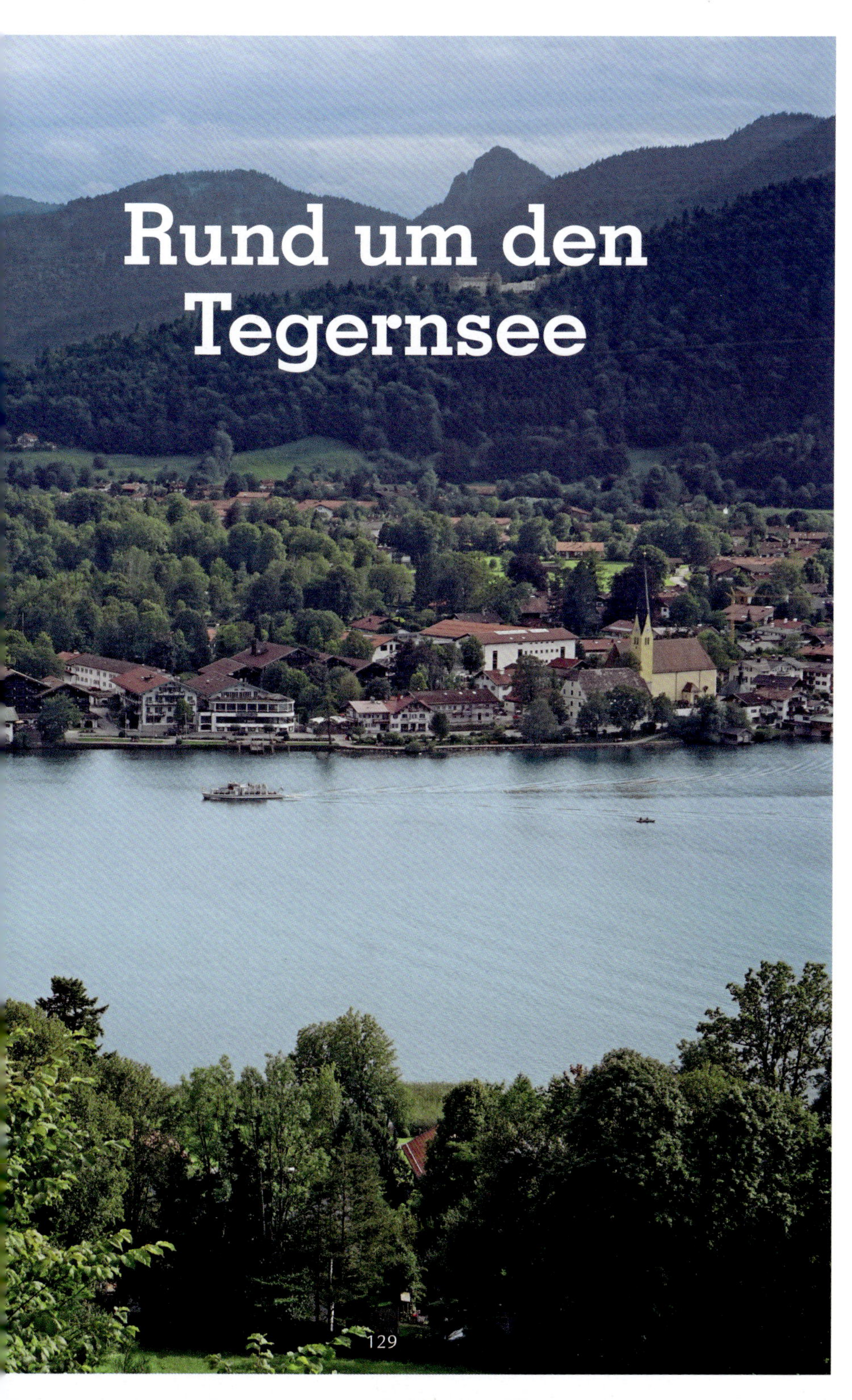

13

Königsalm und Schildenstein

HERZOGLICHE EINKEHR UND GIPFELERLEBNIS MIT RUNDUMBLICK

Die Königsalm ist ein Ort mit Geschichte, soll doch einst die russische Zarin Alexandra mit der Sänfte zur Alm hochgetragen worden sein. 1822 wurde beim sogenannten Kaisertreffen am Tegernsee hier der Kaiser von Österreich bewirtet, und 1897 soll Sisi die Königsalm besucht haben.

Das Anwesen (früher Kaltenbrunner Alm) war eine ehemalige Alm des Klosters Tegernsee und wurde Anfang des 18. Jahrhunderts erstmals erwähnt. Es war zu Ostern 1815, als sich Königin Karoline bei ihrer Einkehr in diese Alm verliebte – und ihren Mann König Maximilian I. Josef (Sisis Großvater mütterlicherseits) überredete, dieses Anwesen zu erwerben. Ursprünglich diente die Alm als Sommerweide für das königliche Vieh von Gut Kaltenbrunn. Das sogenannte Kavaliershaus wurde erst 1818 gegenüber den Stallungen errichtet. Im oberen Stockwerk wurden die Gäste bewirtet. So könnte es auch 1822 gewesen sein während des Kaisertreffens am Tegernsee: Drei Majestäten, der Zar von Russland, der Kaiser von Österreich und König Max I. Joseph, sollen hier zu Gast gewesen sein. Dass auch Kaiserin Elisabeth 1897 hier auf der Alm war, steht zumindest an einer Tafel bei der Alm gegenüber dem Kavaliershaus angeschrieben. Ein Sehnsuchtsort ist die Alm mit dem umgebenden Wandergebiet allemal. Es ist gut vorstellbar, dass die sportliche Kaiserin einst den Weg zur Königsalm zu Fuß unternommen hat.

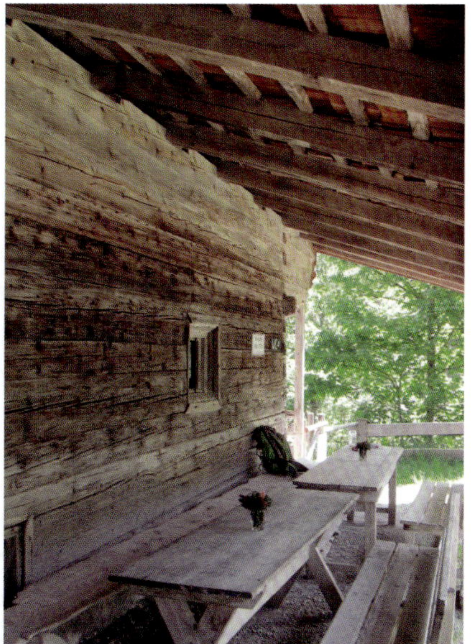

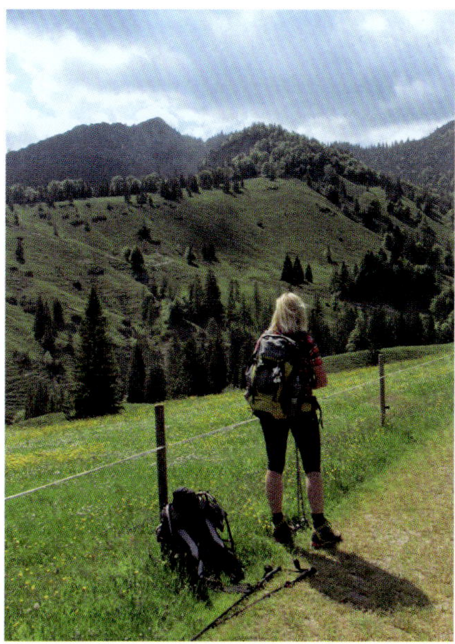

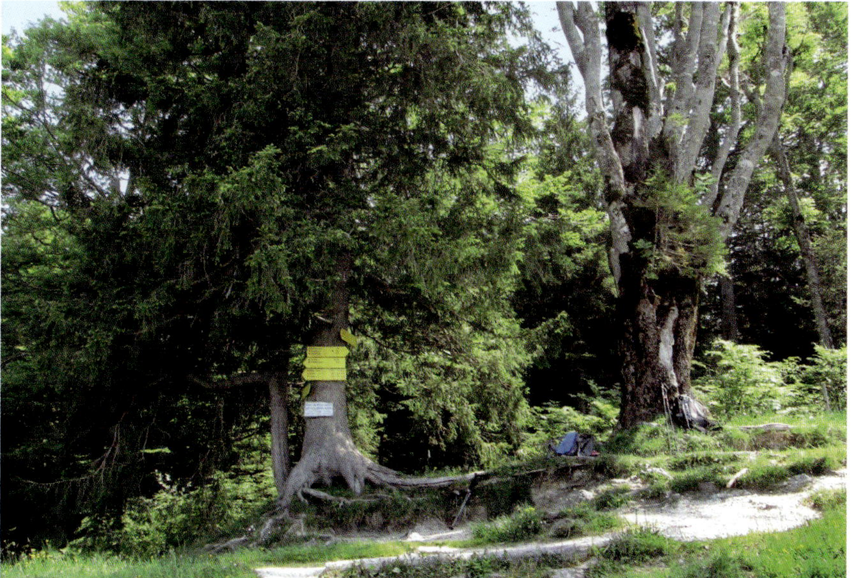

◀ Gemütlicher Rastplatz: die Königsalm
▶ Blick auf das Gipfelziel, den Schildenstein
▼ Die Wandervarianten sind gut beschildert.

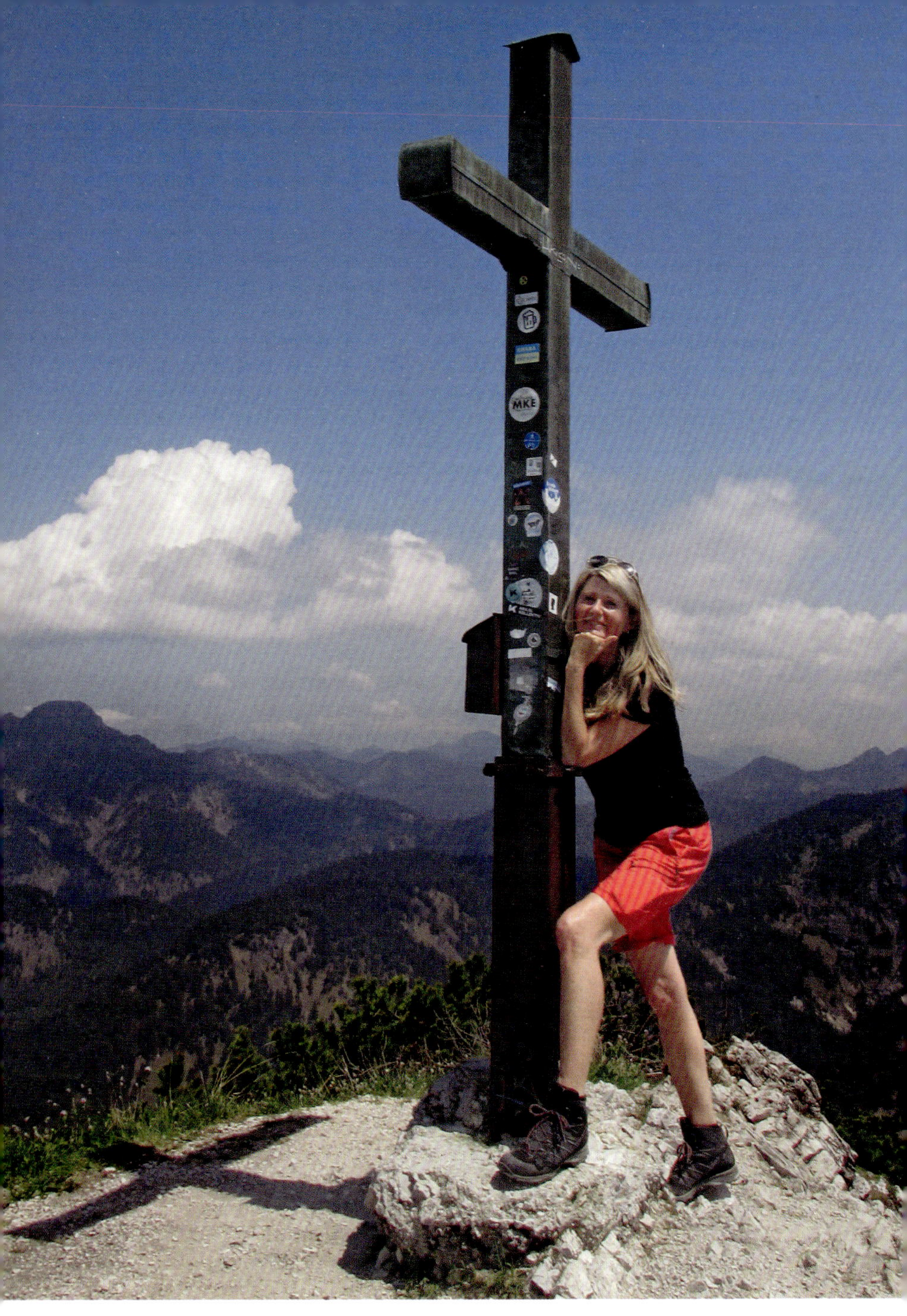

Gipfelblick vom Schildenstein (1613 m)

Vom **Wanderparkplatz Klamm** überqueren wir die Brücke über die Weißach und lassen uns dabei von den Tiefblicken auf das Flussbett hinab beeindrucken, wo sich die Weißach wild tosend ihren Weg bahnt. Nach der Brücke halten wir uns rechts und folgen der Forststraße ca. 200 Meter weiter geradeaus. Dann biegen wir links in einen Forstweg ein, der uns am Waldrand entlang leicht ansteigend in mehreren Kehren bergauf führt.

Nach etwa drei Kilometern lichtet sich der Wald, und wir erreichen das Weidegebiet, wo der Weg zum Pfad wird. Am Drehkreuz halten wir uns links und kommen kurz darauf zu einem Almgebäude. Von hier ist die historische Königsalm bereits zu sehen, herrliche Ausblicke auf Schildenstein, Leonhardstein und die Blauberge belohnen uns für bisherige Aufstiegsmühen. Nach insgesamt eineinhalb Stunden erreichen wir dann die **Königsalm** (1115 m), wo wir im Sommer zur Weidezeit eine Brotzeit oder Kaffee und Kuchen genießen können.

Direkt hinter dem Kavaliershaus führt der schmale Pfad ein paar Meter steil abfallend zu einem kleinen Bach, den wir über einen schmalen Steg zur anderen Hangseite hin passieren. Von dort wird die Strecke anspruchsvoll, und auf schmalen, teils sehr steilen Bergpfaden geht es in Richtung Schildenstein. Nach 500 Metern nehmen wir den Pfad rechts weiter aufwärts. Immer schmaler, steiler und steiniger wird der Wanderpfad.

Nach dem schweißtreibenden Aufstieg erreichen wir ein **kleines Plateau** mit wunderbarem Blick auf den Guffert und in Richtung Achensee. Links wird nun auch unser Gipfelziel sichtbar: Der steile Kegel des Schildensteins ragt weithin sichtbar in den Himmel. Der Gipfelaufstieg ist anspruchsvoll, sehr steil und erfahrenen Bergwandernden vorbehalten, da auch kurze, mit Drahtseil gesicherte Kletterpassagen zu bewältigen sind. Am Gipfelkreuz des **Schildensteins** (1613 m) angekommen, wird man dafür mit einem 360-Grad-Ausblick über die umliegende Bergwelt belohnt.

Für den Abstieg wandern wir zunächst auf dem Hinweg zurück, halten uns dann aber weiter geradeaus Richtung Gaisalm (privat und nicht bewirtschaftet). Der Abstieg über die **Gaisalm** erfordert Trittsicherheit und etwas Schwindelfreiheit. Vorsicht bei Nässe, da können die schmalen, teilweise durch steilen Wald führenden Wanderpfade zur Rutschpartie werden! Wir folgen dem ausgeschilderten Weg talwärts, erreichen im Tal wieder den Forstweg und biegen links in Richtung Wanderparkplatz ab.

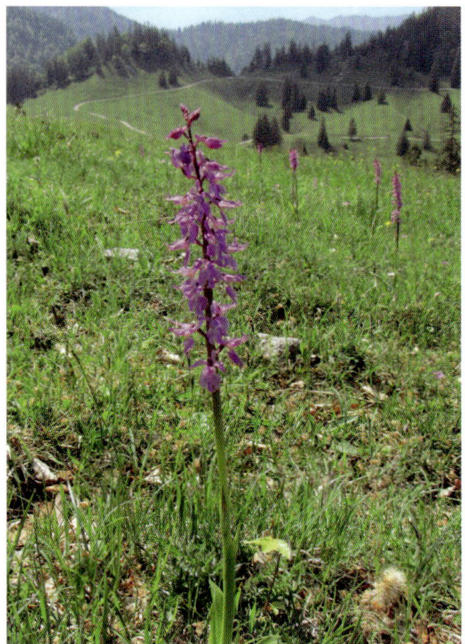

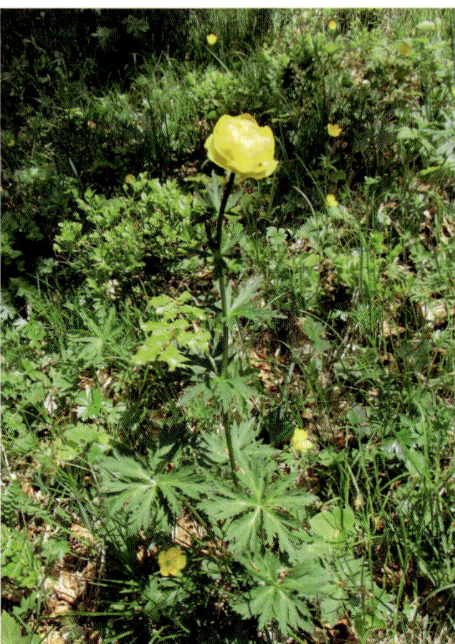

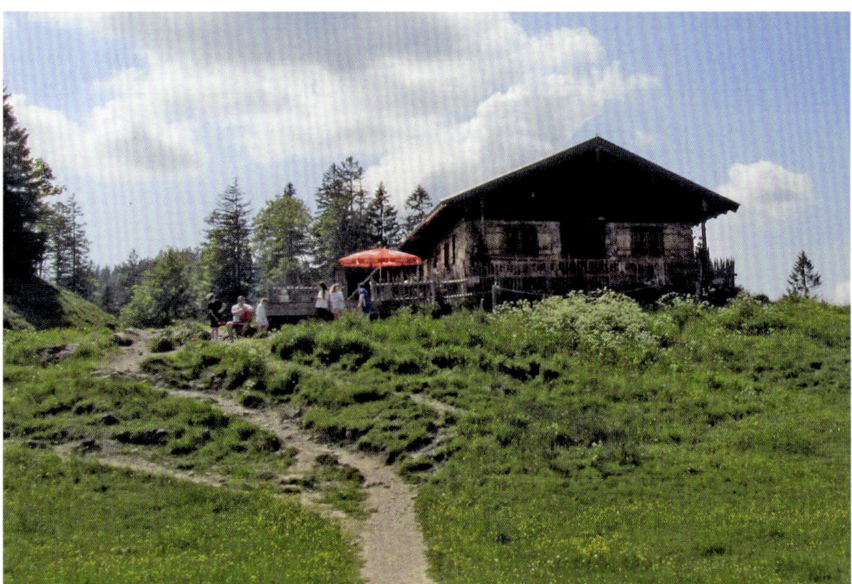

◀ Blühende Wiesen mit Knabenkraut nahe der Königsalm
▶ Im Frühsommer ist die Wanderung durch blühende Vegetation besonders lohnenswert.
▼ Die Gaisalm bietet eine schöne Aussicht, ist jedoch unbewirtschaftet.

Auf einen Blick

AUSGANGS-/ENDPUNKT

Wanderparkplatz Klamm in Kreuth
GPS: N47° 37.308' E11° 42.796'

ANFAHRT

Bus & Bahn: Von München mit der BRB bis Bahnhof Tegernsee und weiter mit Bus 9550 oder 9556 bis Haltestelle Kreuth/Klamm
Auto: A 8 bis Ausfahrt Holzkirchen, weiter auf der B 318 bis Tegernsee und von dort auf der B 307 über Kreuth zum Wanderparkplatz Klamm

GEHZEIT UND SCHWIERIGKEIT

Die Tour ist insgesamt ca. 14 km lang und in ca. 5–6 Std. als Tagestour zu schaffen. Insgesamt sind etwa 800 Hm zu bewältigen. Vom Parkplatz erreicht man auf Wanderwegen in ca. 1.30 Std. die Königsalm; ab dort wird die Strecke sehr steil und anspruchsvoll, und der Gipfelaufstieg ist erfahrenen Bergwandernden vorbehalten (Trittfestigkeit, Schwindelfreiheit, kurze Kletterpassagen)! Der Abstieg über die Gaisalm erfordert ebenfalls Trittsicherheit und Schwindelfreiheit. Bei Nässe, Schnee und Frost ist die Tour nicht zu empfehlen.

EINKEHR

Die Königsalm ist während der Weidesaison von Juni bis Sept. bewirtschaftet (Brotzeit, Getränke, Kuchen; tegernsee.com/a-koenigsalm).

AUCH INTERESSANT

Während der Rodelsaison ist die Forststraße in Richtung Königsalm für Fußgänger gesperrt. Gegenüber vom Parkplatz gelangt man zur Weißbachklamm mit kleinen Wasserfällen und Gumpen.

INFORMATION

tegernsee.com

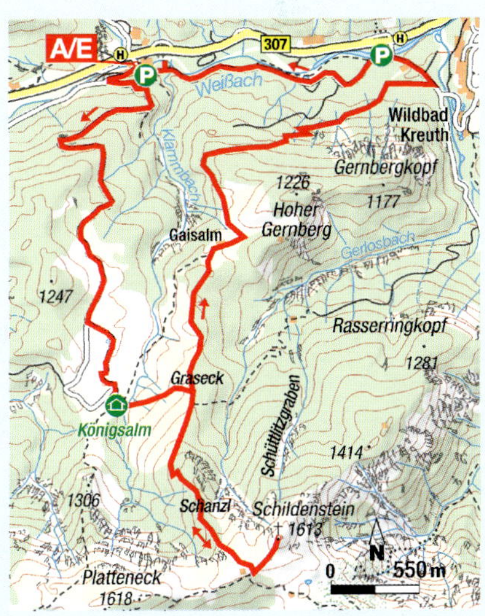

14

Kleine und Große Wolfsschlucht

AUF DEN SPUREN NOBLER KURGÄSTE UM WILDBAD KREUTH

Die eisen- und schwefelhaltigen Quellen von Wildbad Kreuth waren bereits Anfang des 19. Jahrhunderts bekannt, sodass sogar die russische Zarin hier als Kurgast logierte. Eine Wandung in die Wolfsschlucht gehörte vielleicht auch zum Kurprogramm der noblen Gäste. Wildbad Kreuth ist heute zudem durch die Klausurtagungen der CSU bekannt.

Zu den Gästen, die die Wolfsschlucht erwandert haben sollen, gehörte wohl auch das Kaiserpaar Elisabeth und Franz Josef von Österreich. Bekannt ist, dass sich Kaiserin Elisabeth wiederholt im Tegernseer Tal und in Kreuth aufhielt und Sisi über diese Gegend das Gedicht »Was mir der Tegernsee erzählt« schrieb. Sie beklagte darin u. a. die Verschandelung der Landschaft durch neue Villen am Seeufer:

»Statt der reichgezierten Villen, die hier mein Gestad' umstehn,
waren kleine, fromme Hütten armer Fischer nur zu seh'n.«

Was würde Sisi heute wohl zum herrschenden Bauboom am Tegernsee sagen? Der Weg zur Wolfsschlucht (zur Kleinen und zur Großen) führt uns mitten durch das Landschaftsschutzgebiet Weißachau und entlang des Flussbetts der Hofbauernweißach. Wir starten am **Wanderparkplatz Wildbad Kreuth** und halten uns nach der Brücke über die Weißach rechts. Nun geht es ca. 2,5 Kilometer die Forststraße entlang in Richtung Siebenhütten (Beschilderung). Über die Brücke nahe der Herzoglichen Fischzucht erreichen wir die Hofbauernweißach und kommen an einer Bachschleife und vor den Blaubergen zu

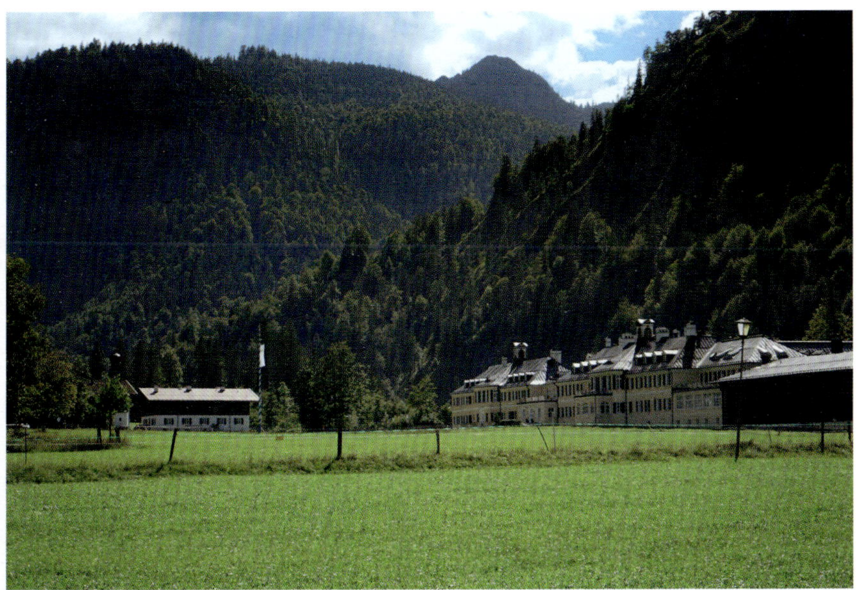

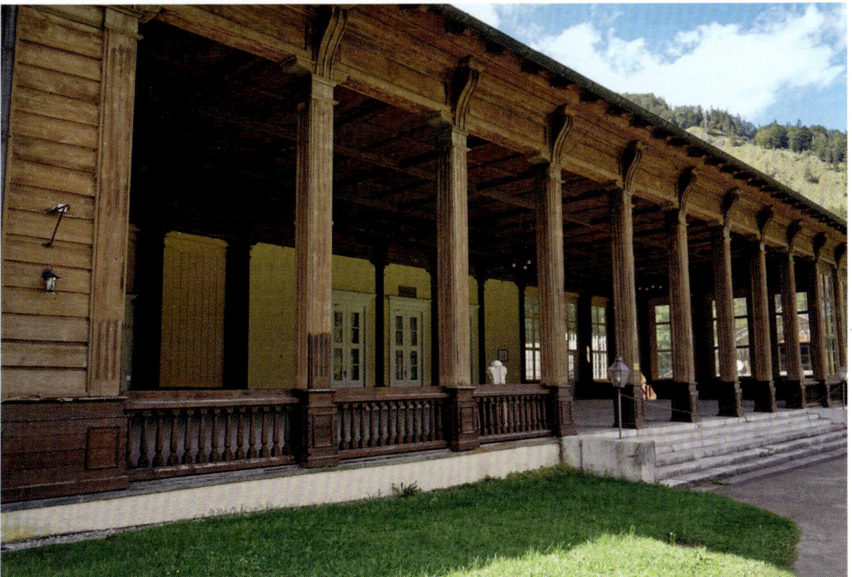

▲ Blick auf das Herzogliche Gasthaus Altes Bad mit der Kapelle Zum Heiligen Kreuz und das ehemalige Kurhaus

▼ Hier wurde einst gekurt: die Wandelhalle mit Trinkbrunnen aus Tegernseer Marmor.

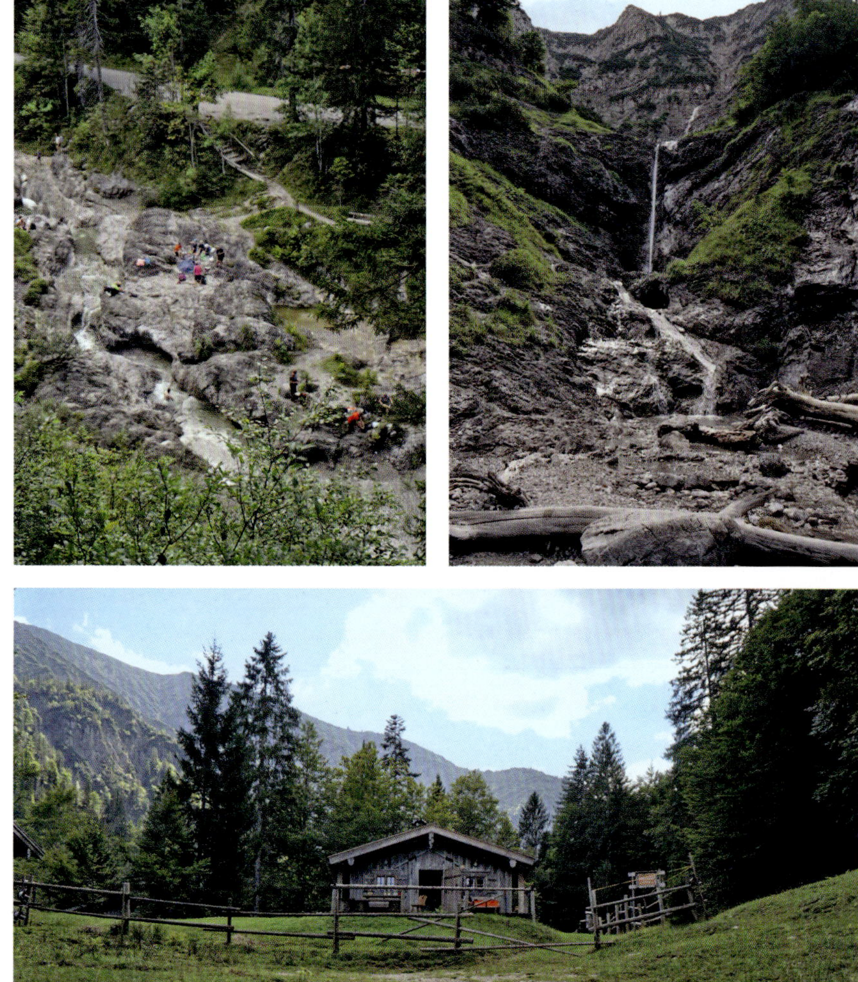

◂ Die Wanderung erlaubt Tiefblicke auf die wilde Hofbauernweißach.
▸ Der Wasserfall in der Kleinen Wolfsschlucht ist ca. 40 Meter hoch.
▾ Auf dem Weg in die Wolfsschlucht kommt man auch an der Königshütte vorbei.

den auf ca. 850 Metern Höhe gelegenen **Siebenhütten**. Ursprünglich waren es einmal (wie der Name schon sagt) sieben Hütten, doch bereits Anfang des 19. Jahrhunderts, als König Max I. Joseph das Areal erwarb, waren es nur noch drei. Früher wurden hier Ziegen gehalten, deren Ziegenmolke als Teil der Kuranwendungen verwendet wurde. Im Sommer kann man auf der Alm (im Besitz der herzoglichen Familiengesellschaft) einkehren.

Wir nehmen nun rechts den Weg Richtung Wolfsschlucht (Beschilderung) und erreichen nach ca. 600 Metern eine Lichtung mit einer **kleinen Hütte**. Von hier aus hat man freie Aussicht auf den Blaubergkamm mit dem Halserspitz. Links ist eine kleine Jagdhütte zu sehen (Weißachalm); oberhalb, rechts von unserem Wanderweg in Richtung Wolfsschlucht, steht die **Königshütte**, die sich in Privatbesitz der herzoglichen Familie befindet und vermietet ist. Von der kleinen Hütte führt unser Weg noch kurz durch den Wald bis zum Flussbett der Felsweißach, dann wird der Weg zum schmalen, teilweise sehr steinigen Pfad entlang des Flussbetts. An manchen Stellen muss man über größere Steine mitten durchs Flussbett steigen, immer entlang der roten Markierungen auf den Steinen. Vor allem an heißen Sommertagen ist die Tour ein Genuss, weil sich immer wieder kleine Pools für eine Erfrischung anbieten.

Nach ca. 800 Metern gelangen wir an eine Gabelung, wo wir uns entscheiden müssen, ob wir geradeaus zur Großen oder links zur Kleinen Wolfsschlucht wandern wollen. Ein historischer Wegweiser aus Stein mit kunstvoller, etwas verwitterter Schrift neben dem gelben Wegweiser zeigt ebenfalls die Richtung an. Wir gehen weiter geradeaus und erreichen nach ca. 400 Metern die **Große Wolfsschlucht**, wo ein kleiner Wasserfall Mutigen eine Erfrischung bietet. Von hier aus können geübte Wandernde neben dem Wasserfall über einen steilen, ausgesetzt hinaufführenden Pfad Schildenstein, Halserspitz und die Blaubergalm erreichen (s. Hinweisschild).

Wir drehen hier jedoch um und gehen den Weg zurück bis zur Gabelung mit dem historischen Wegweiser und wählen nun den Pfad rechts in die **Kleine Wolfsschlucht**. Diese endet nach ca. 200 Metern an einem ca. 40 Meter hohen Wasserfall – ein perfekter Rastplatz mit wildromantischem Fotomotiv.

Wir wandern von hier wieder auf dem Hinweg zurück zu den **Siebenhütten** und biegen dort rechts auf den Wanderweg zum Hochufer ab, der uns durch den Wald führt und dabei Tiefblicke auf die wilde Hofbauernweißach bietet. An der ersten Weggabelung halten wir uns rechts (nicht auf den

Kiem-Pauli-Weg!). Nach ca. 700 Metern macht uns ein Schild auf das **König-Max-I.-Josef-Denkmal** aufmerksam – oberhalb einer Quelle ließen die Königssöhne ihrem Vater dieses Denkmal errichten, das 1828 eingeweiht wurde. Die Inschrift unter der mächtigen Bronzebüste lautet: »Rein und segensreich wie diese Quelle war sein Leben.«

Über den Wanderweg erreichen wir nach kurzer Strecke das **Herzogliche Gasthaus Altes Bad** mit der **Kapelle Zum Heiligen Kreuz**. Zusammen mit dem neoklassizistischen Gebäude gegenüber dem Alten Bad wurde auch dieses gesamte Anwesen Anfang des 19. Jahrhunderts von König Max I. Josef erworben. In dem Gebäude mit Festsaal und Wandelhalle mit Trinkbrunnen aus Tegernseer Marmor fanden in Form von Heilbädern und Molke-Anwendungen die Kuren statt. Im Sommer 1838 weilte Zarin Alexandra von Russland hier; eine Steintafel zeugt davon.

Vom Alten Bad führt ein Fahrweg rechts hinab an die Weißach und zurück zum **Wanderparkplatz**.

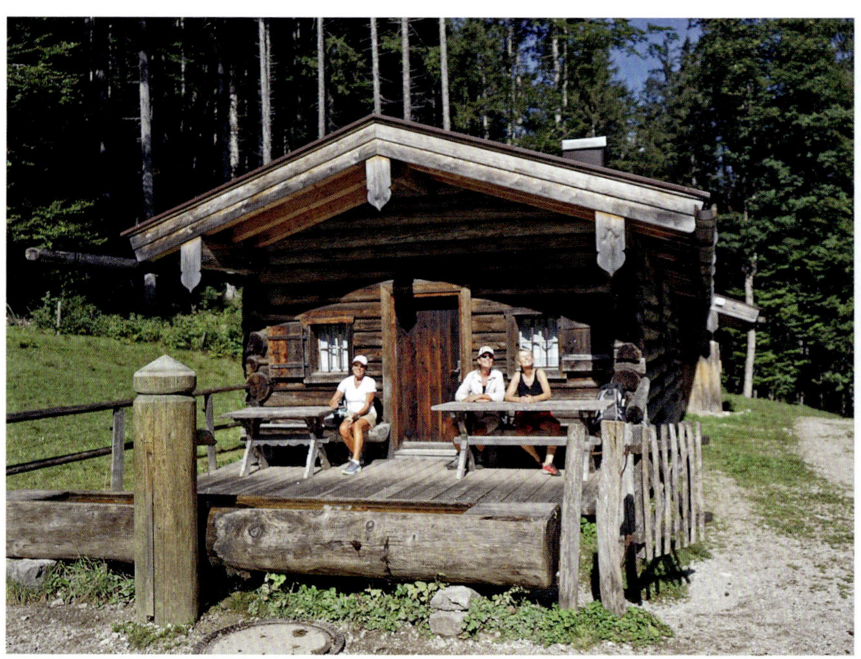

Willkommener Rastplatz auf einer Lichtung unterhalb der Blauberge

Auf einen Blick

AUSGANGS-/ENDPUNKT

Wanderparkplatz Wildbad Kreuth
GPS: N47° 37.508' E11° 44.842'

ANFAHRT

Bus & Bahn: Von München mit der BRB bis Bahnhof Tegernsee und weiter mit Bus 9556 bis Haltestelle Wildbad Kreuth

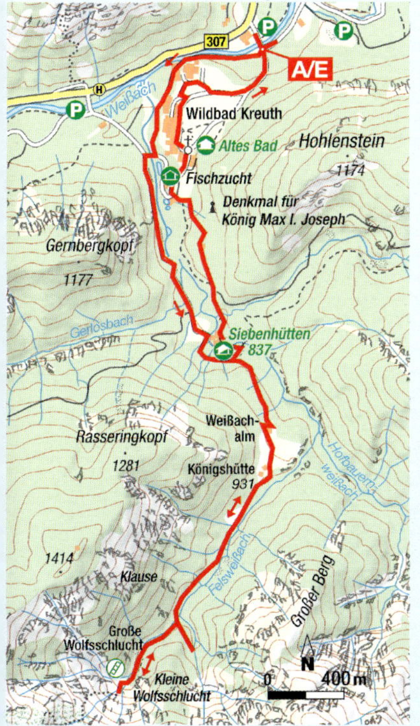

Auto: A 8 bis Ausfahrt Holzkirchen, weiter auf der B 318 bis Tegernsee und von dort auf der B 307 nach Wildbad Kreuth und zum Wanderparkplatz

GEHZEIT UND SCHWIERIGKEIT

Die Tour ist insgesamt ca. 12 km lang und erfordert bei rund 300 Hm im Auf- und Abstieg je nach Wandertempo und Pausen 4–5 Std. Zeitaufwand. Bis Siebenhütten einfache Fahrstraßen bzw. Wanderwege, die auch mit Kinderwagen gut zu bewältigen sind. Für den Weg in die Wolfsschlucht sind Trittsicherheit und gutes Schuhwerk erforderlich. Kraxeleien entlang dem und durch das Flussbett erfordern etwas Abenteuerlust und Geschicklichkeit.

EINKEHR

Ausflugsalm Siebenhütten (tegernseer-gastro.de/siebenhuetten), Herzogliches Gasthaus Altes Bad (altesbad.com)

INFORMATION

tegernsee.com

15

Auf Sisis Spuren im Königlichen Tal

KAISERLICHE FAMILIENBANDE IM TEGERNSEER TAL

Seit Sisis Großvater König Max I. Josef 1817 das ehemalige Kloster Tegernsee und weitere Areale am See erworben hatte, sind der Ort und die Gegend bis heute mit der Wittelsbacher Familie verbunden. Die Eltern der Kaiserin wurden 1828 in der hiesigen Schlosskapelle vermählt, und ihr Bruder Karl Theodor praktizierte viele Jahre als Augenarzt in dieser Gegend.

Vor allem bei Familienfesten residierte Kaiserin Elisabeth mehrmals im königlichen Tal am Tegernsee. So besuchte Sisi am 9. September 1878 gemeinsam mit ihrem Mann Franz Josef Tegernsee anlässlich der Goldenen Hochzeit ihrer Eltern Ludovika von Bayern und Herzog Max in Bayern. In der heutigen katholischen Pfarrkirche St. Quirinus, einem spätgotischen Bauwerk aus dem 15. Jahrhundert, zeugt eine der vier Gedenktafeln aus Marmor an der Wand in der Vorhalle von diesem Ereignis und den wichtigen anwesenden Gästen. Eine zweite der insgesamt vier Marmortafeln gedenkt der Vermählung von Sisis Eltern 1828 in dieser Kirche. Auch bei der Vermählung von Herzogin Amélie in Bayern, einer Nichte Kaiserin Elisabeths, war das Kaiserpaar mit seiner jüngsten Tochter Marie Valérie 1882 hier vor Ort sowie 1888 zum 80. Geburtstag von Sisis Mutter. In der Gruft unter dem Chor liegen die sterblichen Überreste der Wittelsbacher Familien, und das Grabdenkmal für Herzog Karl Theodor, Sisis Bruder, ist ebenfalls in der Kirche zu finden. Auch

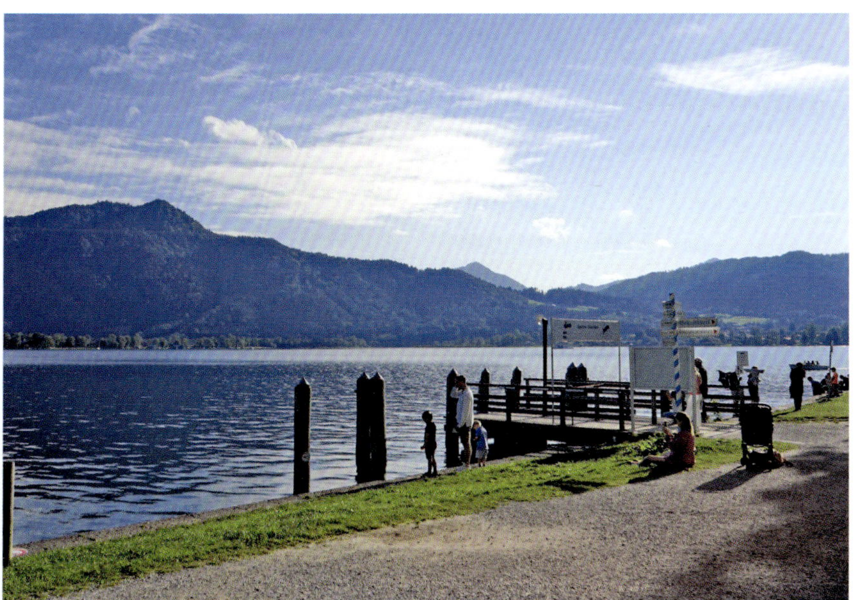

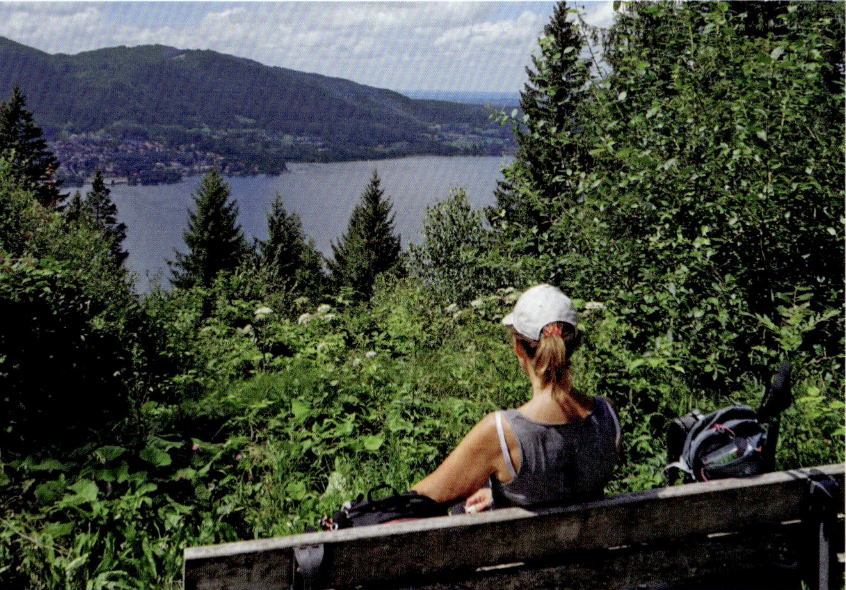

▲ Auch über den Tegernsee ist eine Schifffahrt möglich.
▼ Aussicht vom Pfliegeleck auf den Tegernsee

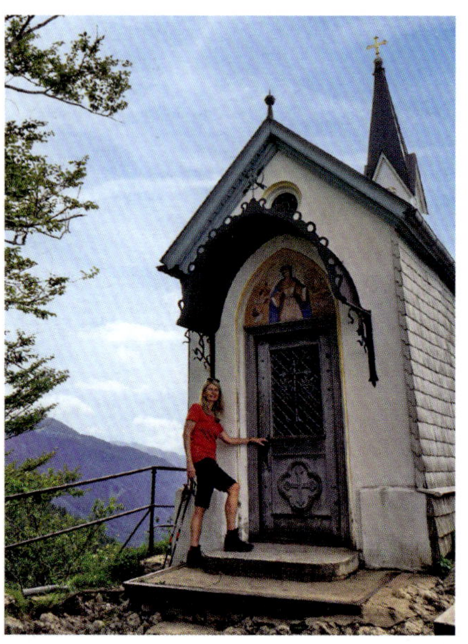

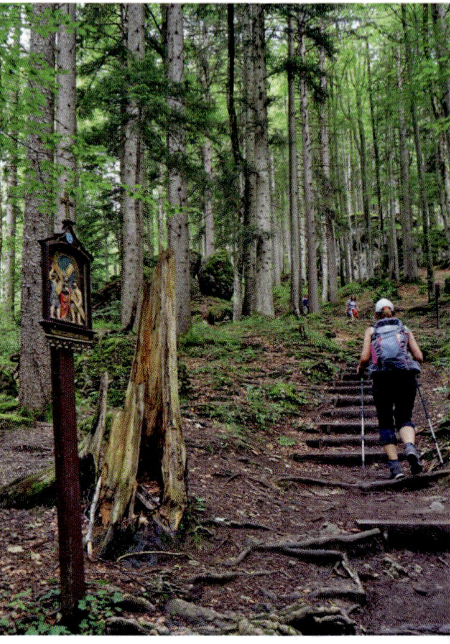

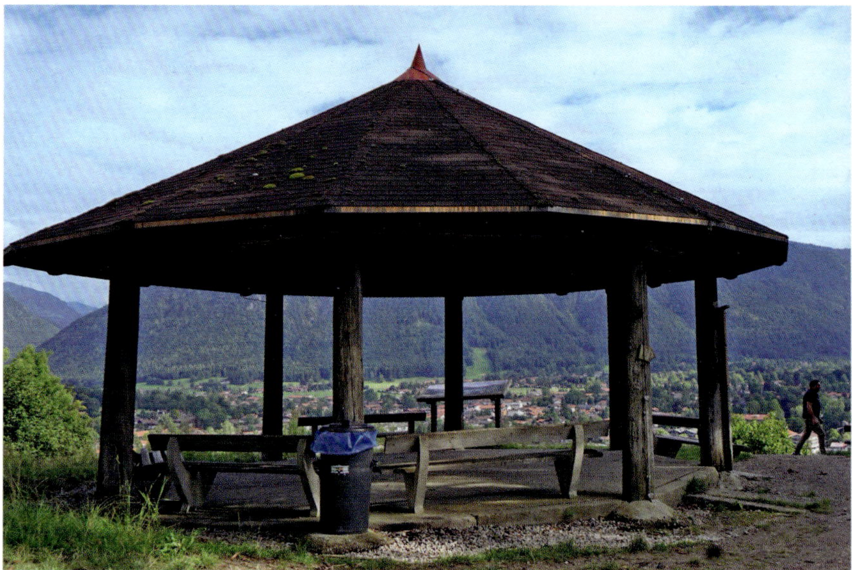

◀ Die neugotische Riedersteinkapelle steht auf einem Felsvorsprung in über 1200 Metern Höhe.
▶ Aufstieg zum Riederstein mit der gleichnamigen Kapelle
▼ Oberhalb von Tegernsee beim Großen Paraplui

im Ort Tegernsee gibt es Hinweise auf die Präsenz der Wittelsbacher: durch eine ganze Reihe königlicher Straßennamen.

Wir starten unsere Wanderung am **Bahnhof von Tegernsee**, biegen wenige Meter unterhalb vom Bahnhof in die Max-Josef-Straße ein und folgen dieser geradeaus. Am Abzweig zum Prinzregentenweg ins Alpbachtal treffen wir auf die **Kapelle Mariä Schnee**, neben der ein schmaler Wanderweg weiter bergwärts zum Gasthaus Schießstätte und zur Kunsteisarena führt. Dort halten wir uns rechts und bleiben für ca. 200 Meter auf der Schützenstraße, von der aus wir dann links in den Auerweg abbiegen.

Stetig ansteigend führt der gut ausgebaute Wanderweg über ein Wiesenareal, von wo wir erste wunderbare Blicke auf den Tegernsee erhaschen können. Am Waldrand biegen wir auf einen kleinen Waldweg und wandern nun ein längeres Stück ansteigend und in kleinen Serpentinen durch den Wald bis zu einer kleinen Lichtung mit Bank zum Rasten, dem Aussichtspunkt **Pfliegeleck** (1063 m) mit Holzkreuz. Von dort folgen wir dem Weg ca. 1,5 Kilometer weiter bis zum **Berggasthaus Riederstein am Galaun**, wo wir die schöne Aussicht und bayerische Schmankerl genießen.

Vom Gasthaus ist es nur noch ein Katzensprung bis hinauf zum Riederstein. Dafür folgen wir einfach der Beschilderung und gelangen so nach etwa 30 Minuten über den Kreuzweg – einen steinigen Pfad, der unterhalb des Gipfels über ein paar Treppen verläuft (Vorsicht bei Nässe!) – auf das winzige Bergplateau des **Riedersteins** (1207 m) mit der **Riedersteinkapelle**, wo uns nun der Tegernsee zu Füßen liegt.

Für den Abstieg folgen wir etwa einen Kilometer weit der Beschilderung über einen Weidehang (Weg Nr. 686b Richtung Rottach-Egern), biegen an der Abzweigung jedoch rechts ab (nicht in Richtung Rottach-Egern). Nach etwa zwei Kilometern geradeaus kommen wir am **Leeberghof** sowie dem **Weinhäusl vom Kiem Pauli** vorbei und erreichen den von König Max I. Josef in Auftrag gegebenen **Großen Paraplui**, einen Holzpavillon. Neben der prächtigen Aussicht auf den See und die Alpenkette beeindrucken die vier Gedenksteine, die an das »Dreikönigstreffen« (Kaisertreffen) von Zar Alexander I. Kaiser von Russland, dem Kaiser von Österreich und König Max I. Joseph erinnern.

Wir folgen nun der Beschilderung Richtung Tegernsee weiter talwärts und biegen links in die Karl-Stieler-Straße ein, gelangen in die Bahnhofstraße und erreichen bald das Gebäude des **Museums Tegernseer Tal**. Nun müssen wir nur noch die Seestraße überqueren, um zum Schlossplatz zu gelangen. Das ehemalige **Kloster Tegernsee** mit der Kirche beherbergt heute die Schlosswirtschaft Tegernsee und die Herzogliche Brauerei. Im Biergarten direkt am See können wir uns mit einer hervorragenden Küche verwöhnen lassen. Das Schloss selbst ist nicht zu besichtigen, im Barocksaal finden gelegentlich Konzerte statt. Eine Besichtigung der ehemaligen **Schlosskirche** (heute katholische Pfarrkirche St. Quirinus) sollten wir hingegen nicht versäumen.

Vom Schlossplatz folgen wir alsdann der Beschilderung Richtung Bahnhof und gelangen so zu unserem Ausgangspunkt, dem **Bahnhof Tegernsee**, zurück.

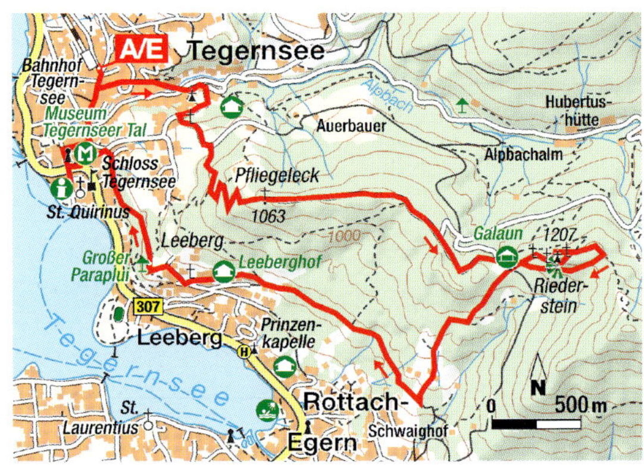

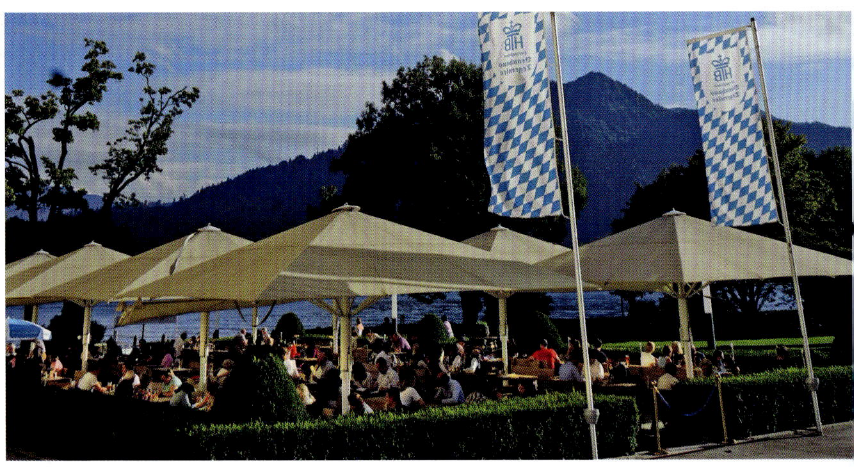

Königliche Einkehr am Tegernsee mit Biergenuss aus der Herzoglichen Brauerei

Auf einen Blick

AUSGANGS-/ENDPUNKT

Bahnhof Tegernsee
GPS: N47° 42.833' E11° 45.451'

ANFAHRT

Bus & Bahn: Von München mit der BRB bis Bahnhof Tegernsee
Auto: A 8 bis Ausfahrt Holzkirchen und weiter auf der B 318 bis Tegernsee-Ort und dort zum Bahnhof (gebührenpflichtiger Parkplatz)

GEHZEIT UND SCHWIERIGKEIT

Die Tour ist insgesamt knapp 11 km lang (4–5 Std. je nach Wandertempo). Man sollte ausreichend Pausen für die bayerischen Schmankerl und das herzogliche Bier einplanen. Im Auf- und Abstieg sind jeweils rund 650 Hm zu bewältigen. Die abwechslungsreiche Rundtour führt meist über gut begehbare Forststraßen und -wege sowie Wanderpfade. Der Gipfelanstieg zur Riedersteinkapelle kann vor allem bei Nässe zur Herausforderung werden und gebietet dann besondere Vorsicht!

EINKEHR

Berggasthaus Riederstein am Galaun (tegernsee.com/a-galaun-riederstein), Schlosswirtschaft Tegernsee (schlosswirtschaft-tegernsee.de), Herzogliches Brauhaus Tegernsee (braustuberl.de)

ZUSÄTZLICHE HINWEISE

Die Tour kann mit Tour 13 und/oder 14 kombiniert werden.

AUCH INTERESSANT

Das Museum Tegernseer Tal im alten Pfarrhof von Tegernsee informiert über Kultur und Geschichte vom Mittelalter bis zur Gegenwart (museumtegernseertal.de).

INFORMATION

tegernsee.com

Außerdem sehenswert

Villa Valerie in Rottach-Egern

Während ihres Aufenthaltes anlässlich des 80. Geburtstags ihrer Mutter Ludovika (Luise) in Tegernsee stattete Kaiserin Elisabeth im August 1888 auch Rottach-Egern einen Besuch ab. Sie traf dort in der Villa Valerie (seit 1927 das hiesige Rathaus) ihre Nichte und langjährige enge Vertraute, Marie Louise Gräfin Larisch, Freiin von Wallersee, geborene Mendel.

Marie Louise war die Tochter von Sisis ältestem Bruder Ludwig aus seiner Ehe mit der Schauspielerin Henriette Mendel, die später in den Stand der Freifrau von Wallersee erhoben wurde. Gräfin Larisch war auch eine Vertraute ihres Cousins, des Kronprinzen Rudolf, und wurde später mit seinem mysteriösen Tod im Januar 1889 in Mayerling in Verbindung gebracht.

Eine Gedenktafel der Gemeinde Rottach-Egern, der Nachbargemeinde von Tegernsee, erinnert mit einer Inschrift an den Besuch Kaiserin Elisabeths in der damaligen Villa Valerie.

INFORMATION Gemeinde Rottach-Egern, Nördliche Hauptstr. 9, 83700 Rottach-Egern, Tel. 08022/67 31 00 (Tourist-Info), gemeinde.rottach-egern.de

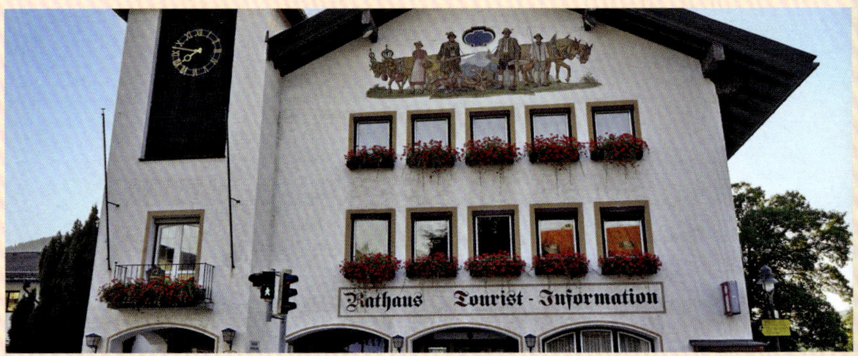

Villa Valerie (heute Rathaus)

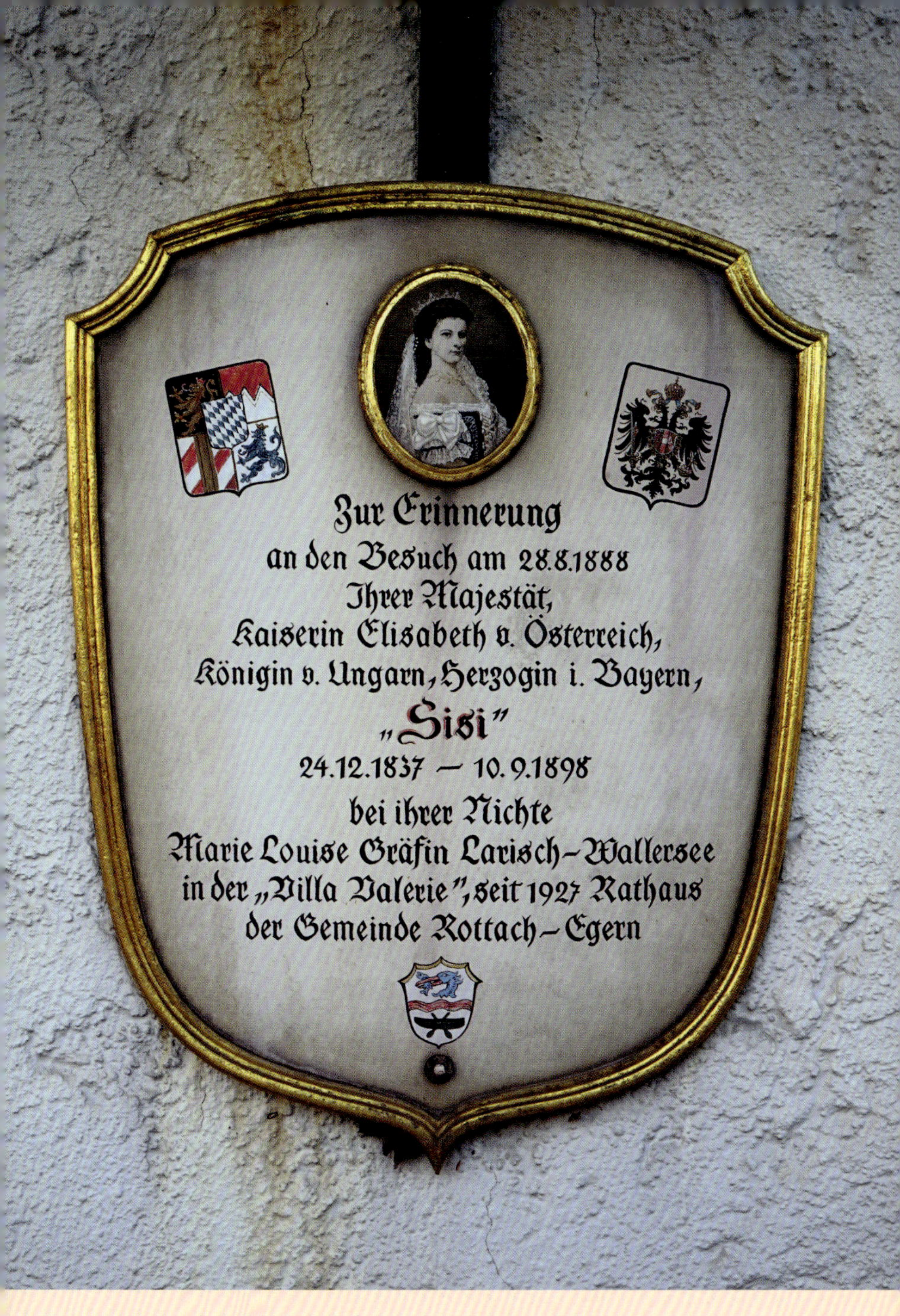

Gedenktafel anlässlich des Besuchs von Sisi 1888 in Rottach-Egern

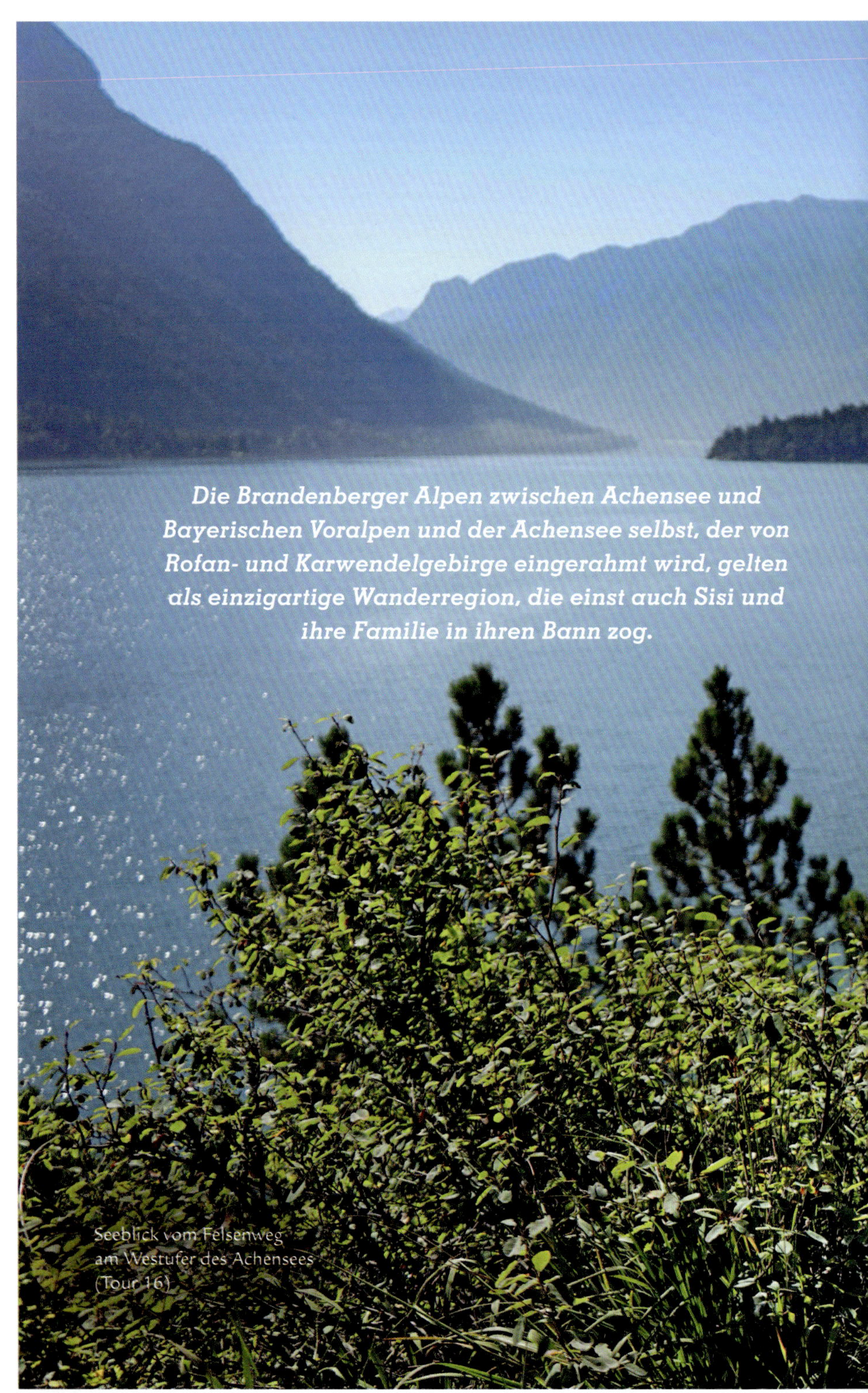

Die Brandenberger Alpen zwischen Achensee und Bayerischen Voralpen und der Achensee selbst, der von Rofan- und Karwendelgebirge eingerahmt wird, gelten als einzigartige Wanderregion, die einst auch Sisi und ihre Familie in ihren Bann zog.

Seeblick vom Felsenweg am Westufer des Achensees (Tour 16)

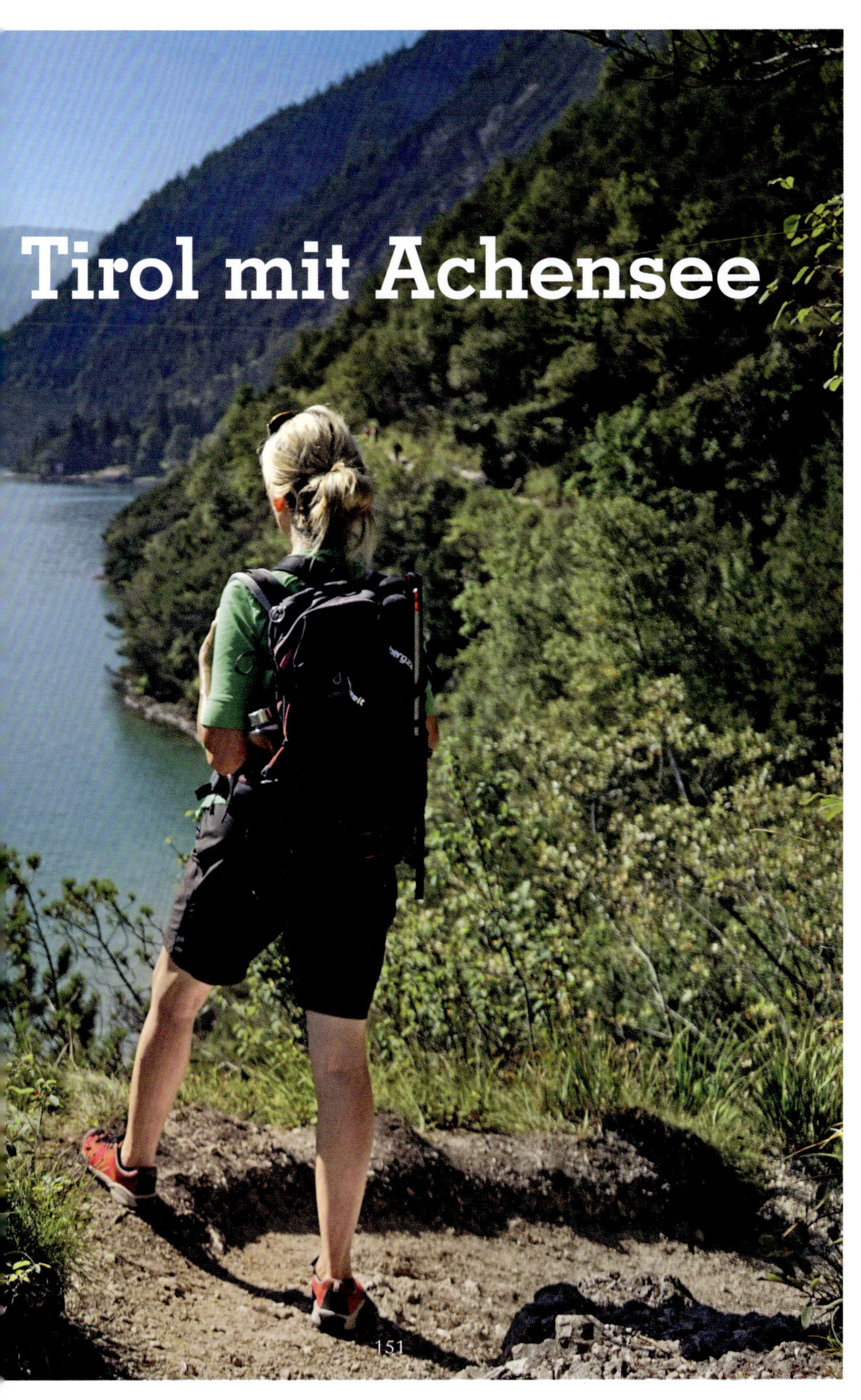

Tirol mit Achensee

16

Felsenweg am Achensee

AM HISTORISCHEN MARIENSTEIG ÜBER SMARAGDGRÜNEM WASSER

In den Sommerferien reiste Sisis Mutter mit den Kindern gern nach Österreich, zum Achensee, nach Jenbach und Innsbruck. Als sich im Juni 1848 die kaiserliche Familie in Innsbruck aufhielt, lernten sich die Cousinen und Vettern erstmals kennen – vielleicht die erste Begegnung von Sisi und Franz?

Auch als Elisabeth schon Kaiserin war, kehrte sie oft in ihre bayerische Heimat zurück und kam auf ihrer Reise dorthin am Achensee vorbei. Am 14. August 1881 soll Kaiser Franz Joseph I. die Gegend besucht und im Achenseehof von Ludwig Rainer verweilt haben. Rainer soll ihn mit den Worten begrüßt haben: »*Allergnädigster Kaiser, grüß Gott! Wir sind glücklich, dich in unserem Lande zu sehen!*« Daraufhin soll der Kaiser erwidert haben: »*Es freut mich sehr, dass ich dich wiedersehe, Rainer; seit dem Jahre 1848, wo du mir in Innsbruck die Fügener Schützenkompanie vorführtest, haben wir uns nicht mehr gesehen, damals waren wir beide noch jünger.*« Im Gasthaus Scholastika (heute Posthotel) in Achenkirch soll der Kaiser gefrühstückt und auch im Fürstenhaus in Pertisau Einkehr gehalten haben.

Wahrscheinlich war der Kaiserbesuch der Anlass dafür, dass die *Wiener Allgemeine Zeitung* danach diese drei Gasthäuser Fürstenhaus, Seehof und Scholastika als »die drei Heilstätten an den Ufern des Achensees« bezeichnet hat. Ganz sicher hat der Kaiser auch den wunderbaren Ausblick auf den smaragdgrünen See genossen und seiner Frau davon vorgeschwärmt.

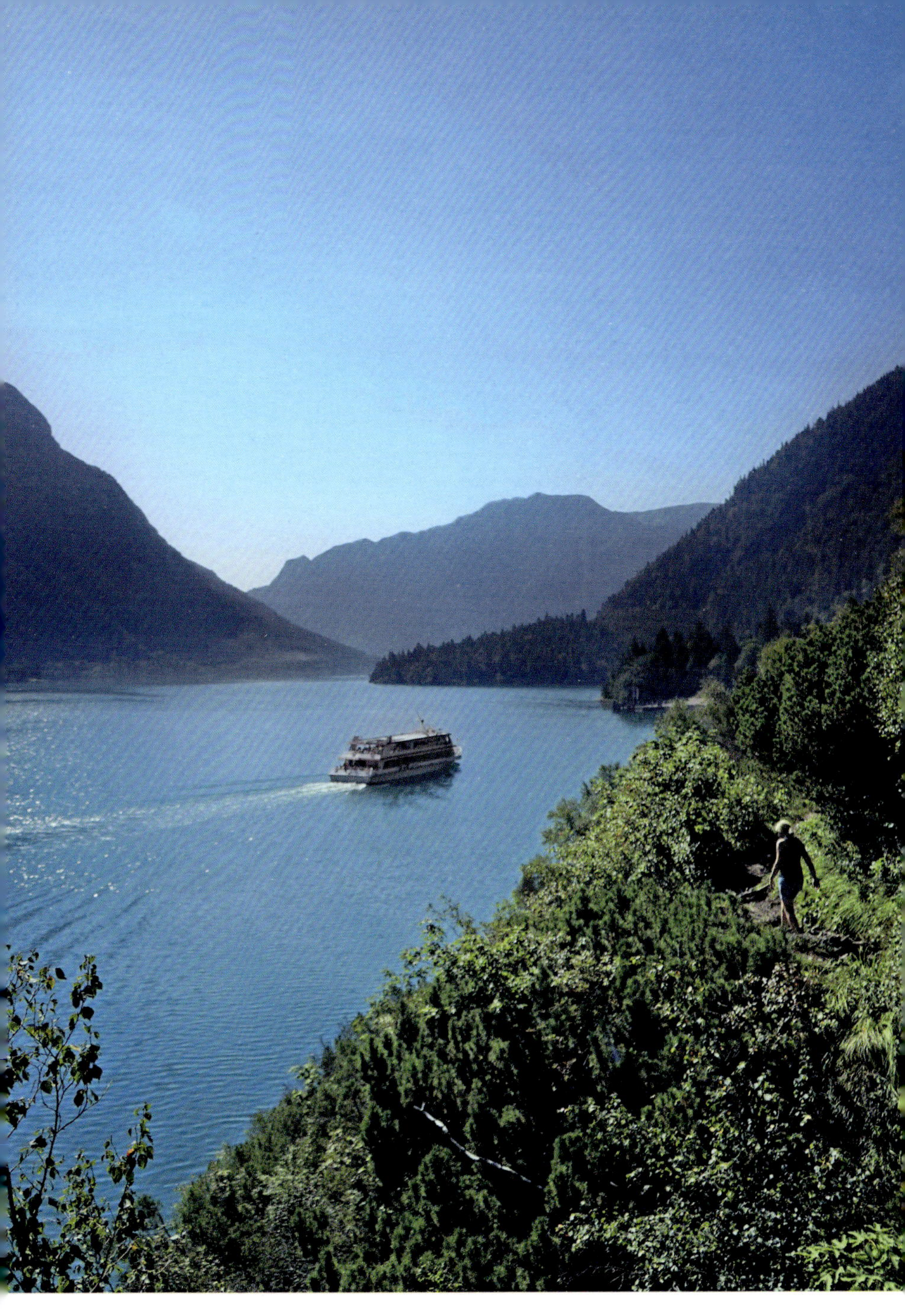

Abenteuerlich führt der historische Felsenweg am Westufer des Achensees entlang.

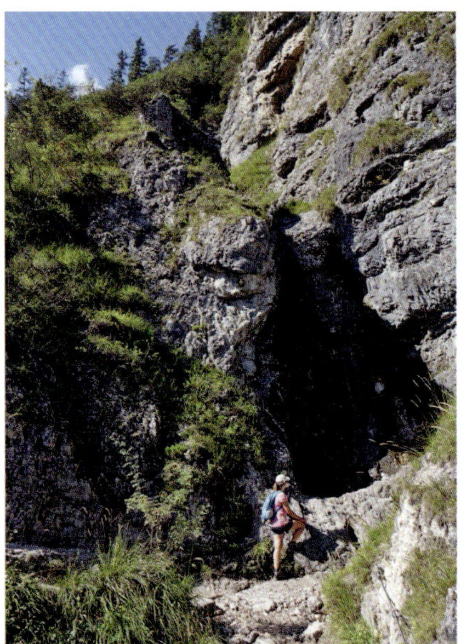

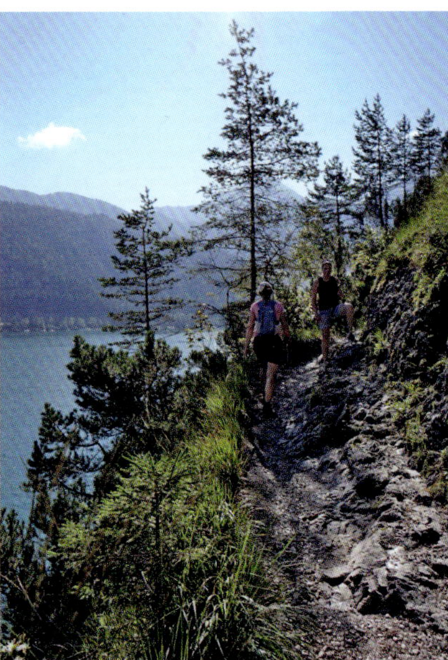

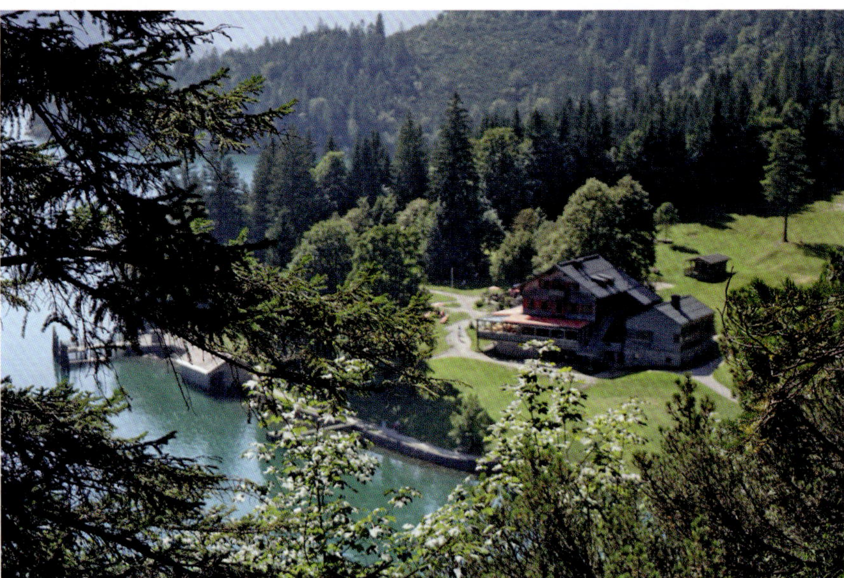

◀ Der historische Mariensteig verläuft entlang der unteren Flanken der steilen Felswände.
▶ Der Felsenweg bietet schwindelerregende Ausblicke und ist geübten Wanderern vorbehalten.
▼ Beliebte Einkehr am Felsenweg: die Gaisalm

Der Achensee unterhalb des Rofans bietet hervorragende Wasserqualität und ist im Sommer ein beliebter Badeplatz – Wassersportler aller Art tummeln sich in und auf dem smaragdgrün-türkisen See. Auch eine Fahrt mit der Achensee-Bahn ab Jenbach zum Achensee oder mit der Achensee-Schifffahrt ist beliebt.

Auf unserer Wanderung über den abenteuerlichen Felsenweg (Mariensteig) am Westufer oberhalb des Achensees, entlang der unteren Flanken der steilen Felswände, die vom Ufer Richtung Himmel ziehen, verbinden wir die Orte **Achenkirch**, wo wir starten, und Pertisau. Der erste Teil des **Mariensteigs** ist anspruchsvoll, steil und teilweise ausgesetzt, bietet dafür aber immer wieder wundervolle Blicke auf den See und die umliegenden Berge.

Nach ca. 2,5 Kilometern zweigt ein kleiner Trampelpfad vom Hauptweg steil aufwärts ab – an einer Felswand ist dem Erbauer des Mariensteigs ein kleines **Denkmal** gesetzt. Demnach soll Dr. med. F. Ohlenschlager den Steig 1895 errichtet haben.

Ungefähr auf halber Strecke bietet sich eine Einkehr in der **Gaisalm** an. Von hier gibt es Schiffsanschluss nach Achenkirch und Pertisau, falls man die Tour abkürzen möchten.

Der Weg Richtung Pertisau wird nun einfacher und breiter, weist aber immer wieder kleinere Steigungen auf. Viele Bademöglichkeiten bieten sich dazwischen an. Am Südufer erreichen wir alsdann **Pertisau** und den Schiffsanlegeplatz der Achensee-Schifffahrt, wo wir für den Rückweg nach **Achenkirch** ein Schiff besteigen und in rund einer Stunde über den See zum Ausgangspunkt zurückschippern. Auch mit dem Bus ist die Rückfahrt nach Achenkirch möglich – die Busse fahren ebenfalls am Schiffsanlegeplatz ab.

Auf einen Blick

AUSGANGS-/ENDPUNKT

Achenkirch
GPS: N47° 30.143' E11° 42.401'

ANFAHRT

Bus & Bahn: Vom Hauptbahnhof München mit der BRB bis Tegernsee, von dort weiter mit Bus 9550 Richtung Pertisau/ Achensee bis Haltestelle Achenkirch/ Alpen Caravan Park
Auto: A 8 bis Ausfahrt Tegernsee, über die Tegernseer Straße weiter auf der B 307 Richtung Achensee und der Beschilderung Richtung Achenkirch folgen; dort gibt es im Ortszentrum einen gebührenpflichtigen Parkplatz.

GEHZEIT UND SCHWIERIGKEIT

Die Tagestour ist insgesamt ca. 13 km lang (4–5 Std., ca. 700 Hm im Auf- und Abstieg). Die abwechslungsreiche Wanderung an der Westseite des Achensees erfordert absolute Trittsicherheit und Schwindelfreiheit – bei Nässe ist der schmale, felsige Weg nicht zu empfehlen! Für den Rückweg gibt es drei Varianten: entweder auf demselben Weg zurück nach Achenkirch oder im Sommer idyllisch mit dem Schiff über den Achensee oder mit dem Bus ab Pertisau. Im Sommer Badesachen nicht vergessen!

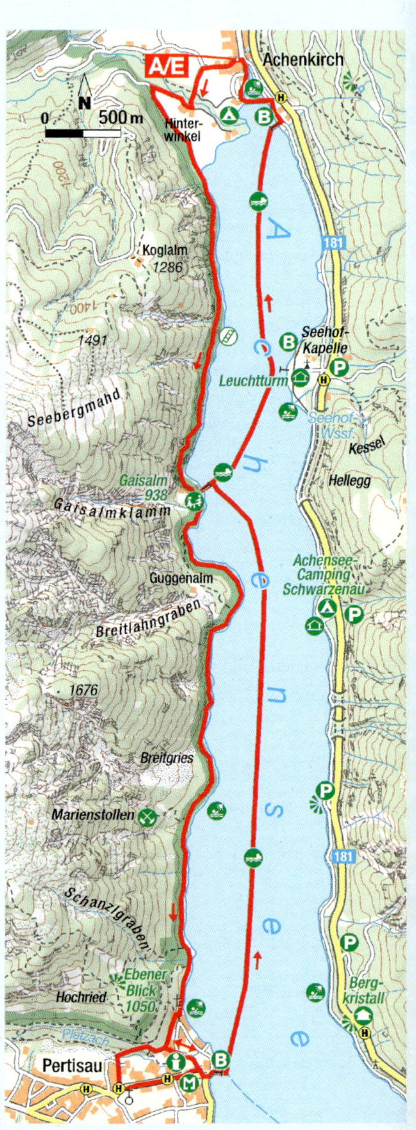

EINKEHR

Gaisalm (achensee.com/map-detail/gaisalm), Fürstenhaus in Pertisau (travelcharme.com/hotels/fuerstenhaus-am-achensee)

ZUSÄTZLICHE HINWEISE

Im Heimatmuseum Sixenhof in Achenkirch erfährt man viel über das Leben und die Arbeit am Sixenhof zwischen 1880 und 1963 (sixenhof.at). Ebenfalls sehr interessant: das Steinölmuseum in Pertisau (steinoel.at/vitalberg/museum). Die Wanderung kann mit Tour 17 kombiniert werden.

INFORMATION

achensee.com

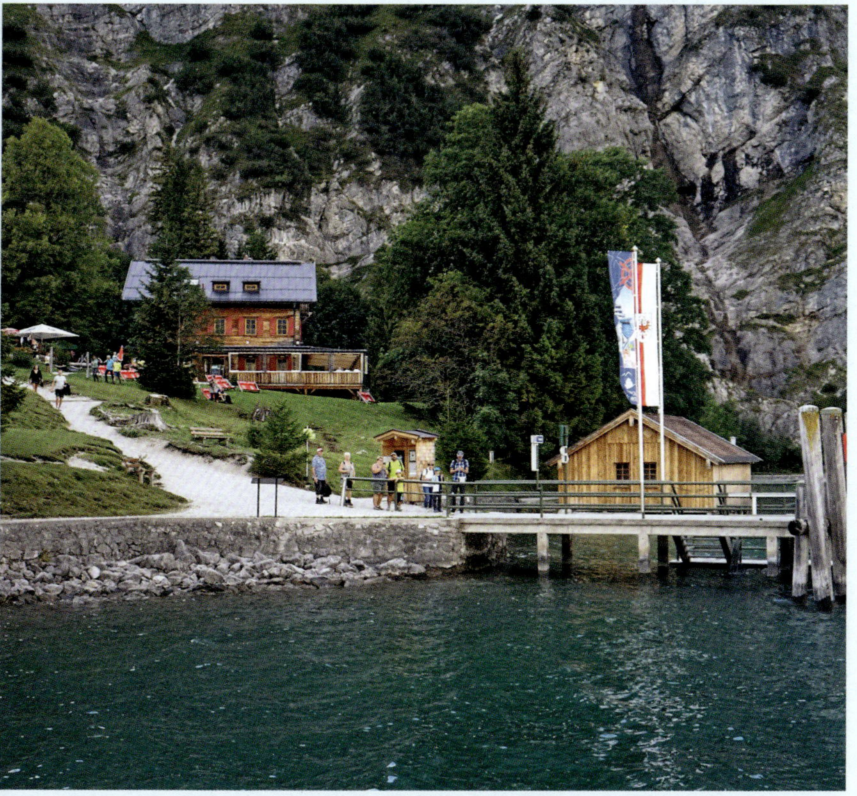

Von der Gaisalm fahren Schiffe nach Achenkirch und Pertisau.

17

Kaiserklamm und Kaiserhaus

TRÄUMEN MIT SISI UND FRANZ IM ALPBACHTAL

Direkt an der Brandenberger Arche soll Kaiser Franz Josef I. mit seinem Gefolge die legendäre Holztrift mitverfolgt haben, und auch seine Jagdleidenschaft konnte er hier ausleben. Den Genuss der Ruhe und Schönheit dieser Gegend teilte er zudem gern mit seiner Frau Elisabeth.

Als Holztrift bezeichnet man den Holztransport, bei dem das Holz frei schwimmend und durch die Strömung angetrieben zum Bestimmungsort schwimmt (triftet). Das muss damals ein gewaltiges Naturschauspiel gewesen sein, das sogar den Kaiser von Österreich angelockt haben soll. Diese alte Transportmethode wurde in Brandenberg erst 1966 aufgegeben. Die zuständigen Förster bewirtschafteten damals Forsthäuser – eines davon wurde nach dem Besuch des Kaisers umbenannt in Kaiserhaus, ebenso wie die Klamm den Namen Kaiserklamm erhielt. Sisi und Franz sollen im Kaiserhaus übernachtet haben – das Sisi-Zimmer ist laut Prospekt noch original und kann für Übernachtungen gebucht werden.

Die Kaiserklamm in Brandenberg gehört zu den schönsten Schluchtenlandschaften in Österreich, und die Wanderung durch diese Klamm ist ein grandioses Naturerlebnis, denn tief unter dem felsigen Steig tost die Brandenberger Ache dahin. Der Weg durch die Klamm war ursprünglich ein alter Triftsteig: Die Baumstämme wurden an der Erzherzog-Johann-Klause ins aufgestaute Wasser geworfen und von der Wucht der Strömung ins Tal getrieben.

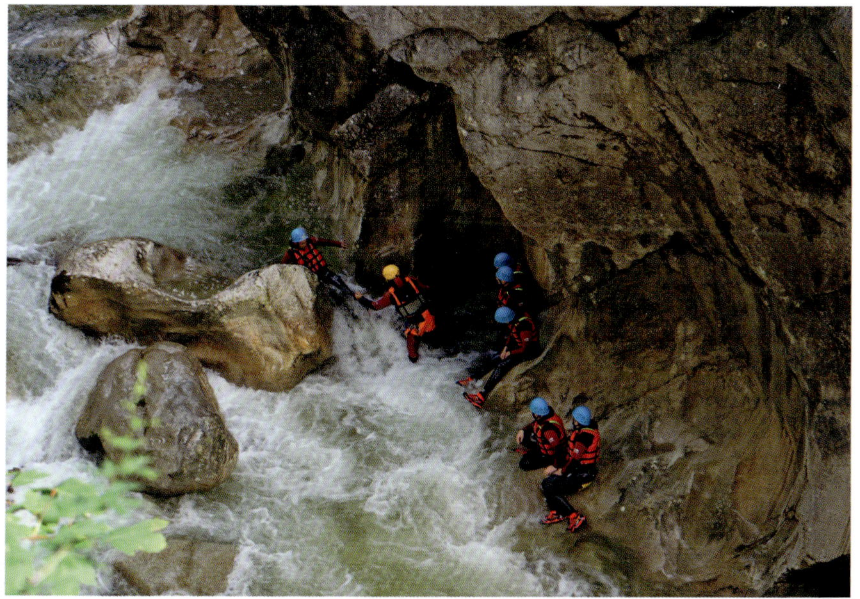

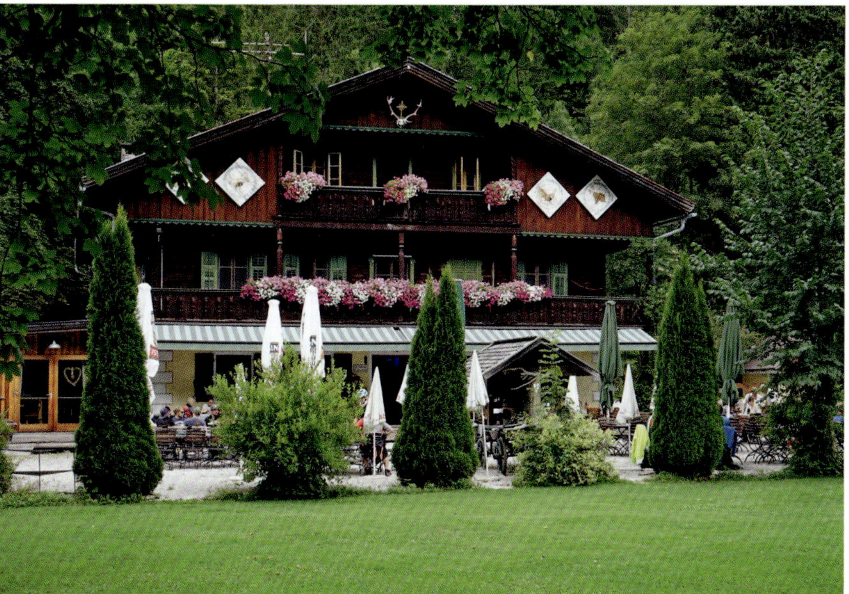

▲ Ganz mutige Wassersportler wagen sich in die Klamm.
▼ Das Kaiserhaus – Liebesnest von Sisi und Franz?

Etwa 300 Meter nördlich vom **Kaiserhaus** beginnen wir unsere Wanderung am beschilderten Einstieg in die **Kaiserklamm**. Der schmale, felsige Steg ist gut gesichert und bietet immer wieder beeindruckende Tiefblicke. Über Brücken und durch Steintunnel geht es etwa einen Kilometer abenteuerlich dahin, was auch für Kinder (in Begleitung der Eltern) ein großer Spaß ist. Dem Erbauer des **Triftsteigs**, Ingenieur Hermann Veith, wurde ein **Denkmal** mit Inschrift und Kreuz gewidmet, an dem der Weg durch die Klamm vorbeiführt. Das Denkmal befindet sich rechts etwas unterhalb des Stegs.

Nach der engen Schlucht fließt die Ache in einen breiten Talboden mit schönen Plätzen zum Rasten oder um im Sommer die Füße im Bach zu kühlen. Der Weg zurück zum Ausgangspunkt führt entweder wieder durch die Klamm, oder wir wandern auf dem ausgebauten Spazierweg (Forststraße) entlang der Ache zum **Kaiserhaus** zurück.

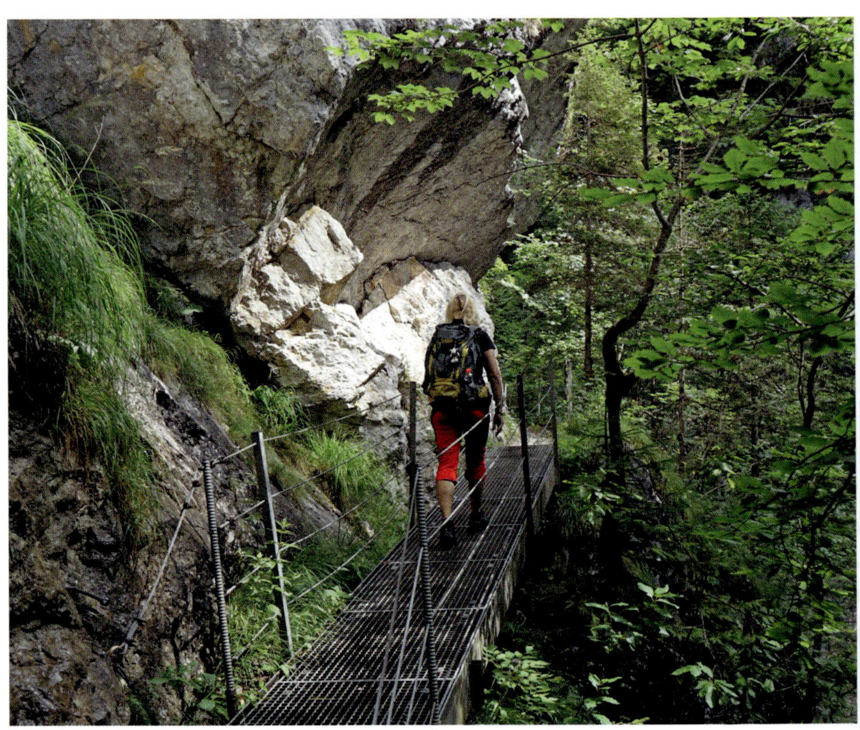

Auf gesicherten Steigen geht es durch die Kaiserklamm.

Auf einen Blick

AUSGANGS-/ENDPUNKT

Parkplatz an der Kaiserklamm in Brandenberg/Tirol
GPS: N47° 32.196' E11° 54.903'

ANFAHRT

Bus & Bahn: Von München mit dem Zug Richtung Innsbruck bis Jenbach, umsteigen in den Zug Richtung Kufstein und in Brixlegg aussteigen; hier fährt Bus 4070 Richtung Brandenberg bis Kaiserhaus.
Auto: A 8 bis Ausfahrt Tegernsee, über die Tegernseer Straße weiter auf der B 307 Richtung Achensee, dann über die B 181 am Ostufer des Achensees entlang über Maurach bis Jenbach und von dort Richtung Kufstein bis Ausfahrt Kramsach und über Aschau nach Brandenberg; ausgeschilderter Parkplatz Kaiserhaus bzw. Kaiserklamm (Aschauer Str. 81)

GEHZEIT UND SCHWIERIGKEIT

Die Tour ist insgesamt knapp 4 km lang (ca. 1 Std.). Es sind keine nennenswerten Auf- und Abstiege zu bewältigen. Der felsige Steg führt abwechslungsreich durch die Klamm. Gutes Schuhwerk, Trittsicherheit und etwas Schwindelfreiheit sind Voraussetzung! Im Winter und an starken Regentagen ist die Klamm gesperrt.

EINKEHR

Kaiserhaus (kaiserhaus.eu)

ZUSÄTZLICHE HINWEISE

Diese Wanderung kann mit Tour 16 kombiniert werden.

AUCH INTERESSANT

Am Ende der Klamm kann man dem ausgeschilderten und gut ausgebauten Weg weiter bis zur Erzherzog-Johann-Klause folgen (7,5 km). Ein weiteres Highlight im Alpbachtal ist die Tiefenbachklamm (Einstieg gegenüber dem Gasthaus Ascherwirt in Brandenberg).

INFORMATION

alpbachtal.at/de

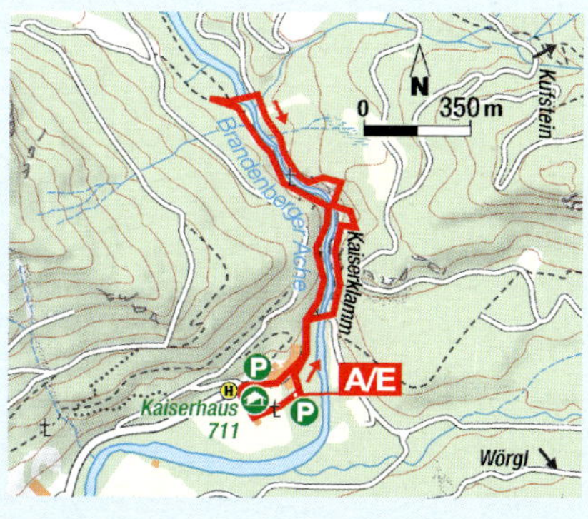

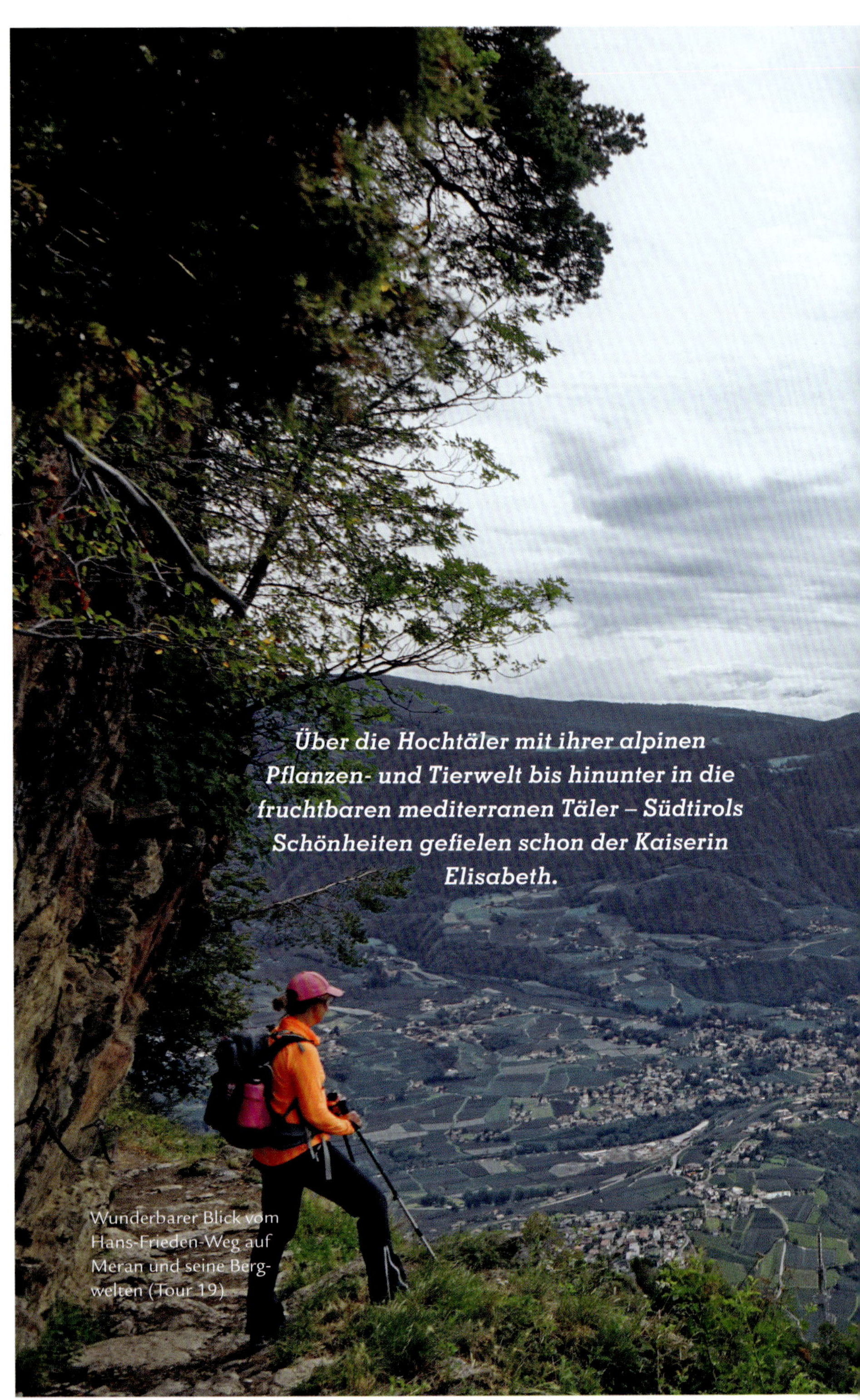

Über die Hochtäler mit ihrer alpinen Pflanzen- und Tierwelt bis hinunter in die fruchtbaren mediterranen Täler – Südtirols Schönheiten gefielen schon der Kaiserin Elisabeth.

Wunderbarer Blick vom Hans-Frieden-Weg auf Meran und seine Bergwelten (Tour 19)

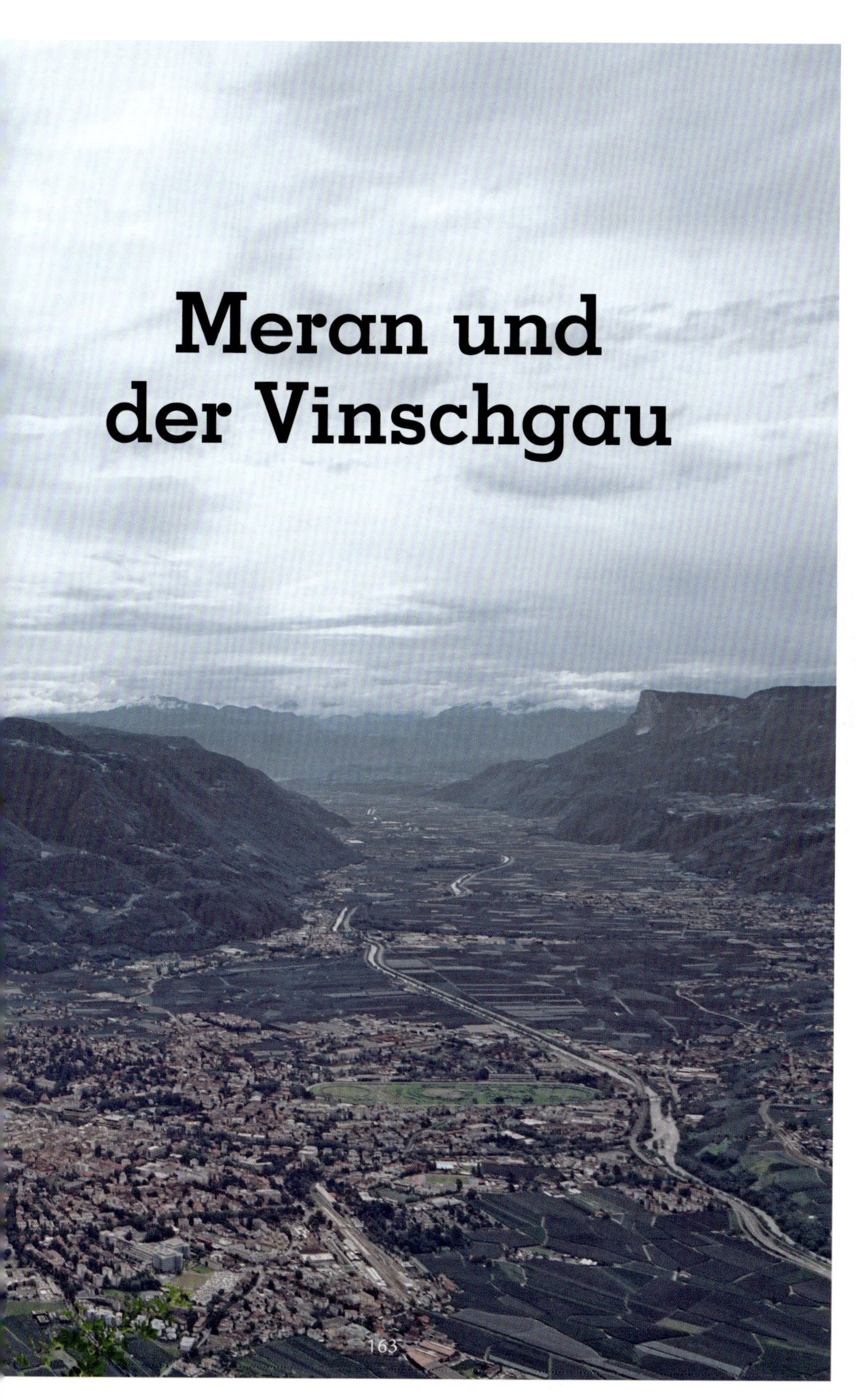

Meran und der Vinschgau

18

Schloss Trauttmansdorff und Sissi-Weg Meran

KAISERLICHE WINTERRESIDENZ IN SÜDTIROL

Auf dem kleinen Balkon über dem Eingang begrüßt uns die Kaiserin – sie lässt ihren Blick weit hinunter ins Etschtal schweifen. Fern vom höfischen Leben in Wien genoss Sisi die Ruhe und die Natur auf zahlreichen Wanderungen und Ausritten. Schloss Trauttmansdorff gehörte zu ihren Sehnsuchtsorten.

Als »kleines Ritterschloss« war Trauttmansdorff eigentlich nur bedingt als Residenz für die Kaiserin geeignet. Doch wer einmal dort war, wird verstehen, dass sich Sisi hier sehr wohlfühlte, da sie so dem erdrückenden Hofzeremoniell entfliehen konnte. Die großartige Fernsicht in alle Richtungen, die zauberhafte Natur und das nicht weit entfernte städtische Leben Merans – all das machte diesen Platz zu einem ihrer Sehnsuchtsorte.

Als 1870 der Wiener Hof bekannt gab, dass die Kaiserin für einige Zeit im Meraner Schloss Trauttmansdorff verweilen würde, war man vor Ort in heller Aufregung: Nicht nur, dass man der Kaiserin ein würdiges Quartier bereiten wollte, auch der rund hundertköpfige Hofstaat musste untergebracht werden. Es waren die kleinen Zimmer des reizenden Schlosses, derentwegen man die Sorge hatte, dass sie der Kaiserin nicht genügen würden. Aber ganz im Gegenteil! Sisi reiste am 16. Oktober 1870 mit ihren beiden Töchtern vom Wiener Westbahnhof in ihrem Salonwagen »inkognito« (also privat) an.

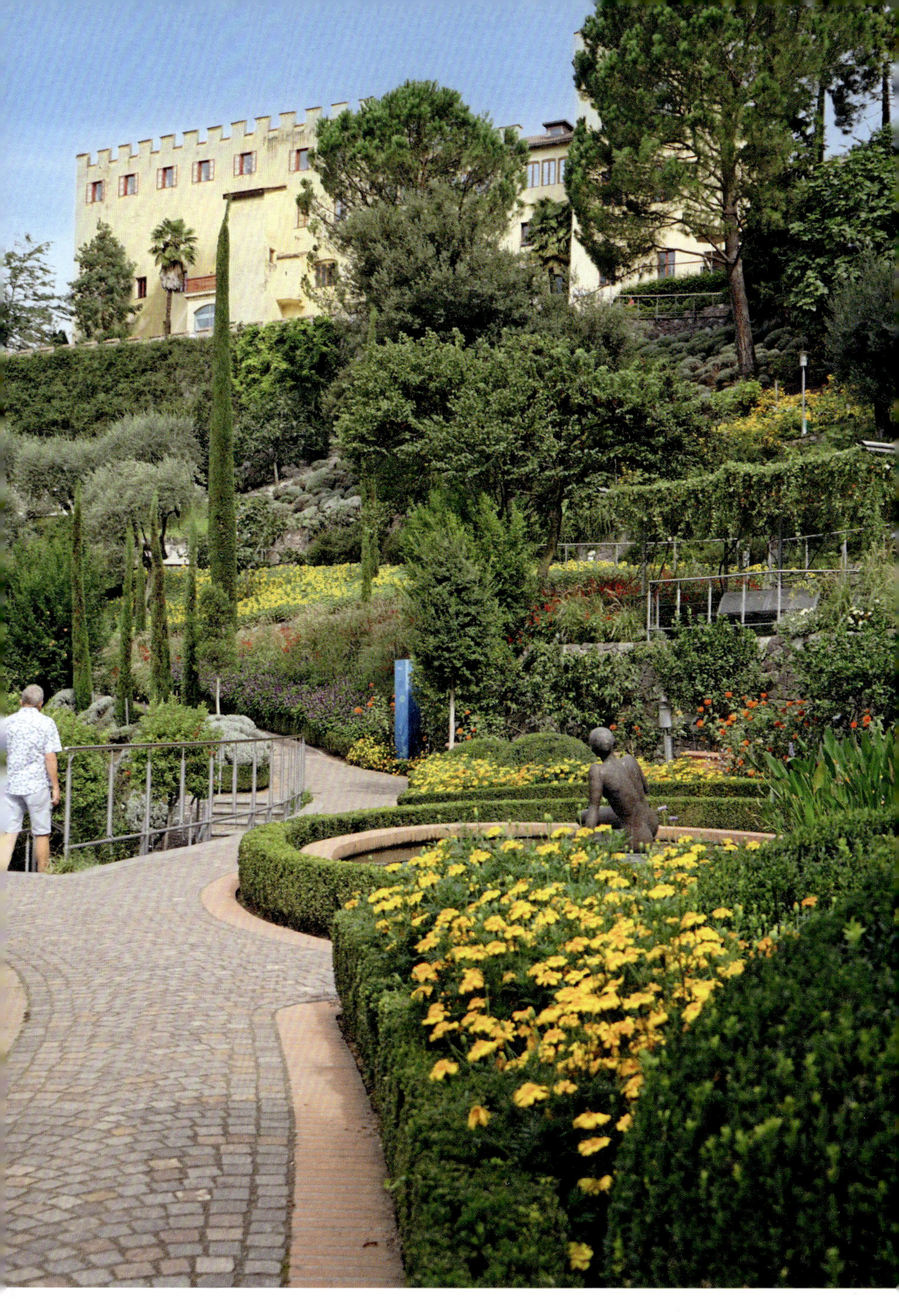

Spaziergang durch den schönsten Garten Italiens: auf Schloss Trauttmansdorff

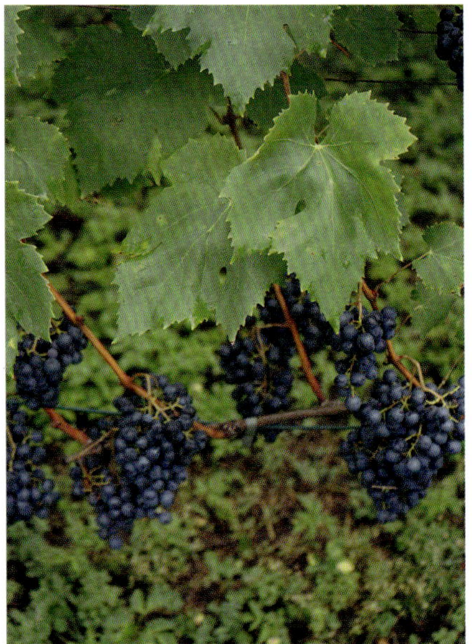

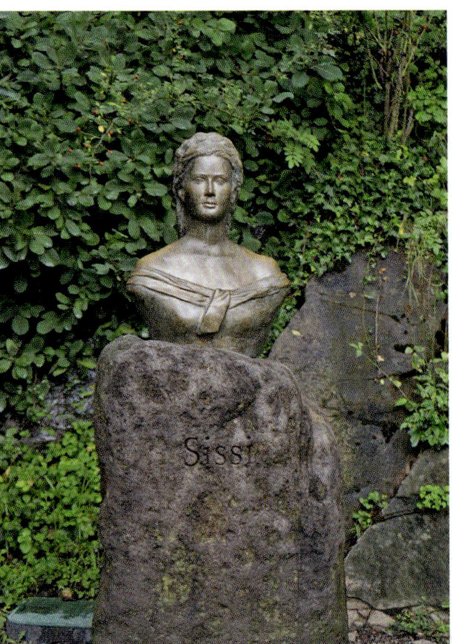

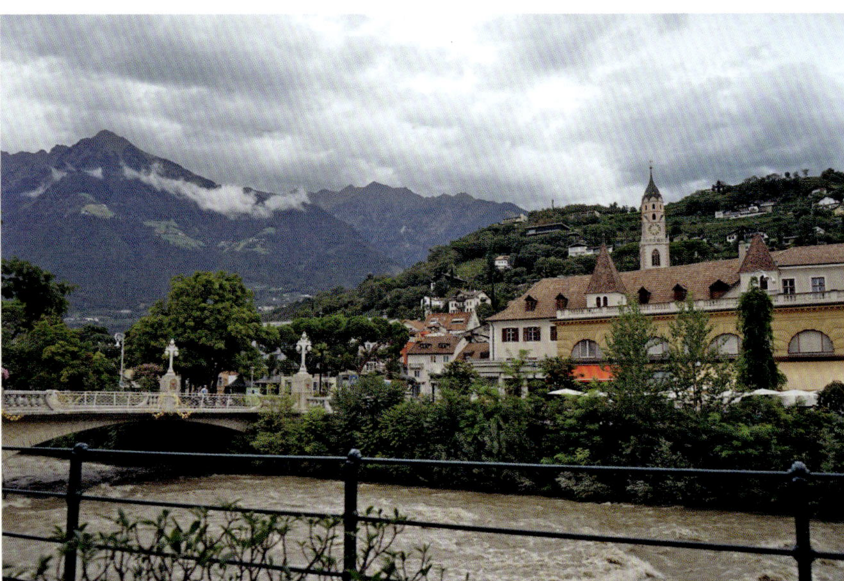

◀ Ende August ist es in Meran Zeit für die Traubenlese.
▶ Steindenkmal zu Ehren der Kaiserin in der Gartenanlage von Schloss Trauttmansdorff
▼ An der Passer mit Blick auf die Postbrücke

Die vielen Schaulustigen waren enttäuscht, denn die Kaiserin ließ sich am Endbahnhof in Bozen nicht blicken. Manche erhaschten einen kurzen Blick, als die Kaiserin in den Vierspänner umstieg, der sie nach Meran brachte. *»Es freut mich, in Ihr schönes Land zu kommen, ich werde lange bleiben«*, soll Sisi bei der Begrüßung in Schloss Trauttmansdorff gesagt haben. Sie blieb bei ihrem ersten Besuch tatsächlich über ein halbes Jahr (bis zum 5. Juni 1871) und bezog im Südwesttrakt vier Räume. Nur wenige Bedienstete und Zofen sowie ihre Hofdame Gräfin Marie Festetics bewohnten ebenfalls Räume im Schloss und natürlich ihre Lieblingstochter Marie Valérie. Die Kleine war etwas kränklich, und so befolgte Sisi den Rat des Hofarztes, hier in Meran im mediterranen Klima zu »überwintern«. Der Hofstaat wurde unweit des Schlosses auf den Anwesen Rametz, Stadlerhof, Rubein und Prinzenau untergebracht. Auch Tochter Gisela wohnte mit ihren Erziehern auswärts. Schon morgens um sieben Uhr soll die Kaiserin allein durch die Wiesen vor dem Schloss spaziert sein. *»Ich machte in der Früh eine grosse Promenade von vier Stunden, die so schön war …«*, schrieb Sisi an Kaiser Franz.

Auch 1871 verweilte die Kaiserin im Spätherbst und Winter einige Wochen in Meran, residierte jedoch im Schloss ihres Schwagers Karl Ludwig in Rottenstein. Zu Ostern 1871 besuchte das Kaiserpaar Meran. Seitdem stieg die Zahl der Kurgäste stetig an, und auch betuchte Zugereiste ließen sich im Folgenden hier nieder. 18 Jahre später, im Herbst 1889, verweilte Sisi noch einmal für etwa sechs Wochen im Schloss Trauttmansdorff. Im Sommer 1897 kam sie das letzte Mal nach Meran. Auch Kaiser Franz Josef besuchte Schloss Trauttmandorff des Öfteren; sein Arbeitszimmer kann heute noch besichtigt werden. Eine Marmortafel im Eingangsbereich des Schlosses enthält die Daten der Aufenthalte des Kaiserpaars. Der damalige Besitzer, Graf von Trauttmansdorff, der 1867 verstarb, war mit Erzherzog Johann, dem Bruder von Kaiser Franz, gut bekannt.

Zu Ehren der Tochter der Kaiserin wurde damals die heutige Meraner Kurpromenade in Gisela-Promenade (vormals Wassermauer) umbenannt. Der heutige Elisabeth-Park hieß zu Ehren ihrer jüngsten Tochter Valérie-Garten.

Wir beginnen unsere Tour mit der Besichtigung von **Schloss Trauttmansdorff**. Am besten buchen wir dazu eine Führung, denn dabei werden Besucher von Sisis Kammerzofe empfangen und durch die Räumlichkeiten geführt. Bei dem Rundgang erfährt man allerlei interessante Episoden aus Sisis

Leben und ihren Aufenthalten im Schloss Trauttmansdorff und in Meran. Die Zimmer der Kaiserin bzw. der kaiserlichen Familie sind liebevoll hergerichtet und mit vielen Informationstafeln und Ausstellungsstücken, u. a. von Sisi, versehen – dazu gehören z. B. ihr Sonnenschirm, hinter dem sie gern ihr Gesicht vor neugierigen Blicken verbarg, weiterhin ein kleiner Reiseschreibtisch, ein Schreibset, ihr Reisegepäck und ihr Bademantel. Sogar die Reste eines für Elisabeth gebackenen Kuchens sind in einer Vitrine ausgestellt. Sisis Schlafgemach ist reich mit Fresken verziert und bietet durch die kleinen Fenster einen schönen Blick ins Etschtal.

Nach dem Schlossrundgang empfiehlt sich ein Besuch der wundervollen, großräumigen botanischen Gartenanlage, wo man auch die weiße Marmorbank bewundern kann, auf der die Kaiserin Platz genommen und die Aussicht über die Gärten genossen hat. Die **Gärten von Trauttmansdorff** beherbergen auf zwölf Hektar Fläche über 80 verschiedene Gartenlandschaften. Die einzigartige Erlebniswelt vereint Natur, Kunst und Kultur gleichermaßen: Themengärten mit schön angelegten Rundwegen, Erlebnisstationen, Exotisches und Künstlerisches bieten eine großartige Abwechslung. Nicht umsonst wird die Trauttmansdorfer Gartenanlage als »der schönste Garten Italiens« bezeichnet.

Vom Schloss Trauttmansdorff aus begeben wir uns nun auf den gut ausgeschilderten **Sissi-Weg** zurück nach Meran. Diesen Weg ist Elisabeth wohl in dieser Form nie gegangen, jedoch führt er an interessanten Orten vorbei, die in Verbindung mit Sisi und ihrer Familie stehen. So spazierte sie u. a. gern durch die Gassen von Meran-Obermais, besuchte dort in der Pfarrkirche St. Georgen die Messe und flanierte über die Wassermauer (heute Kurpromenade) von Meran. Der Einstieg in den einfachen, gut ausgebauten Spazierweg, der über elf Etappen Schloss Trauttmansdorff mit dem Stadtzentrum Merans verbindet, ist linker Hand oberhalb des Parkplatzes zu finden. Wir folgen dem Weg entsprechend der Beschilderungen und streifen **Schloss Pienzenau**, **Schloss Rubein**, die **Residenz Reichenbach**, den **Brunnenplatz**, **Schloss Rottenstein** und das **Hotel Bavaria** (vormals Villa Bavaria) in **Obermais**. Hier hatte Sisis Bruder Karl Theodor bis 1899 eine Augenarztpraxis, die er jährlich besuchte und wo er operierte. Das Hotel wird im Eingangsbereich von zwei Löwen bewacht, dem Wappentier der Wittelsbacher.

Von hier gehen wir zur Passer und zum **Steinernen Steg** (Römerbrücke) und erreichen am Eingang zur Sommerpromenade den nach der Kaiserin

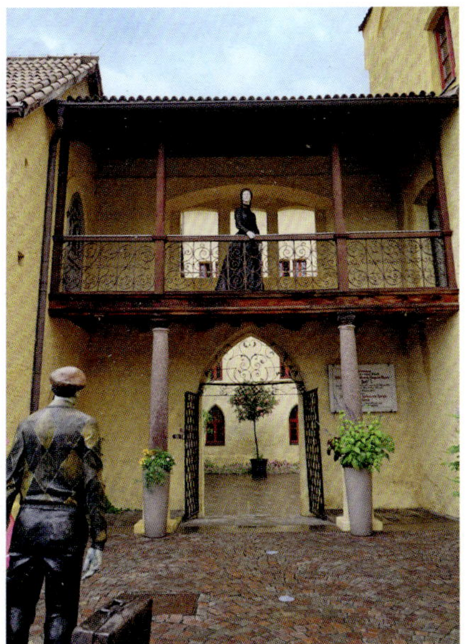

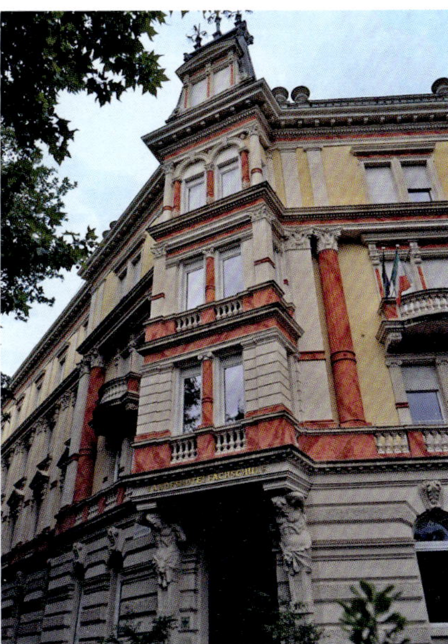

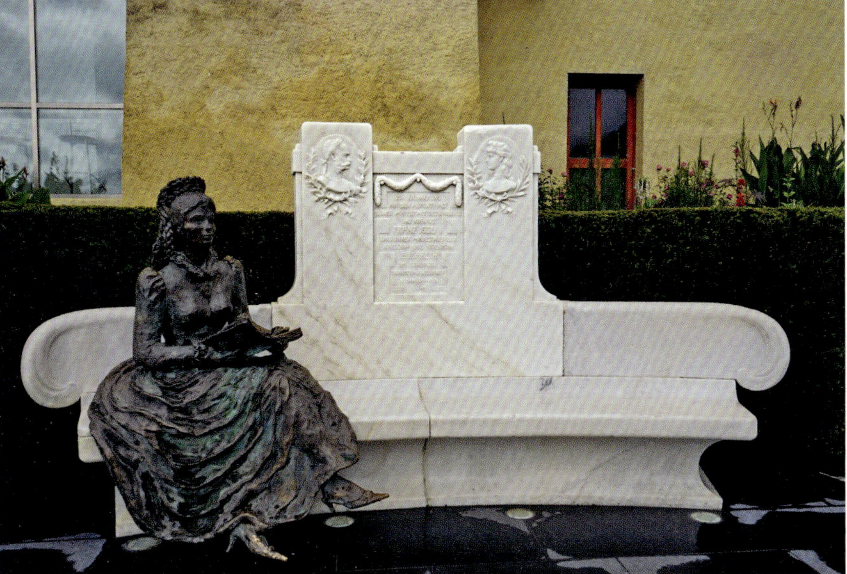

◀ Sisi begrüßt die Gäste auf Schloss Trauttmansdorf.
▶ Im Hotel Kaiserhof ist heute eine Hotelfachschule untergebracht.
▼ Die Kaiserin bittet Platz zu nehmen für einen kurzen Plausch.

benannten **Elisabeth-Park** mit dem 1903 aufgestellten **Kaiserin-Elisabeth-Denkmal**. Danach überqueren wir rechts die 1909 im Jugendstil erbaute **Postbrücke** über die Passer und spazieren links weiter entlang der **Kurpromenade**. Am **Kurhaus** vorbei biegen wir vis-à-vis der Therme rechts ab und links in die Freiheitsstraße, wo sich das ehemalige **Hotel Kaiserhof** befindet (Hausnr. 155). Hier residierte die Kaiserin während ihres Besuchs 1897. Bei diesem Gebäude, in dem heute eine Hotelfachschule untergebracht ist, endet unsere Tour.

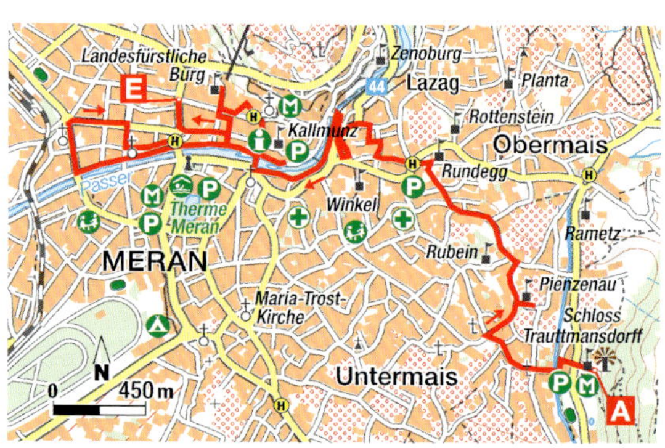

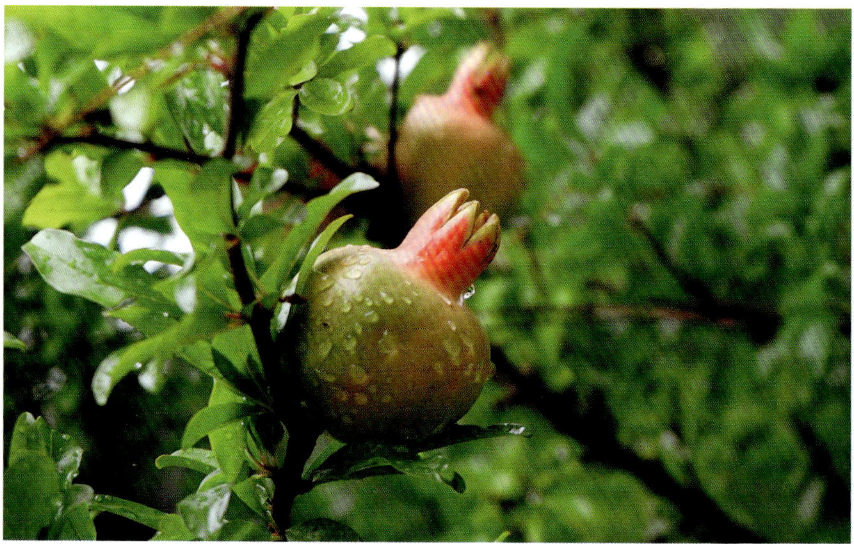

In den Trauttmansdorffer Gärten gibt es auch viel Exotisches zu entdecken.

Auf einen Blick

AUSGANGSPUNKT

Schloss Trauttmansdorff in Meran
GPS: N46° 39.641' E11° 11.141'

ENDPUNKT

Meran, Stadtzentrum, Freiheitsstr. 155
GPS: N46° 40.272' E11° 09.403'

ANFAHRT

Bus & Bahn: Von München mit der Bahn (EC) bis Bozen, weiter mit der Regionalbahn zum Bahnhof Meran und mit Bus 1B oder 4 zum Schloss Trauttmansdorff
Auto: A 95 oder A 8 Richtung Brenner (gebührenpflichtig), weiter bis Bozen und von dort über die SS38 nach Meran und in Richtung Stadtzentrum, beim zweiten Kreisverkehr Richtung Schenna und 2 km bis zum Schloss (Parkplätze)

GEHZEIT UND SCHWIERIGKEIT

Der Spazierweg ist insgesamt knapp 7 km lang und dauert je nach Wandertempo ca. 1.30–2 Std. Es sind keine nennenswerten Auf- und Abstiege zu bewältigen. Der Weg ist sehr gut ausgebaut (auch für Kinderwagen geeignet) und ausgeschildert.

EINKEHR

Restaurant Schlossgarten im Schloss (trauttmansdorff.it)

ÖFFNUNGSZEITEN

Schloss und Gartenanlage sind jeweils vom 1. April bis 15. Nov. ab 9 Uhr geöffnet.

ZUSÄTZLICHE HINWEISE

Die Tour kann auch umgekehrt von Meran zum Schloss Trauttmansdorff zurückgelegt werden. Auch eine Kombination mit Tour 20 ist möglich.

INFORMATION

trauttmansdorff.it

19

Höhenwege zur Bockerhütte

UNTERWEGS IN SISIS GELIEBTER MERANER BERGWELT

Während eines zweiwöchigen Aufenthalts soll Kaiserin Elisabeth am 26. September 1897 in Meran einen Ausflug nach Longfall unternommen und unter Leitung des städtischen Brunnenmeisters die Meraner Quellen besichtigt und das Wasser verkostet haben.

So hieß es damals jedenfalls in der *Meraner Zeitung*. Bis zum Farmerkreuz soll Ihre Majestät mit dem Wagen gefahren sein. Den Aufstieg nach Longfall ging sie zu Fuß, was bei ihrer Sportlichkeit und dem täglichen Training gut vorstellbar ist. Im Longfallhof soll die Kaiserin eingekehrt und eine Brotzeit und Milch zu sich genommen haben. Eine Steintafel bei einem alten Brunnen an der Forststraße unweit des heutigen Gasthauses Longfall erinnert an dieses Ereignis. Oberhalb der neueren Tafel befindet sich (eingezäunt) die schon etwas verwitterte originale Marmortafel.

Inspiriert von Sisis Besuch führt unsere Wandertour auf einem Teilstück des Meraner Höhenwegs durch die imposante Bergwelt Merans. Wir starten an der **Sessellift-Talstation in Algund** und fahren mit dem Einzellift hinauf nach Vellau, wo wir in den historischen Korblift umsteigen und bis auf 1550 Meter Höhe zur **Leiter Alm** (Einkehrmöglichkeit) auffahren. Von dort geht es auf dem Weg Nr. 24 weiter Richtung Hochmuth (Seilbahn). Schon bald treffen wir auf den **Hans-Frieden-Weg**. Der Felsenweg ist ausgesetzt und schmal, und herausfordernd wird es, wenn Wandernde aus der Gegenrichtung kommen. Der Weg bietet dafür aber auch einzigartige Tiefblicke ins Etschtal und auf Meran.

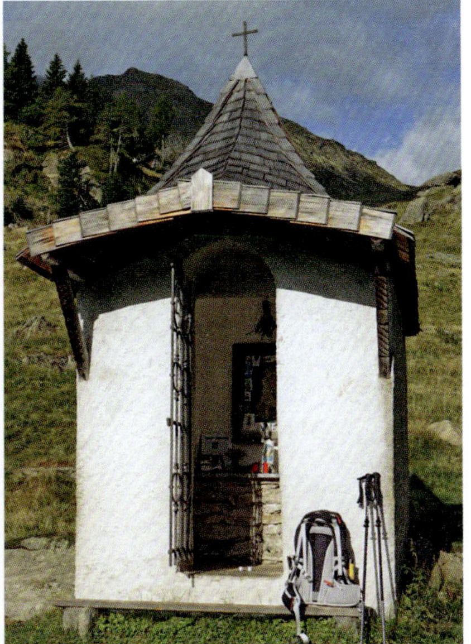

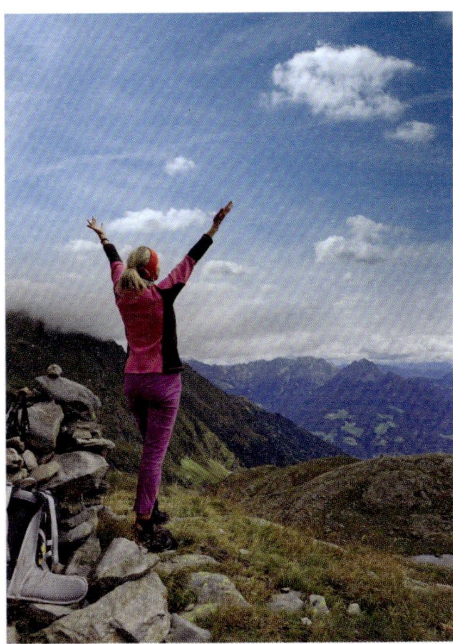

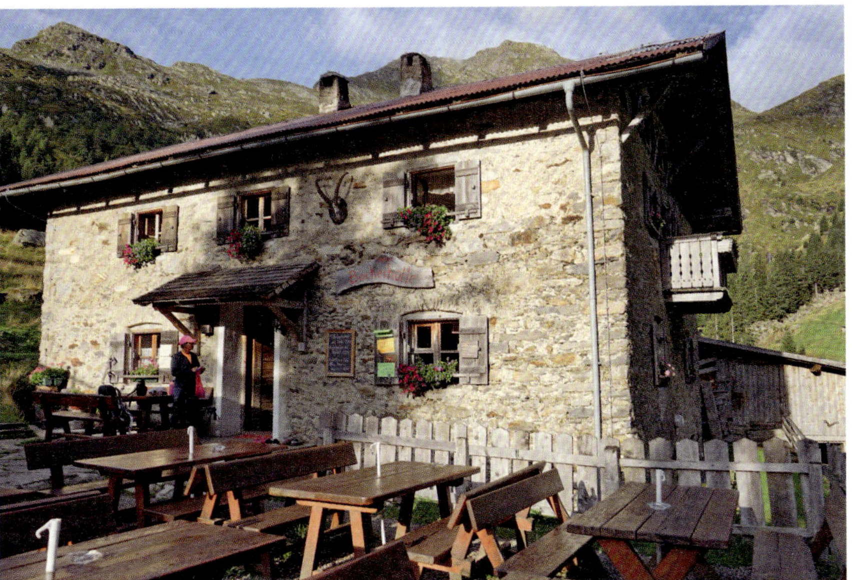

◀ Eine private Kapelle lädt am Wegesrand zum Innehalten ein.
▶ Oberhalb der Bockerhütte bieten sich wunderbare Ausblicke in die Dolomiten.
▼ Die urige Bockerhütte auf rund 1700 Metern Höhe

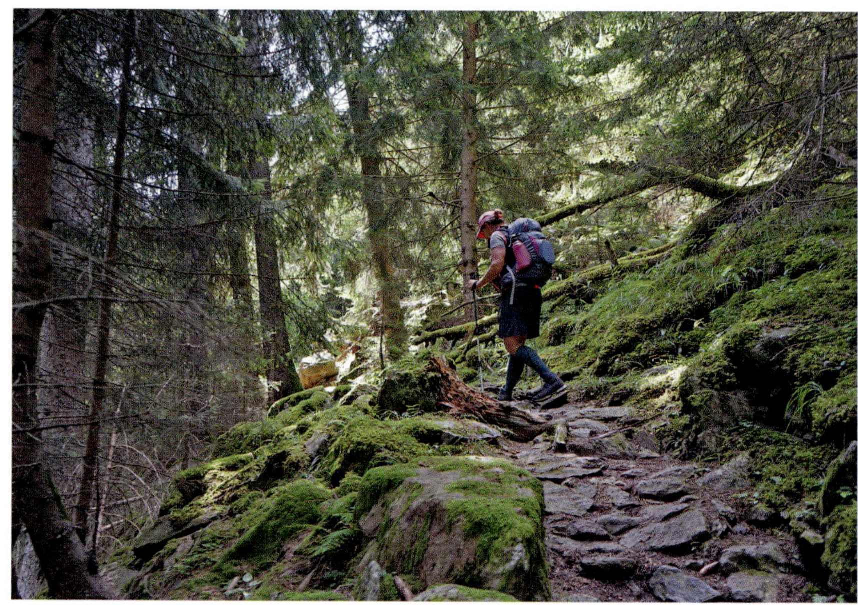

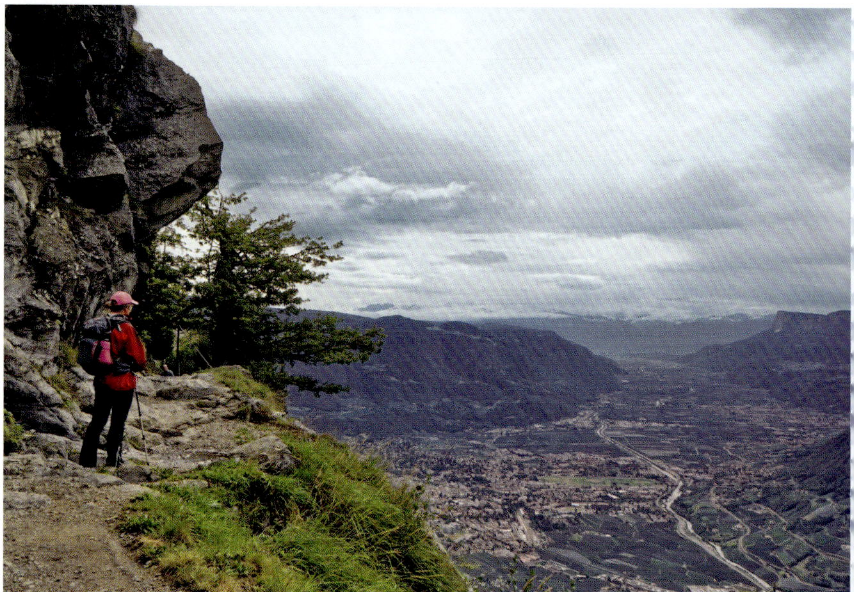

▲ Wandern auf dem Meraner Höhenweg
▼ Der Hans-Frieden-Weg führt durch die Bergwelt oberhalb von Meran.

Wir erreichen oberhalb der **Bergstation Hochmut** das Gasthaus Steinegg, halten uns links und folgen dem Weg Nr. 22 weiter in Richtung Bockerhütte. Wer sich ein Gipfelerlebnis gönnen möchte, kann unterwegs noch den Mutkopf (1684 m) besteigen. Der idyllische Bergpfad zur Bockerhütte ist anstrengend und wahrscheinlich deshalb wenig begangen. Hier kann man eintauchen in unberührte Natur und mit ein wenig Glück auf Ziegen oder sogar Murmeltiere treffen.

Die **Bockerhütte** (1700 m) bietet »Echte Qualität am Berg« – diese Initiative zeichnet jene Almhütten und Berggasthöfe aus, die ihre Betriebe vorbildlich und mit viel Hingabe führen und authentische Qualität bieten. Bei gutem Wetter genießt man von hier Weitblicke in die Bergwelt der Dolomiten hinein; auch sind wundervolle Touren zu den Spronser Seen auf rund 2500 Metern Höhe möglich.

Von der Bockerhütte wandern wir über die Hochweiden, vorbei an einer privaten Kapelle und immer weiter den alten, steilen Karrenweg (Steinweg) entlang zurück ins Tal. Achtung: Bei Nässe ist der Weg schwer begehbar, es besteht Rutschgefahr! Der Weg Nr. 6 bringt uns entlang des Spronser Bachs nach **Longfall**, wo nach links der Weg von der Forststraße zum Gasthaus Longfall abbiegt. Zurück auf der Forststraße gehen wir noch ca. 50 Meter weiter talwärts und erreichen so den alten **Brunnen mit der Sisi-Gedenktafel**.

Für den Rückweg zur Leiteralm bzw. zum Korblift Vellau wählen wir wieder den **Meraner Höhenweg** (Nr. 24), der uns überwiegend steil und teilweise ausgesetzt, manchmal mit Drahtseilen gesichert, auf schmalen Pfaden durch steilen Hochwald zu den Muthöfen führt. Kurz vor dem Gasthaus Talbauer wird der Weg breiter (Fahrweg) und bietet wieder eine wunderbare Aussicht auf Meran und die umliegende Bergwelt. Schon bald ist die **Bergstation Hochmuth** in Sicht, wo wir wieder in den **Hans-Frieden-Weg** einbiegen und zur **Leiter Alm** wandern. Dann sind es nur noch wenige Meter bis zur Bergstation des **Korblifts**, mit dem wir nach **Vellau** hinunterschweben. Von dort gelangen wir mit der Sessellift-Abfahrt wieder nach **Algund**.

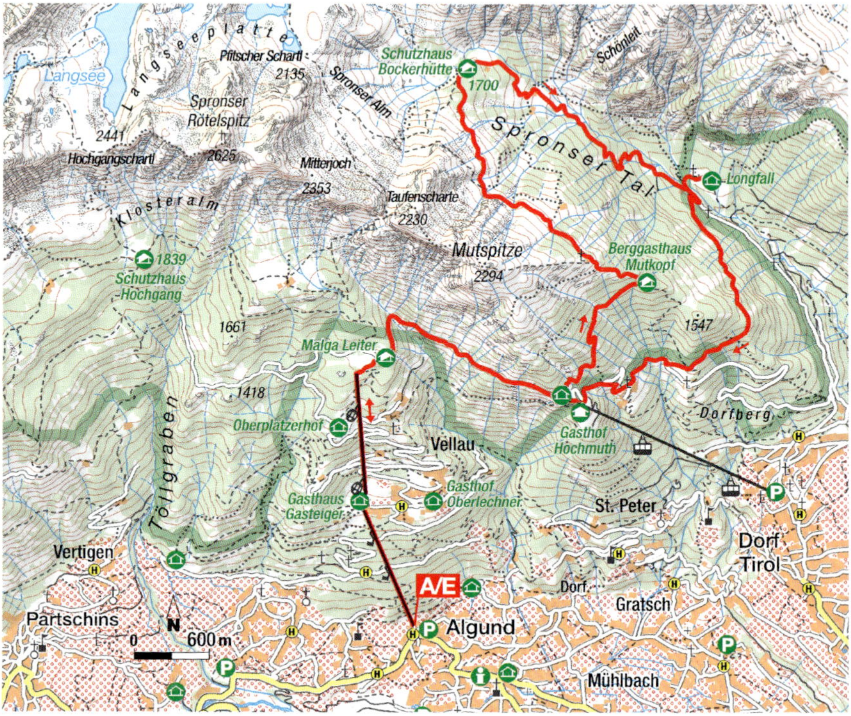

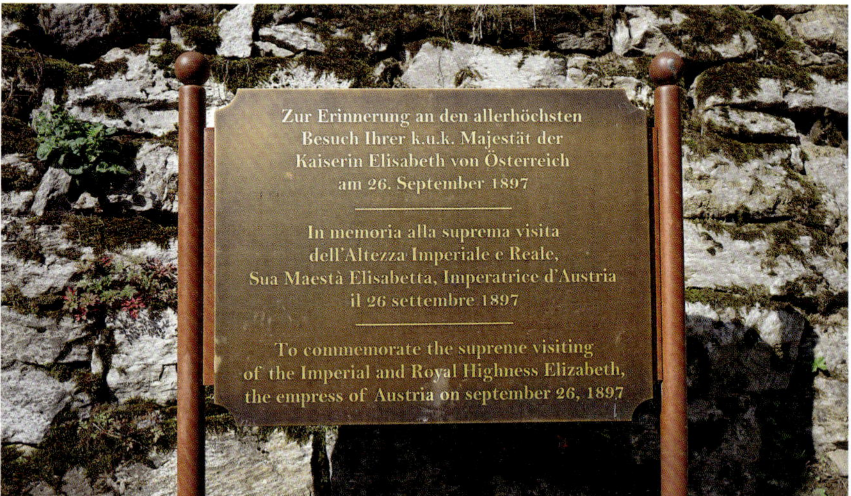

Diese Tafel zum Gedenken an Sisis Aufenthalt passieren wir auf dem Rückweg.

Auf einen Blick

AUSGANGS-/ENDPUNKT

Sessellift-Talstation in Algund
GPS: N46° 41.740' E11° 06.544'

ANFAHRT

Bus & Bahn: Von München mit der Bahn (EC) bis Bozen, weiter mit der Regionalbahn nach Meran und von dort mit Bus 213 (Meran-Partschins) nach Algund zur Talstation des Sessellifts
Auto: A 95 oder A 8 Richtung Brenner (gebührenpflichtig), weiter bis Bozen und von dort über die SS38 über Meran nach Algund; Parkplatz an der Talstation

GEHZEIT UND SCHWIERIGKEIT

Der Rundwanderweg ist insgesamt ca. 25 km lang. Im Auf- und Abstieg sind jeweils über 1000 Hm zu bewältigen. Am besten plant man die Tour über zwei Tage mit Übernachtung auf der urigen Bockerhütte. Der Weg führt teils über den gut ausgeschilderten Meraner Höhenweg (Nr. 24) und den Tiroler Höhenweg. Erfahrung im Bergwandern, Trittfestigkeit und Schwindelfreiheit sowie entsprechende Kondition erforderlich. Es handelt sich überwiegend um Bergpfade mit teils steilen Auf- und Abstiegen, teilweise mit Drahtseilen gesichert. Bei Nässe Rutschgefahr!

EINKEHR/UNTERKUNFT

Gasthaus Longfall (Longfallhof; Tel. +39/0473/92 36 74), Pension und Restaurant Lahn in Rabland bei Algund (pension-lahn.com), Bockerhütte (bockerhuette.com)

ZUSÄTZLICHE HINWEISE

Von der Bockerhütte können erfahrene Bergwandernde alpine Wanderungen zu den einzigartigen Spronser Seen unternehmen. Unbedingt die Betriebszeiten der Seilbahnen beachten (Mittagspause Korblift Vellau)!

INFORMATION

merano-suedtirol.it

20

Auf dem Algunder Waalweg zum Schloss Tirol

OBSTWIESEN, WEINBERGE UND EINE GRANDIOSE BERGWELT

***»Die Gegend hier ist wunderschön; es wachsen Granatäpfel, Cypressen, Oliven und Kastanien im Freien …«*, schrieb Sisi 1870 an ihren Mann. Mehrfach unternahm sie Ausflüge zu Fuß oder zu Pferd zum Schloss Tirol, im Spätherbst 1870 auch mit zwei ihrer Schwestern, Sophie und Marie, die die Kaiserin in Meran besuchten.**

In der Karwoche 1871 soll das Kaiserpaar mit den Kindern Gisela und Rudolf einen Reitausflug nach Schloss Tirol gemacht haben – Schloss Tirol zählte also sicherlich zu den Lieblings-Ausflugszielen der Kaiserin rund um Meran, weshalb wir einen abwechslungsreichen Weg dorthin in dieses Buch mitaufgenommen haben. Die in dieser Gegend häufig anzutreffenden Waalwege sind auf die sogenannten Waale, die künstlich angelegten Bewässerungskanäle, zurückzuführen – die ältesten von ihnen gehen bis auf das 13. Jahrhundert zurück. Zur Instandhaltung und Pflege dieser Bewässerungskanäle wurden zumeist daneben schmale Pfade errichtet, die Waalwege, die heute zu den beliebtesten Wander- und Spazierwegen rund um Meran gehören.

Wir beginnen unsere Wanderung in **Algund** und folgen für ca. 600 Meter dem St.-Kassian-Weg an der Dorfkirche vorbei bis zum Abzweig (Beschilderung) nach rechts für den Einstieg in den **Algunder Waalweg** in Richtung Gratsch bzw. Schloss Tirol. Dieser führt uns oberhalb des Örtchens Algund

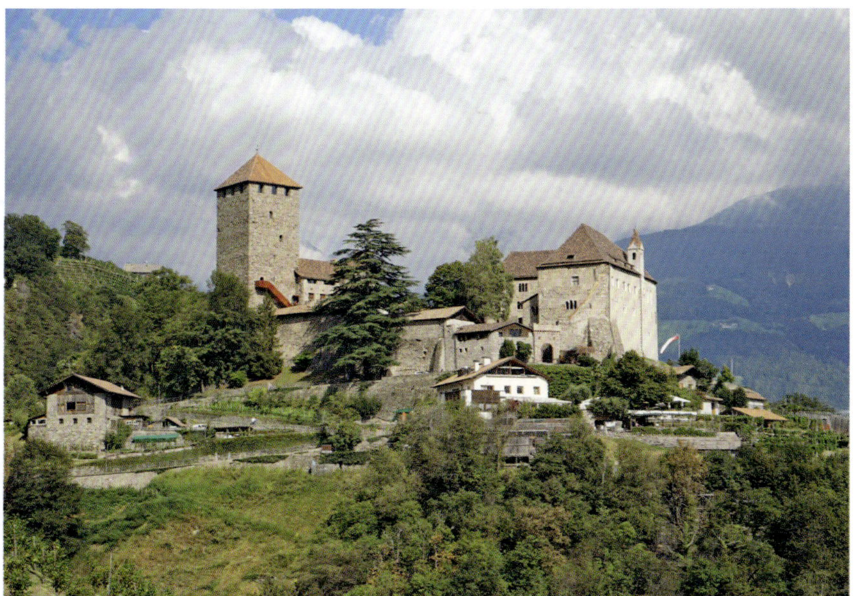

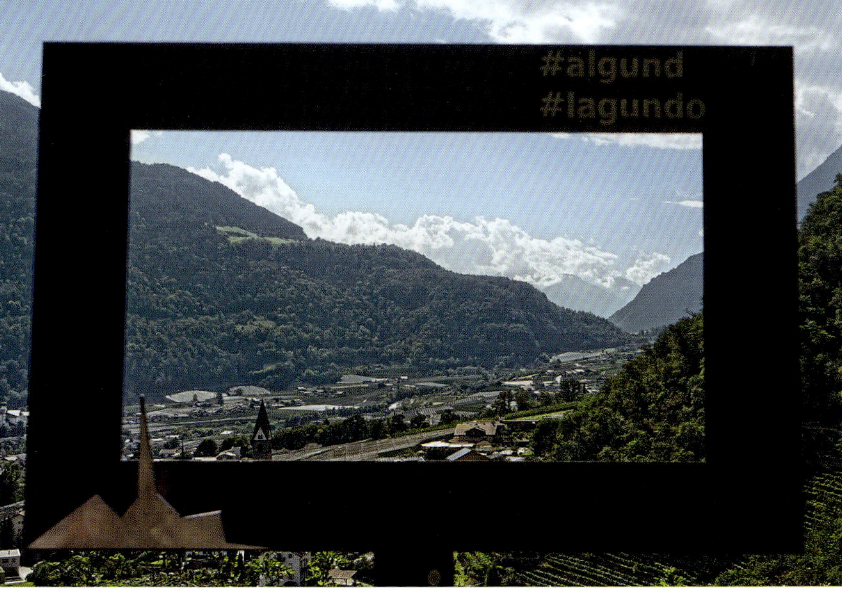

▲ Blick auf Schloss Tirol
▼ Algund grenzt unmittelbar an Meran und ist ein beliebtes Ausflugsziel.

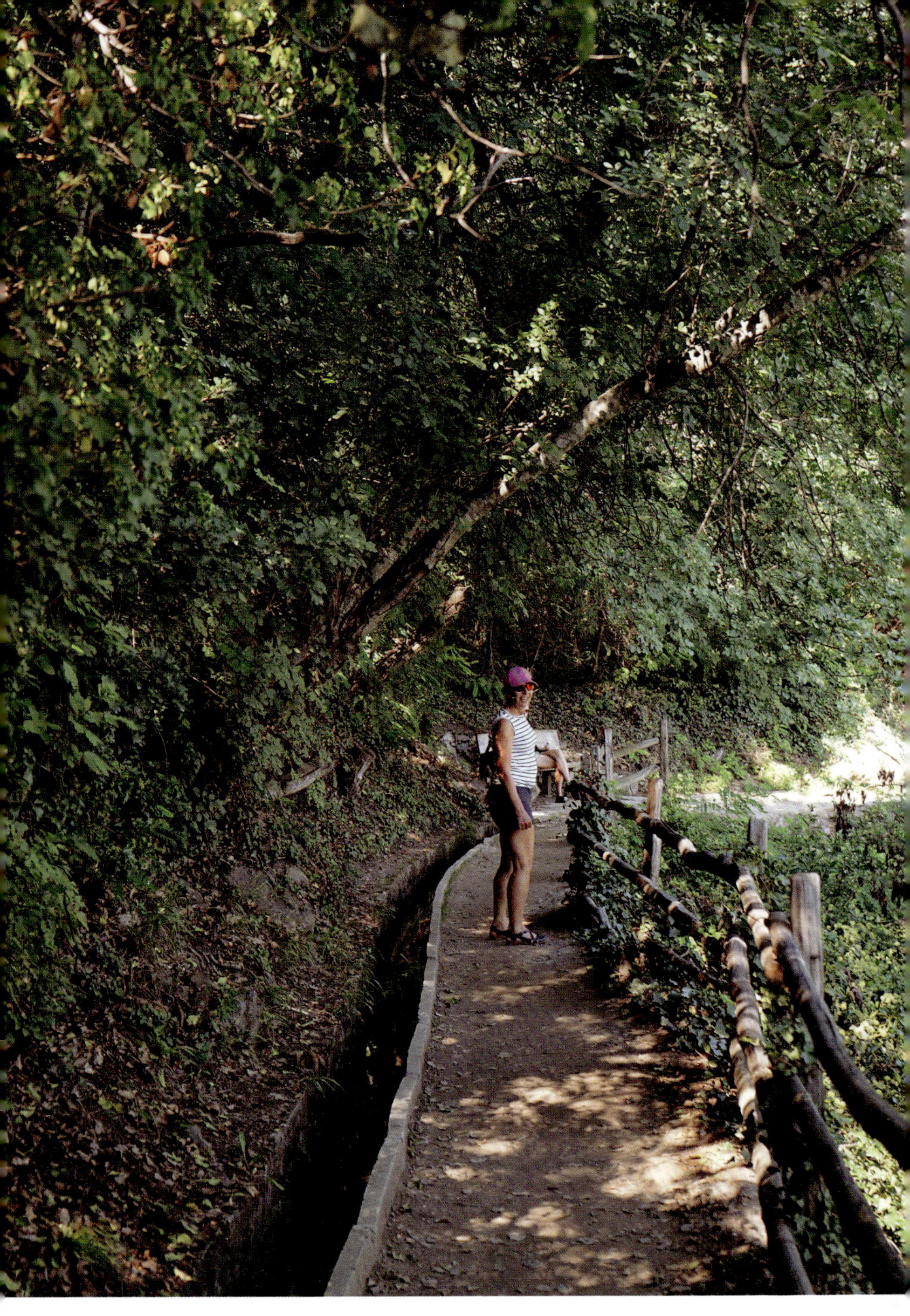

Auf dem Algunder Waalweg

vorbei durch Obstwiesen und Weinberge, und mit Ausblicken ins Etschtal. Nach etwa einem Kilometer verlassen wir den Waalweg wieder und steigen links über einen steilen, steinigen Weg (Nr. 29A) zum **Schloss Thurnstein** mit seinem markanten hohen Turm hinauf. Das Schloss trägt den Namen seines Besitzers, der es Ende des 15. Jahrhunderts erworben hatte. Heute ist hier eine Gastwirtschaft untergebracht.

Von hier wandern wir nach rechts weiter auf Weg Nr. 26 in Richtung Schloss Tirol. Nach ca. 500 Metern gelangen wir links zur wundervollen kleinen Pfarrkirche **St. Peter**, einer Kreuzkuppelkirche aus der vorromanischen Zeit, die eine der ältesten Taufkirchen in der Gegend ist. Besonders bedeutend sind die Wandgemälde aus dem 11. Jahrhundert, u. a. vom Heiligen Paulus.

Wir folgen Weg Nr. 26 auf der St.-Peter-Straße; unterwegs bieten sich immer wieder aussichtsreiche Plätze zum Rasten an. Der ausgeschilderte Weg bringt uns direkt zum **Schloss Tirol**. Anfang des 12. Jahrhunderts entstand dieser von den Grafen von Vinschgau initiierte imposante Bau – seither nannten diese sich Grafen von Tirol, und der Ort Dorf Tirol erhielt ebenfalls so seinen Namen. Nachdem die Grafen von Tirol andere Schlösser besiedelt hatten, begann Ende des 16. Jahrhunderts der Verfall der Burg. In der Neuzeit wurde die Burg saniert und wiederaufgebaut. Zu den Highlights der Besichtigung zählen vor allem die romanischen Portale, die mittelalterliche Anlage der Schlosskapelle, der Rittersaal und das Verlies im Burgfried. Vom Schlossplatz genießt man eine wunderbare Aussicht auf Meran und auf eine weitere Burg, die Brunnenburg.

Wir gehen den kurzen Zufahrtsweg vom Schloss zurück und über den Schlossweg durch das **Knappenloch** (Tunnel) in Richtung Dorf Tirol. Vom Weg können wir einen Blick auf die **Erdpyramiden** werfen, ein großartiges Naturphänomen: Die bizarren Lehmsäulen, durch Hangrutsche und Unwetter entstanden, bilden einzigartige Gebilde. Weiter talwärts wandernd, sehen wir am Hang zwischen Dorf und Schloss Tirol die mittelalterliche **Brunnenburg**.

Kurz vor dem Burgeingang biegen wir links in den steilen Brunnenburgsteig und gehen auf diesem bergab bis zur Hauptstraße Via Gnaid, in die wir rechts einbiegen und der wir immer geradeaus folgen. An der Straßenkreuzung biegen wir links in die Laurinstraße, kommen zum Köstergraben und folgen diesem bis zu Via K.-Walser in Richtung **Algund**. Über die Straße Rosengarten gelangen wir rechts wieder in den St.-Kassian-Weg und zum Ausgangspunkt zurück.

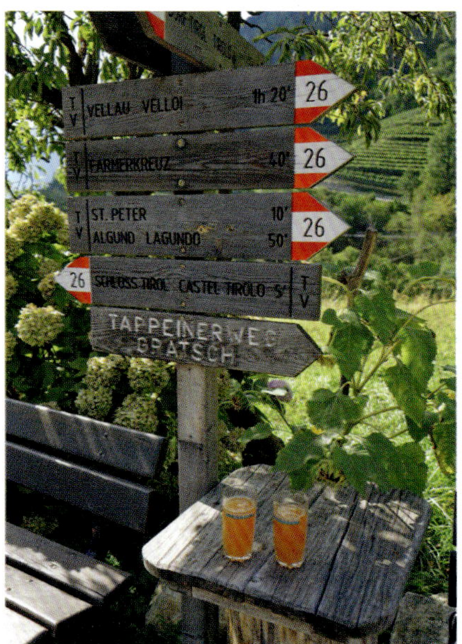

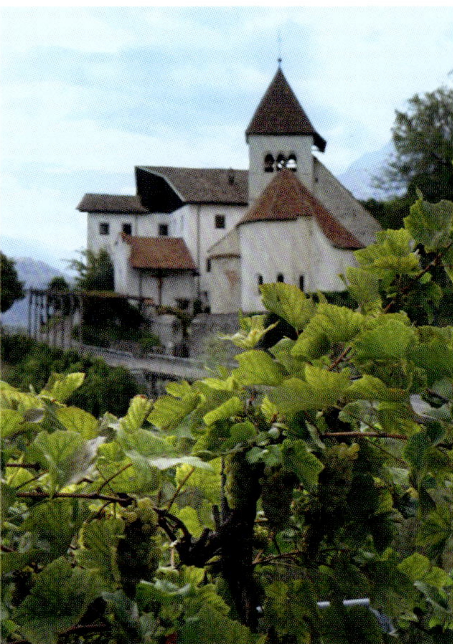

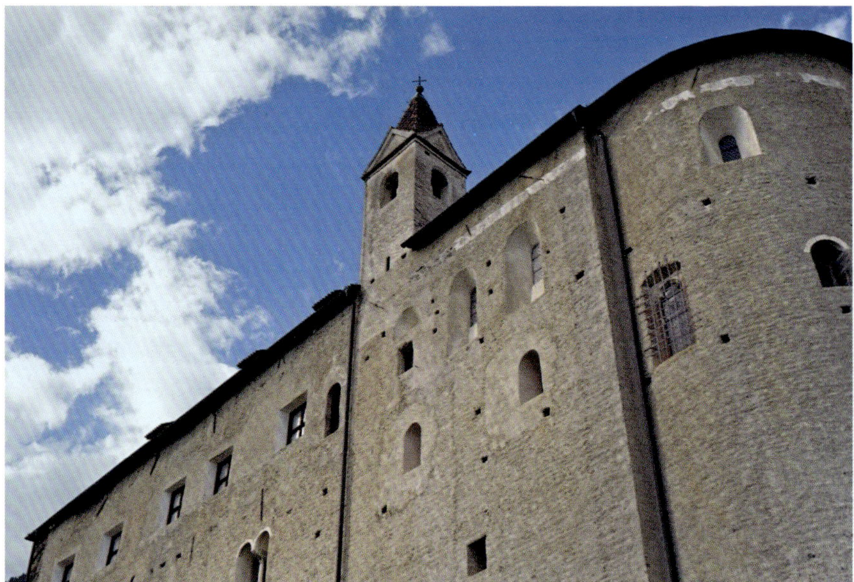

◀ Frisch gepresster Apfelsaft – eine gesunde Erfrischung auf der Tour
▶ Die Pfarrkirche St. Peter aus dem 11. Jahrhundert
▼ Schloss Tirol

Auf einen Blick

AUSGANGS-/ENDPUNKT

Algund, Ortszentrum
GPS: N46° 41.200' E11° 08.015'

ANFAHRT

Bus & Bahn: Von München mit der Bahn (EC) bis Bozen, weiter mit der Regionalbahn nach Meran und von dort mit Bus 213 (Meran–Partschins) nach Algund
Auto: A 95 oder A 8 Richtung Brenner (gebührenpflichtig), weiter bis Bozen und von dort über die SS38 über Meran nach Algund und ins Ortszentrum (wenige Parkplätze!)

GEHZEIT UND SCHWIERIGKEIT

Der Rundwanderweg ist insgesamt knapp 9 km lang, wofür man je nach Wandertempo und Besichtigungszeit ca. 3 Std. benötigt. Im Auf- und Abstieg sind jeweils 500 Hm zu überwinden. Der Weg ist überwiegend gut ausgebaut, enthält jedoch auch kurze steinige Pfadabschnitte und einige steile Auf- und Abstiege. Der Einstieg in den Algunder Waalweg ist auch von Töll (Gemeinde Partschins, Vinschgauer Straße) aus möglich. Hier finden sich Parkmöglichkeiten, eine Bushaltestelle und die Anbindung an die Vinschgauer Bahn.

EINKEHR/UNTERKUNFT

Pension und Restaurant Lahn (pension-lahn.com), Restaurant Ruster (ruster.com), Restaurant Onkel Taa in Töll (vgl. »Außerdem sehenswert« S. 184; onkeltaa.com)

ZUSÄTZLICHE HINWEISE

Heute beherbergt das Schloss Tirol das Südtiroler Landesmuseum für Kultur- und Landesgeschichte (schlosstirol.it). Eine Kombination mit Tour 18 ist möglich.

INFORMATION

merano-suedtirol.it

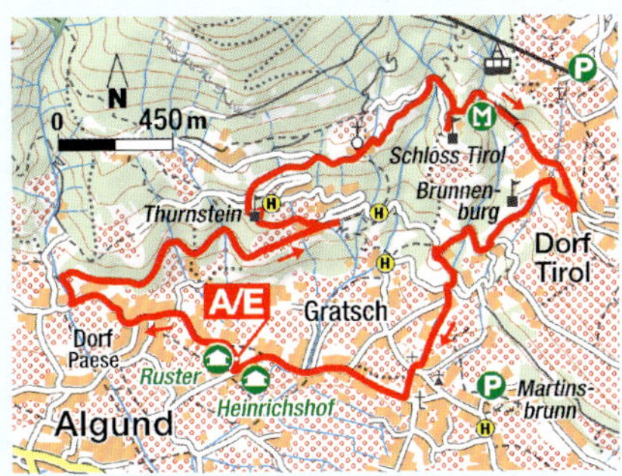

Außerdem sehenswert

Das K.u.K. Museum in Bad Egart

Dort, wo der Algunder Waalweg seinen Anfang nimmt, befindet sich in der Nähe der Bahnstation der kleinen Ortschaft Töll (Gemeinde Partschins) das privat geführte kaiserliche und königliche Museum Bad Egart, das sich mit dem Leben Kaiserin Elisabeths und der Habsburger beschäftigt und eine Fülle an Ausstellungsstücken zeigt.

Bad Egart zählt zu den ältesten Heilbädern Tirols. Die Quellgrotte der Nymphe Egeria, die heute noch im Innenbereich des Museums besichtigt werden kann, geht auf das 15. Jahrhundert zurück (1430 erstmals urkundlich erwähnt) und wurde wahrscheinlich schon zur Römerzeit für Trink- und Badekuren genutzt. Das private Museum wird von Karl Platino, der sich Onkel Taa nennt, betrieben. Er hat das Gebäude des alten Bades erworben und in einem Teil davon das Museum eingerichtet. Seit vielen Jahrzehnten sammelt er Raritäten und Exponate, Bilder und Fotografien von Kaiserin Elisabeth und Kaiser Franz Josef sowie weiteren Mitgliedern der Habsburger Familie. In den zahlreichen Vitrinen sind Jugendstilexponate, sakrale Gegenstände, alte Werkzeuge, Mineralien und Fossilien sowie volkskundliche Antiquitäten aus der Gegend um Meran ausgestellt.

Auch ein kleines Freilichtmuseum im Außenbereich ist angegliedert. Dort kann man Steinmasken und Menhire aus der Zeit von »Ötzi« (ca. 3300 v. Chr.) bewundern, einen römischen Brunnen sowie eine Zinkbadewanne von Sisi aus dem Jahr 1870 (so ist das Ausstellungsstück beschildert). Der frei zugängliche Außenbereich gegenüber dem Museum ist in Form eines künstlerisch-kreativen Traumgartens angelegt. Dort ist auch ein Wasserkran mit Wasserturm für die Dampflok aus der Zeit um 1906 zu besichtigen.

Unweit des Museums steht die Kapelle Bad Egart (um 1730), die Unserer Lieben Frau geweiht ist und zum alten Bad gehörte. Sie wird heute noch als Pilgerkapelle genutzt, und Besucher können ihre Wünsche und Gedanken schriftlich in kleinen Briefen hinterlegen.

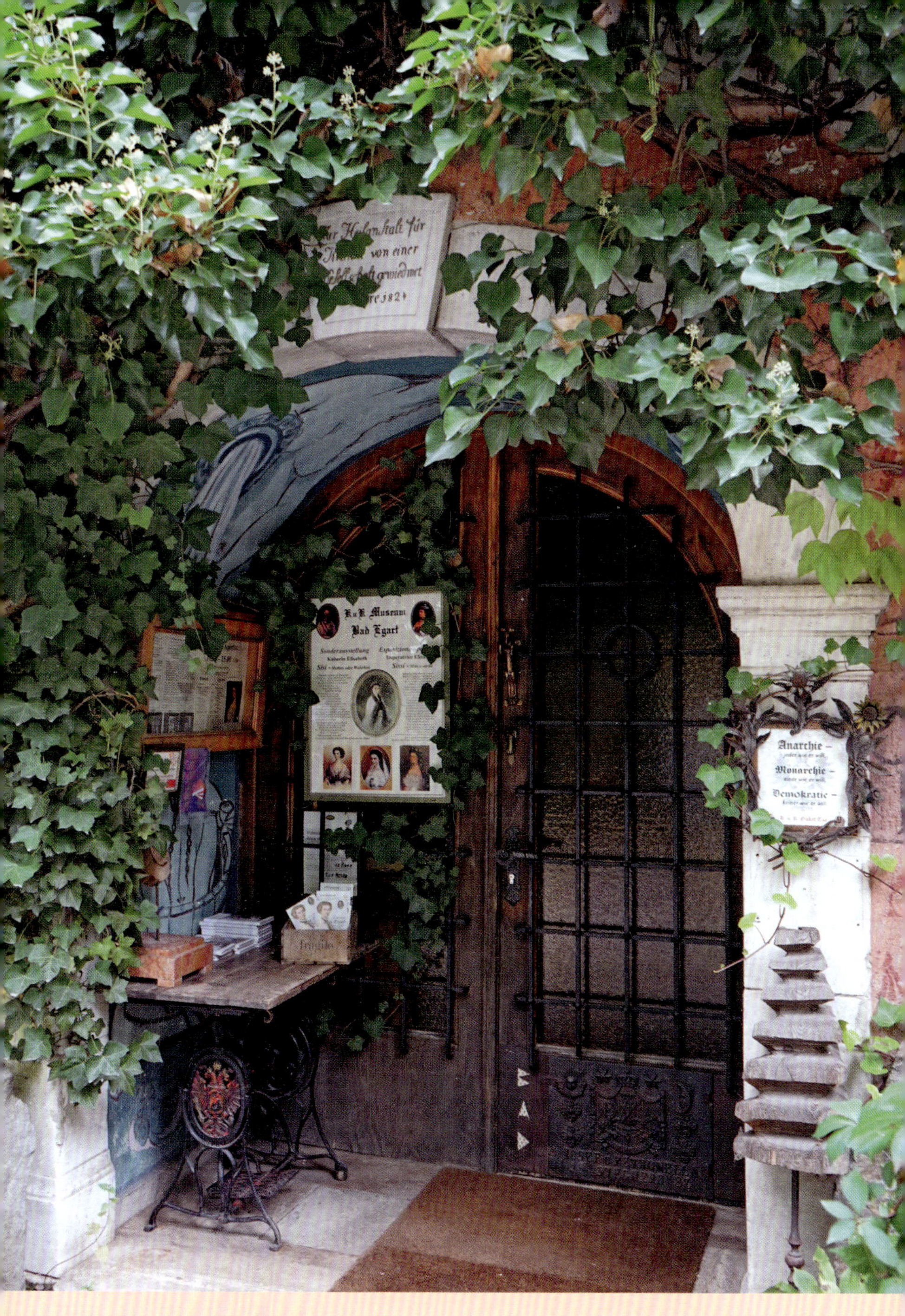

Eingang zum Restaurant Onkel Taa in Töll

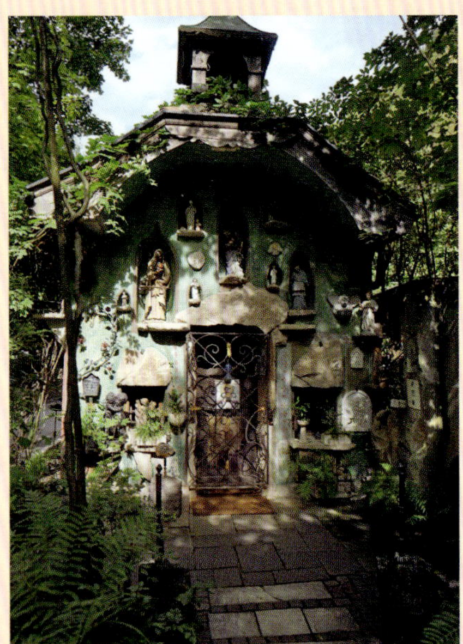

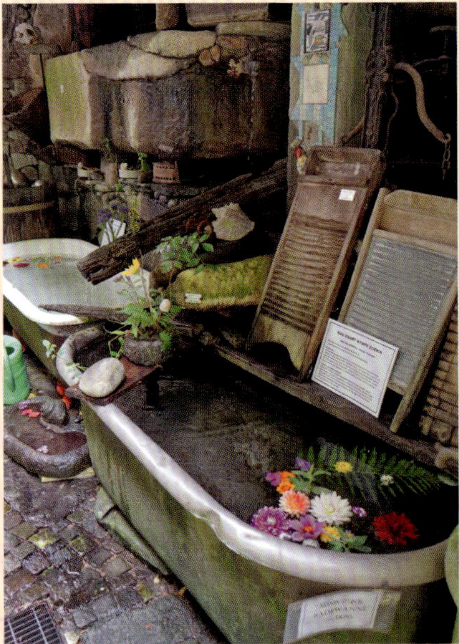

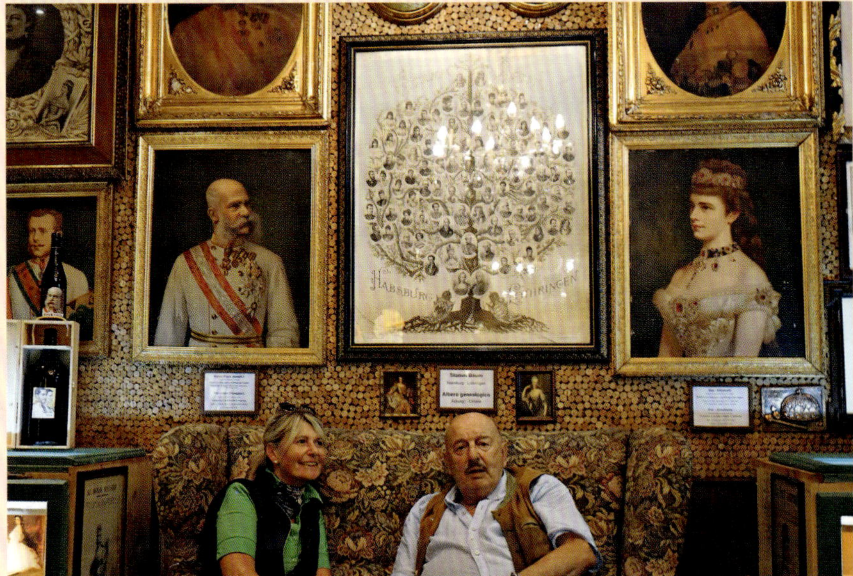

◀ Die Pilgerkapelle St. Egart
▶ Ob Sisi wohl einst in dieser Zinkbadewanne ein Kurbad genommen hat?
▼ Im Gespräch mit dem Museumsbesitzer Onkel Taa

Im Restaurant Onkel Taa direkt neben dem Museum wird das kaiserliche Menü aus der Hofküche nachgekocht. Sogar das Sisi-Veilcheneis gehört dazu – absolut empfehlenswert (Reservierung empfohlen)!

INFORMATION K.u.K. Museum Bad Egart/Restaurant Onkel Taa, Bahnhofstr. 17, I-39020 Töll/Partschins, Tel. +39/0473/967342, onkeltaa.com (Reservierung empfohlen)

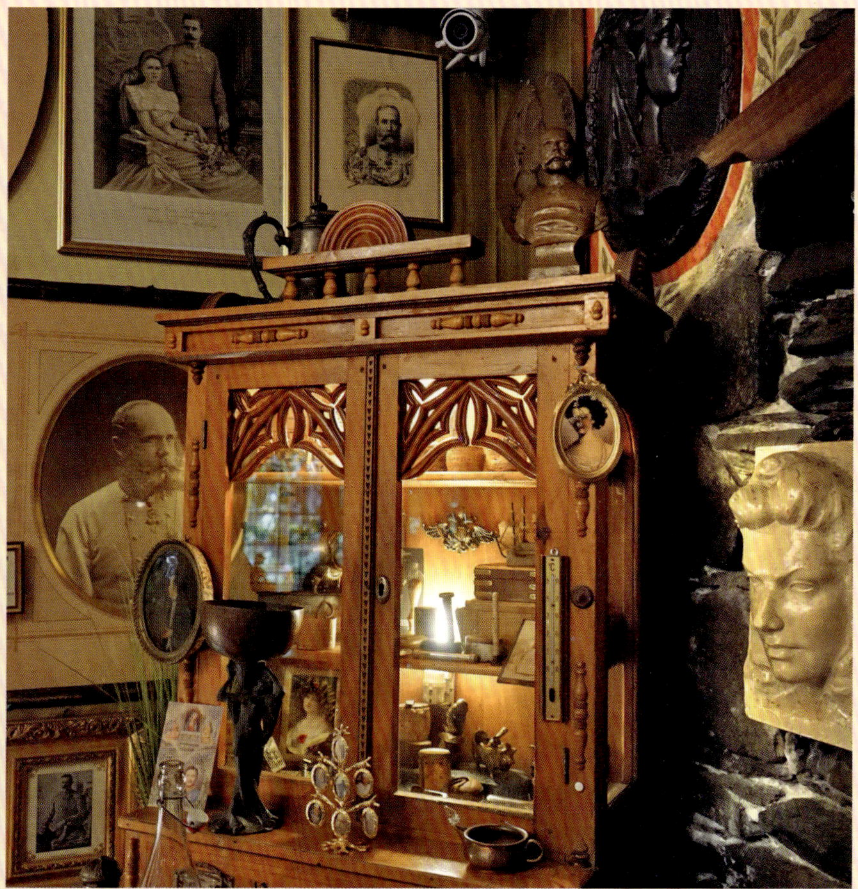

Das K.u.K. Museum Bad Egart zeigt viel Sehenswertes aus der Regierungszeit des Kaiserpaars Franz Joseph I. und Elisabeth.

Register

L

M

N

O

P

R

S

T

U

V

W

Z

DANKSAGUNG

Ich danke allen, die zum Entstehen dieses Buchs beigetragen haben. Frau Erika Borchard danke ich herzlich für den Zugang zur Sisi-Suite im Hotel Kaiserin Elisabeth Feldafing und zum Hotelpark und dafür, dass ich das Original-Menübuch der Köchin mit den Rezepten für die Kaiserin während ihres Aufenthalts im Hotel Strauch aus dem Jahr 1886 in den Händen halten durfte. Ich danke dem Leiter des Wittelsbacher Geheimarchivs, Dr. Gerhard Immler, sowie Herrn Leipnitz für die Unterstützung und den Zugang zu den Originalbriefen, die Kaiserin Elisabeth an ihren Vetter Ludwig II. geschrieben hat. Mein besonderer Dank gilt auch dem Team von Schloss Trauttmansdorff in Meran für den angenehmen Aufenthalt und die Schlossführung sowie den Damen vom Kaiserin Elisabeth Museum in Possenhofen. Der Kastellanin vom Sisi-Schloss Unterwittelsbach gilt ebenfalls mein Dank für die interessante Führung und die Einblicke in Sisis Leben. Herrn Edmund Schimeta vom Museum Tegernseer Tal danke ich für die private Führung und den Austausch. Onkel Taa: Dir danke ich herzlich für die einzigartigen Einblicke in deine Sammlung und deinem Restaurantteam für das liebevoll und einzigartig zubereitete »Kaisermenü« im Restaurant Onkel Taa. Danke auch an Familie Schnitzer für den unvergesslichen Aufenthalt in der Bockerhütte und die leckeren hausgemachten Gerichte.

Bei Julia Bobinger und Sabine Klingan vom Bruckmann Verlag sowie bei den Verantwortlichen für Lektorat, Layout und Kartografie bedanke ich mich aufs Herzlichste für die Unterstützung.

Herzlichen Dank natürlich auch an all diejenigen, die mich auf meinen Wanderungen begleitet haben oder zufällig meine Wanderwege kreuzten – ich danke euch für die schönen Gespräche, die gemeinsamen Brotzeiten und die einzigartigen Augenblicke, es war mir ein Fest!

In Verbundenheit mit Sisi, Kaiserin Elisabeth, verbleibe ich herzlichst

Ihre Anette Hausmann

Impressum

Verantwortlich: Sabine Klingan, Julia Bobinger
Lektorat und Redaktion: Anette Späth
Layout: Eva-Maria Klaffenböck
Kartografie: Bruckmann Kartografie, Heidi Schmalfuß
Repro: LUDWIG:media
Herstellung: Bettina Schippel
Printed in Turkey by Elma Basim

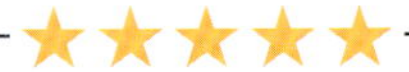

Sind Sie mit diesem Titel zufrieden? Dann würden wir uns über ihre Weiterempfehlung freuen. Erzählen Sie es im Freundeskreis, berichten Sie Ihrem Buchhändler, oder bewerten Sie bei Onlinekauf. Und wenn Sie Kritik, Korrekturen, Aktualisierungen haben, freuen wir uns über Ihre Nachricht an Süddeutsche Zeitung Edition, c/o Bruckmann Verlag GmbH, Postfach 40 02 09, D-80702 München oder per E-Mail an lektorat@verlagshaus.de.

Unser komplettes Programm finden Sie unter verlagshaus24.de.

Alle Angaben dieses Werkes wurden von der Autorin sorgfältig recherchiert und auf den neuesten Stand gebracht sowie vom Verlag geprüft. Für die Richtigkeit der Angaben kann jedoch keine Haftung übernommen werden, weshalb die Nutzung auf eigene Gefahr erfolgt. Insbesondere bei GPS-Daten können Abweichungen nicht ausgeschlossen werden. Sollte dieses Werk Links auf Webseiten Dritter enthalten, so machen wir uns die Inhalte nicht zu eigen und übernehmen für die Inhalte keine Haftung.

In diesem Buch wird aus Gründen der besseren Lesbarkeit das generische Maskulinum verwendet. Weibliche und anderweitige Geschlechteridentitäten sind dabei ausdrücklich mitgemeint, soweit es für die Aussage erforderlich ist.

Bildnachweis
Alle Bilder im Innenteil und auf dem Umschlag stammen von der Autorin, mit Ausnahme von: Cover-Hintergrund Schloss Trauttmansdorff: Shutterstock/lorenza62; Cover-Vordergrund Sisi-Silhouette: Bridgeman Images/Stefano Bianchetti; S. 37 l. o.: Bayerisches Hauptstaatsarchiv, Abteilung III Geheimes Hausarchiv, Kabinettsakten König Ludwigs II. 28.
Mit freundlicher Genehmigung der Bayerischen Schlösserverwaltung, der Burghauptmannschaft Österreich und der Kapuzinergruft
Umschlagvorderseite: Hintergrund: Die beeindruckenden Gärten von Schloss Trauttmannsdorff (Tour 18)
Umschlagrückseite: Den Ausblick vom Felsenweg am Westufer des Achensees genossen schon Kaiser-Augen (S. 150/151, Tour 16).

Die Deutsche Nationalbibliothek verzeichnet diese Publikation in der Deutschen Nationalbibliografie; detaillierte bibliografische Daten sind im Internet über http://dnb.d-nb.de abrufbar.

ISBN 978-3-7343-3018-6